엄마의 자존감

* 책에 등장하는 이름은 모두 가명이며, 진료 사례들은 실제 이야기를 바탕으로 재구성되었음을 밝힙니다.

비교하지 않고 탓하지 않고
자신과 아이를 더 사랑하는

엄마의 자존감

전미경 지음

카시오페아
Cassiopeia

시작하며
:
:

텅 빈 물병으로는 목마른 아이에게 물을 줄 수 없습니다

아이를 재우고 거실로 나왔습니다. 싱크대에는 설거지거리가 잔뜩 쌓여 있고, 거실 바닥에는 치우지 못한 장난감이 그대로 흩어져 있습니다. 문득 어제와 똑같은 오늘이 버겁게 느껴졌습니다. 진료실에서 만난 엄마들의 목소리가 들려오는 듯했습니다. "선생님, 저는 좋은 엄마가 아닌 것 같아요.", "아이한테 자꾸 화를 내게 돼요.", "예전의 저는 어디로 간 걸까요?" 의사 가운을 벗고 집에 돌아오면, 그리고 늦은 밤 아이를 재우고 거실로 나오면, 저도 수없이 자존감이 흔들리는 한 명의 엄마였습니다.

엄마가 된다는 건 뭘까요? 마치 X축, Y축으로 이루어진 평면의 인생에 느닷없이 Z축이 생기는 것 같은 느낌입니다. 지금까지의 삶은 그런대로 예측 가능했습니다. 열심히 공부하면 좋은 대학에 가고, 노력하면 직장에서 인정받고, 인풋과 아웃풋이 어느 정도 맞아

떨어지는 이차방정식 같은 삶이었죠. 그런데 이 Z축은 다릅니다. 어떤 수식도 따르지 않습니다. 밤새 아이를 달래도 더 크게 울고, 정성껏 만든 이유식은 바닥에 내팽개쳐지고, 사랑한다고 수백 번 말해도 "엄마, 미워!"라는 말이 돌아옵니다.

처음 마주하는 이 Z축 앞에서 우리는 모두 초보자입니다. 의사도, 교사도, CEO도 마찬가지입니다. 그동안 쌓아 온 모든 성취가 무색해지는 순간들, 내가 무엇을 할 수 있는 사람인지조차 의심스러워지는 순간들. 그 순간 속에서 우리는 부서지고 또다시 일어섭니다. 그것이 바로 제가 경험한, 그리고 아마 당신도 경험하고 있을 엄마가 된다는 것의 실체입니다.

엄마의 자존감이 왜 중요할까요? 처음에 저는 단순히 육아의 문제라고 생각했습니다. 하지만 아니었습니다. 자존감이 무너진 저는 아이와의 관계뿐 아니라 남편과의 관계에서도, 친구들과의 관계에서도, 무엇보다 나 자신과의 관계에서도 길을 잃었습니다. 진료실에서 한 엄마가 말했습니다. "아이한테만 짜증 내는 게 아니에요. 남편에게도, 친정엄마에게도 똑같아요. 결국 모든 관계가 어그러지더라고요." 그 말에 저도 깊이 고개를 끄덕였습니다. 저 역시 그랬으니까요.

자존감이란 있는 그대로의 나를 인정하고 나의 선택을 신뢰하며 실수하더라도 다시 일어설 수 있다고 믿는 것이라 배웠습니다. 하지만 Z축이라는 미지의 차원에 던져진 우리는 그 믿음의 토대를 너무나 쉽게 잃어버립니다. 매일의 실패가 쌓이고 자책이 켜켜이 층을 이룹니다. 아이를 위해 모든 것을 완벽하게 해야 한다는 압박감, SNS 속 다른 엄마들의 환한 미소, 사회가 요구하는 '좋은 엄마'라는 무거운 이름표…. 이 모든 것들이 우리의 자존감을 조금씩, 하지만 확실하게 갉아먹습니다.

한 아이의 엄마가 되면서 저는 한 가지 역설적인 진실을 발견했습니다. 아이를 위해 나를 버릴수록 아이에게 줄 수 있는 것이 줄어든다는 것을요. 텅 빈 물병으로는 목마른 아이에게 물을 줄 수 없듯이, 자존감이 바닥난 엄마는 아이에게 정서적 안정감을 주기 어렵습니다. 아이들은 우리의 모습을 보고 배웁니다. 스스로를 함부로 대하는 엄마를 보며 자란 아이가 어떻게 자신을 소중히 여기는 법을 배울 수 있을까요? 우리가 숨 쉬는 공기처럼, 자존감도 대물림됩니다.

그래서 이 책을 쓰기로 했습니다. Z축이라는 낯선 차원에서 길을 잃은 저와 당신, 우리 모두를 위한 이정표를 함께 만들고 싶었습니다. 떨리는 손끝으로 쓴 한 줄 한 줄에는 진료실에서 만난 수많은 엄마들의 숨결이, 그리고 저 자신의 눈물이 배어 있습니다.

이 책을 쓰면서 저도 깨달았습니다. 완벽한 엄마가 되는 방법은 없다는 것을요. 대신 우리는 불완전함 속에서 빛나는 순간들을 함께 발견하고 각자의 리듬을 찾아갈 수 있습니다. 그리고 저도 여전히 그 길 위에 있습니다. SNS를 보다가 휴대폰을 끄고 아이에게 화를 낸 후 거실 소파에 무너져 앉았습니다. 그때마다 생각했습니다. '나만 이런 걸까?' 하지만 이제는 압니다. 우리 모두가 그렇다는 것을요. 저도 매일 묻습니다. '나는 좋은 엄마일까?' 이제는 알 것 같습니다. 이 질문을 던지는 것 자체가, 이미 우리가 얼마나 아이를 사랑하는지를 보여 주는 증거라는 사실을요.

　엄마가 되어 잃어버린 나를 찾아가는 이 여정, 쉽지 않을 것임을 저도 알고 있습니다. 하지만 그 끝에서 우리는 더 입체적이고 풍성한 존재가 되어 있을 거라 믿습니다. X축과 Y축만으로는 결코 도달할 수 없었던, 깊이와 높이를 동시에 품은 삶의 지혜를 함께 얻게 될 것입니다. 그리고 그것이야말로 우리가 아이에게 줄 수 있는 가장 값진 유산이 아닐까요? 자신의 상처까지도 품을 줄 아는 엄마 곁에서 자란 아이는 자연스럽게 온전한 자신을 사랑하는 법을 배우니까요.

　이제 함께 시작해 볼까요? 완벽하지 않아도 괜찮은, 있는 그대로도 충분한 우리의 이야기를 말이지요.

> 엄마의 자존감 자가 진단 체크리스트

이 체크리스트는 현재 당신의 자존감 상태를 돌아보는 거울입니다. 최근 한 달 동안의 나를 떠올리며 각 문장을 읽고 가장 가까운 것을 선택하세요. 너무 오래 고민하지 마세요. 첫 느낌을 따라가는 것이 가장 정확합니다. 정답은 없으며, 오직 당신만이 자신의 마음을 정확히 알 수 있습니다. 편안한 마음으로 시작해 보세요.

- ☐ 전혀 그렇지 않다(0점) - 거의 그런 적이 없어요
- ☐ 가끔 그렇다(1점) - 때때로 그래요
- ☐ 자주 그렇다(2점) - 꽤 자주 그래요
- ☐ 거의 항상 그렇다(3점) - 대부분 그래요
- ☐ 언제나 그렇다(4점) - 늘 그래요

*아래의 QR코드를 접속하면 자동으로 점수를 계산하고 결과를 확인할 수 있습니다.

Part 1. 엄마라는 이름에 가려진 나 (1장 내용과 연결)

1. 거울을 볼 때 'OO 엄마'보다 나 자신이 먼저 보인다.
   ☐ 0점 ☐ 1점 ☐ 2점 ☐ 3점 ☐ 4점

2. "이제 엄마니까…"라는 말로 내 바람을 묻어 두지 않는다.
   ☐ 0점   ☐ 1점   ☐ 2점   ☐ 3점   ☐ 4점

3. 오늘 하루가 의미 있게 느껴진다.
   ☐ 0점   ☐ 1점   ☐ 2점   ☐ 3점   ☐ 4점

4. 남들의 기준이 아닌 내 기준으로 선택한다.
   ☐ 0점   ☐ 1점   ☐ 2점   ☐ 3점   ☐ 4점

5. 일상에서 작은 것이라도 내가 진정 원하는 선택을 한다.
   ☐ 0점   ☐ 1점   ☐ 2점   ☐ 3점   ☐ 4점

Part 1 점수: ___ / 20점

Part 2. 진짜와 가짜를 구별하는 힘 (2장 내용과 연결)

6. 다른 엄마들의 SNS를 보며 위축되지 않는다.
   ☐ 0점   ☐ 1점   ☐ 2점   ☐ 3점   ☐ 4점

7. '좋아요' 숫자가 내 하루의 기분을 좌우하지 않는다.
   ☐ 0점   ☐ 1점   ☐ 2점   ☐ 3점   ☐ 4점

8. 오늘을 버티기보다 즐기려고 노력한다.

　　☐ 0점　☐ 1점　☐ 2점　☐ 3점　☐ 4점

9. '왜 나만 힘들까'보다 '어떻게 하면 나아질까'를 생각한다.

　　☐ 0점　☐ 1점　☐ 2점　☐ 3점　☐ 4점

10. 과거 탓을 하기보다 지금 할 수 있는 일에 집중한다.

　　☐ 0점　☐ 1점　☐ 2점　☐ 3점　☐ 4점

Part 2 점수: ___ / 20점

Part 3. 나를 지키는 경계선 (3장 내용과 연결)

11. 부담스러운 부탁에 "미안하지만 어려워요"라고 말할 수 있다.

　　☐ 0점　☐ 1점　☐ 2점　☐ 3점　☐ 4점

12. 하루 중 온전히 나를 위한 시간을 갖는다.

　　☐ 0점　☐ 1점　☐ 2점　☐ 3점　☐ 4점

13. 내가 좋아하는 것과 싫어하는 것을 명확히 구분할 수 있다.

　　☐ 0점　☐ 1점　☐ 2점　☐ 3점　☐ 4점

14. 나를 위한 선택을 할 때 죄책감을 느끼지 않는다.

　　☐ 0점　☐ 1점　☐ 2점　☐ 3점　☐ 4점

15. 엄마 말고도 나를 표현할 수 있는 정체성이 있다.
    ☐ 0점   ☐ 1점   ☐ 2점   ☐ 3점   ☐ 4점

Part 3 점수: ___ / 20점

Part 4. 흔들려도 다시 일어서는 마음 (4장 내용과 연결)

16. 실수했을 때 '다음엔 더 잘할 수 있어'라고 생각한다.
    ☐ 0점   ☐ 1점   ☐ 2점   ☐ 3점   ☐ 4점

17. 완벽하지 않은 나를 있는 그대로 받아들인다.
    ☐ 0점   ☐ 1점   ☐ 2점   ☐ 3점   ☐ 4점

18. 내 감정에 이름을 붙이고 적절히 표현할 수 있다.
    ☐ 0점   ☐ 1점   ☐ 2점   ☐ 3점   ☐ 4점

19. 내가 바꿀 수 없는 일은 받아들인다.
    ☐ 0점   ☐ 1점   ☐ 2점   ☐ 3점   ☐ 4점

20. 갈등을 피하지 않고 성장의 기회로 본다.
    ☐ 0점   ☐ 1점   ☐ 2점   ☐ 3점   ☐ 4점

Part 4 점수: ___ / 20점

Part 5. 사랑하고 사랑받는 관계 (5장 내용과 연결)

21. 아이를 나와 다른 독립된 존재로 존중한다.
    ☐ 0점   ☐ 1점   ☐ 2점   ☐ 3점   ☐ 4점

22. 가족에게 내 마음과 필요를 솔직하게 표현한다.
    ☐ 0점   ☐ 1점   ☐ 2점   ☐ 3점   ☐ 4점

23. 아이와의 적절한 거리를 유지할 수 있다.
    ☐ 0점   ☐ 1점   ☐ 2점   ☐ 3점   ☐ 4점

24. 내가 행복해야 가족도 행복하다는 것을 안다.
    ☐ 0점   ☐ 1점   ☐ 2점   ☐ 3점   ☐ 4점

25. 아이에게 실수를 인정하고 사과할 수 있다.
    ☐ 0점   ☐ 1점   ☐ 2점   ☐ 3점   ☐ 4점

Part 5 점수: ___ / 20점

총점: ___ / 100점

체크리스트 결과

85~100점: 단단한 자존감

엄마로서, 그리고 한 사람으로서 건강한 균형을 유지하고 있습니다. 5개 영역이 고르게 발달해 있으며 어려움 속에서도 중심을 지키는 힘이 있네요. 이 책은 당신의 자존감을 더욱 깊고 풍부하게 만들어 줄 것입니다.

65~84점: 성장하는 자존감

대체로 안정적이지만 몇몇 영역에서 보완이 필요합니다. 10점 이하인 영역이 있다면 그와 관련된 장을 먼저 읽어 보세요. 작은 실천이 큰 변화를 만듭니다.

45~64점: 흔들리는 자존감

외부의 기준과 타인의 시선에 많이 흔들리고 있습니다. 특히 2장의 '가짜 자존감' 부분을 꼼꼼히 읽고, 진짜 나를 찾는 여정을 시작해 보세요.

44점 이하: 돌봄이 필요한 자존감

지금 많이 지쳐 있고 자신을 잃어 가고 있는 중인가요? 괜찮습니다. 이제부터가 시작입니다. 1장부터 천천히 하나씩 읽으며 작은 변화를 시도해 보세요. 필요하다면 전문가의 도움을 받는 것도 좋습니다.

차례

시작하며 텅 빈 물병으로는 목마른 아이에게 물을 줄 수 없습니다 __4
엄마의 자존감 자가 진단 체크리스트 __8

1장 / 엄마라는 이름으로 자꾸만 작아지는 날들

- 엄마가 되고 날마다 무너지는 자존감 __21
- 어떤 말은 엄마의 자존감을 갉아먹는다 __29
- 매일 똑같은 하루를 보낸다는 생각이 들 때 __35
- 남의 기준으로 채워진 일기장 __43
- 누군가의 대본으로 쓰는 내 인생 __50
- 정답만 있고 해답은 없는 날들 __58
- '이 정도면 됐겠지'라는 타협의 덫 __66
- 내가 선택하는 삶은 언제부터일까? __74

(엄마의 자존감을 되찾는 연습 1) "이제 엄마니까…"라는 말 대신 __82

2장 / 엄마를 괴롭히는 가짜 자존감

✢ 모든 육아가 완벽해 보이는 세상 __ 93
✢ 디지털 도파민에 중독되는 엄마들 __ 100
✢ '오늘 하루만 버티면 돼'라는 생각의 함정 __ 107
✢ '왜 나만 이럴까?'라는 피해자 의식에서 벗어나라 __ 114
✢ 불안이 만드는 과잉 해석 시나리오 __ 121
✢ '과거'라는 안전한 피난처 __ 130
✢ 내 삶은 없고 아이 삶만 있는 하루 __ 139
✢ '가짜 자존감'에서 벗어나는 방법 __ 150

[엄마의 자존감을 되찾는 연습 2] '완벽함'이라는 생존 전략 버리기 __ 162

3장 / 진짜 자존감을 찾는 시간

✢ 다른 사람이 아닌 나의 가치관을 찾아라 __ 175
✢ 지금 삶이 공허한 엄마들에게 __ 183
✢ "NO"라고 말하기 시작할 때 자존감은 회복된다 __ 190

- 긍정의 필터로 하루를 바라볼 때 생겨나는 일들 __ 199
- 선택하는 행위가 가져다주는 특별한 자유 __ 207
- 빌려 온 말이 아닌 나의 언어로 __ 216
- 누구도 침범할 수 없는 나만의 공간 __ 224
- 마침내 내가 주인공이 되는 순간 __ 232

(엄마의 자존감을 되찾는 연습 3) **나만의 세계를 만들기** __ 240

4장 / 마음이 단단한 엄마로 성장하기

- 작은 실패에 무너지지 않는다 __ 253
- 나의 불완전함마저 끌어안는다는 것 __ 262
- 감정 사전 새로 쓰기 __ 273
- 통제 불가능한 세상과 화해하기 __ 281
- 막연한 생각에서 구체적 계획으로 __ 288
- 갈등이 우리를 성장시킨다는 착각 __ 296
- 오늘도 성장 중인 나에게 __ 306
- 성장통도 내 삶의 한 페이지 __ 313

(엄마의 자존감을 되찾는 연습 4) **감정에 이름 붙이기** __ 321

5장 / 엄마의 자존감을 먹고 자라나는 아이들

- 너의 우주, 나의 우주, 그리고 우리의 만남 __ 335
- 엄마의 자존감 위에 세워지는 단단하고 따뜻한 권위 __ 343
- 말하기가 아닌 들리기의 기술 __ 353
- '1+1'이 '3'이 되는 성장의 마법 __ 362
- 아이의 시계로 맞추는 시간 __ 371
- 우리 아이는 왜 나와 다를까? __ 380
- 떨어질수록 더 단단해지는 관계 __ 389
- 세대를 잇는 자존감의 대물림 __ 398

(엄마의 자존감을 되찾는 연습 5) **함께 자라는 기쁨** __ 407

마치며 기억하세요, 당신은 이미 충분히 좋은 엄마임을 __ 415
참고 문헌 __ 419

1장

엄마라는 이름으로
자꾸만 작아지는 날들

엄마가 되고 날마다
무너지는 자존감

"이게 정말 나인가?"

아이를 재우고 화장실에 들어갔을 때, 거울 속 제 얼굴을 보고 불현듯 스쳐 간 질문입니다. 분명 제 얼굴인데 어딘가 낯설게 느껴졌어요. 눈 밑에 드리워진 그림자, 무표정한 입술, 그리고 무엇보다 예전의 생기 넘치던 눈빛이 온데간데없이 사라진 것만 같았습니다. 아이를 키우느라 정신없이 지내온 날들 동안, 저 자신을 제대로 바라볼 틈이 없었음을 그제야 깨달았습니다.

그날 밤, 거울 앞에 선 저는 스스로에게 물었습니다.

"자존감이란 무엇일까? 엄마가 된 지금, 나의 자존감은 어디에 있을까?"

정신과 의사로 여러 환자의 자존감 문제를 다뤄 왔지만, 정작 제 자존감을 돌아보는 일은 미뤄 두고 살았던 듯합니다. 낯선 얼굴과 마주한 순간, 자존감의 본질을 다시 생각해 보게 됐습니다.

자존감이란 단순히 자신에게 "넌 괜찮아"라고 말하는 긍정적 평가가 아닙니다. 오히려 우리의 존재 자체에 부여하는 근본적 가치감이라고 할 수 있지요. 그리고 조금만 더 깊이 들여다보면, 자존감은 '나는 누구인가?'라는 물음과 밀접하게 얽혀 있음을 알게 됩니다. 내가 누구인지, 어떤 가치관을 지니고, 무엇을 좋아하며 또 무엇을 싫어하는지, 무엇을 향해 나아가는 사람인지 분명히 알 때 흔들리지 않는 자기 확신이 생기니까요.

우리는 왜 자존감을 잃어버리는가

장 폴 사르트르Jean-Paul Sartre는 "실존은 본질에 앞선다L'existence précède l'essence"라고 했습니다. 미리 정해진 본질이나 정체성은 없으며, 인간은 자신의 선택과 행동을 통해 스스로를 정의해 간다는 의미입니다. 달리 말해, 우리는 일단 '존재'하고 그다음에 '내가 누구인지'를 선택합니다.

그러나 엄마가 되는 순간 이 선택의 과정이 한순간에 흔들립니다. '엄마'라는 역할이 워낙 강력해 여성의 다른 모든 면을 압도해 버리기 때문입니다. 그러다 보면 자신이 누구인지에 대한 감각이 흐릿해지고 자존감도 자연스레 흔들리게 되지요.

이러한 혼란을 겪는 여성들을 저는 진료실에서 자주 만나는데,

37세 이수연 씨가 특히 기억에 남습니다. 수연 씨는 대학에서 경영학을 전공하고 글로벌 기업에서 마케팅을 담당하며 일을 즐기던 사람이었습니다. 어디서든 자신의 의견을 뚜렷이 내고 업무 능력도 인정받았지요. 그런데 아이를 낳은 뒤 진료실을 찾아와서 이렇게 말했습니다.

"선생님, 이제 제가 누군지 모르겠어요. 아이가 태어나기 전엔 제가 무엇을 좋아하는지, 어떤 사람인지 알고 있었는데…. 지금은 그냥 '아기 엄마' 말고는 저에게 아무것도 남지 않은 것 같아요."

그 한마디에서 그녀가 느끼는 정체성 혼란과 자존감의 흔들림이 고스란히 전해졌습니다. 진료가 진행되면서 그녀가 겪는 문제가 점차 선명해졌습니다.

"회의 중에 발언하려다가도 이게 맞는 생각인지 잘 모르겠네 싶어 말문이 막혀요. 전에야 당당하게 의견을 냈는데, 이제는 내 생각이 맞나 하고 끊임없이 의심이 들어요. 집에서도 마찬가지예요. 남편에게 무슨 얘길 하려다가도 이게 정말 중요한 얘긴가 싶어져서 그냥 입을 다물게 되고요."

자기소개를 하려 할 때도 마찬가지였습니다.

"누군가 '당신은 어떤 사람이에요?'라고 물으면, 저는 '내향적'이라든지 '사람들과 원만하게 지낸다' 같은 평범한 말 외에는 떠오르질 않아요."

그런데 '내향적'이며 '원만하다'라는 이 두 특징조차 그녀 스스로가 택한 정체성이 아니었지요. 어린 시절부터 부모님이나 주변 사람들이 "넌 조용하고 착한 아이야.", "넌 갈등을 일으키지 않는 학생이야"라고 말해 온 결과였습니다.

우리는 타인이 붙여 준 정의에 얽매이지 않고 우리 스스로를 새롭게 정의할 자유와 책임이 있습니다. 하지만 수연 씨는 주어진 역할과 기대에 맞춰 살아왔을 뿐, 스스로를 적극적으로 정의하지 않았습니다. 좋은 학생, 유능한 직원, 헌신적인 엄마라는 이런 역할이 그녀의 정체성을 규정했고, 자신의 목소리는 점차 희미해졌습니다. 결국 '내가 누구인지'가 불투명해지면서 '나는 가치 있다'라는 확신도 잃어버린 것이지요. 이 지점이 바로 수연 씨 자존감 문제의 핵심이었습니다.

나를 나답게 만드는 '자기 선택'의 경험

20년 넘게 환자들을 만나며 제가 깨달은 바는, 사람들이 느끼는 열등감은 매우 다양한 모습으로 나타나지만(완벽주의, 과도한 성취욕, 만성적 비교 습관, 자기 비하, 관계 의존성 등), 결국 두 가지 근본적인 두려움으로 이어진다는 사실입니다.

첫 번째는 '나는 충분히 유능하지 않다'라는 두려움입니다. 능력, 역량, 지식, 성취에 관한 불신이죠. 두 번째는 '나는 있는 그대로 사랑받을 가치가 없다'라는 두려움입니다. 존재 자체에 대한 의심이지요. 수연 씨에게 이 두 가지 두려움은 매우 선명했습니다. 직장에선

'너는 예전만큼 일을 잘하지 못하면 어떡하지'라는 생각이, 가정에선 '좋은 엄마와 아내가 되지 못하면 어떡하지'라는 불안이 그녀를 잠식하고 있었습니다. 예컨대, '다른 엄마들은 훨씬 요리도 잘하던데, 난 왜 이렇게밖에 못하지?', '예전만큼 성과를 못 내면 내 가치는 뭘까?'와 같은 생각이 단순한 걱정을 넘어, 그녀의 존재 자체를 흔드는 근본적 불안이 된 것이지요.

결국 수연 씨에게 가장 시급했던 건 '자기 선택'의 경험이었습니다. 자신이 누구인지, 무엇을 원하는지 직접 탐색하고 결정해 보는 일 말입니다. 이는 단순히 '취미를 찾자' 정도의 수준이 아니라, '나는 어떤 존재로 살 것인가'라는 근본적 물음에 관한 선택을 의미합니다.

진료 중에 제가 물었습니다.

"당신이 살아오면서 '이건 내가 원하는 거야!'라고 온전히 확신했던 결정이 있었나요?"

한참 고민하던 수연 씨는 조용히 답했습니다.

"글쎄요…. 대학 전공도, 취업도, 결혼까지도 주변 상황이나 다른 사람의 기대에 맞춰서 자연스럽게 결정된 느낌이었어요. 제가 제 의지로 '이건 내 길이야'라고 택한 일은 거의 없었던 것 같아요."

이 말은 그녀의 자존감 문제가 어디서 비롯되었는지 아주 분명하게 보여 줍니다. 인간은 선택을 통해 자신의 존재를 정의하는 법입니다. 그런데 수연 씨는 자신의 삶에서 주도적으로 선택한 적이 거의 없었습니다.

그녀가 자존감을 회복하기 위해서는 자기 선택의 경험이 꼭 필요했습니다. 그래서 저는 매일 아침 거울 앞에서 다음과 같은 질문을 해 보라고 권유했습니다.

"오늘 나는 무엇을 원하나?"

"내게 정말 중요한 것은 무엇인가?"

"어떤 선택이 나를 더욱 나답게 만들어 줄까?"

처음에 수연 씨는 도무지 자신이 뭘 원하는지 모르겠다며 난감해했습니다. 너무 오래 남의 시선과 기대에 맞춰 살아왔으니 당연한 반응입니다. 그러나 자신에게 질문을 던지는 습관만으로도 내면의 소리를 조금씩 알아차릴 수 있습니다.

3주쯤 지났을 때, 그녀는 이렇게 말했습니다.

"오늘 아침 문득 깨달았어요. 제가 재즈 음악을 얼마나 좋아했었는지요. 아이 낳고는 한 번도 듣지 않았더라고요. 오늘 저녁엔 조금이라도 음악을 들어 볼 생각이에요."

이 변화는 작은 것 같지만, 그녀에게 매우 의미 있는 순간이었습니다. '재즈 음악을 좋아하던 나'라는 정체성을 다시금 떠올리고, 엄마라는 역할만이 아닌 또 다른 나를 인정하기 시작했으니까요. 이런 사소한 선택과 발견이 모여 결국 자존감 회복으로 이어집니다.

자존감 낮은 사람들의 두 가지 공통점

프랑스 실존주의 작가이자 철학자인 알베르 카뮈Albert Camus는 "인생의 의미를 찾는 투쟁 자체가 인생에 의미를 부여한다The struggle itself toward the heights is enough to fill a man's heart"라고 말했습니다. 이는 이미 완성된 답을 찾아내는 게 아니라, 그 답을 직접 만들어 가는 과정이 곧 인생의 의미라는 뜻이지요.

내가 누구인지를 찾아가는 여정 역시 똑같습니다. 내가 무엇을 선택하고 무엇에 가치를 두며 어떤 내면의 목소리에 귀 기울이는지 살펴보고 그 행위들을 쌓아 감으로써 자존감이라는 단단한 뿌리가 만들어집니다.

오랜 임상 경험을 통해 저는 자존감이 낮은 사람들에게서 두 가지 공통점을 봤습니다. 하나는 자기 삶을 주체적으로 선택해 본 기억이 거의 없다는 점이고, 다른 하나는 '나는 누구인가?'라는 질문에 대한 명확한 답이 없다는 사실입니다.

반대로 건강한 자존감을 가진 이들은 스스로 삶에 책임을 지고, 자신만의 가치와 목표를 분명히 설정하고, 그에 따라 결단하며 살아갑니다. 그리고 무엇보다 '나는 누구인가'라는 물음에 자기만의 답을 갖고 있습니다.

거울 속 낯선 얼굴을 마주하는 일은 바로 이 자기 재발견의 시작점이 될 수 있습니다. 저 역시 그날 밤 거울 속 제 자신을 보며 비슷한 깨달음을 얻었습니다. 내가 잃어버린 것은 나 자체가 아니라, 나를 직접 정의하고 선택할 수 있는 자유라는 사실을요.

이제 저는 매일 아침 거울 앞에서 잠깐 멈춰 자신에게 묻습니다.
"오늘 난 어떤 선택을 하고 싶지?"

그리고 아주 사소한 것이라도 그 선택을 실행하려 애쓰지요. 이 작은 실천들이 모여 내가 누군지를 되찾는 열쇠가 될 수 있으니까요.

어떤 말은 엄마의 자존감을 갉아먹는다

매일 아침 거울을 보며 무심코 되뇌던 말이 있었습니다.

"이제 애 엄마인데…. 이런 빨간 립스틱이 나에게 어울릴까?"

화장품을 고르던 어느 날, 손에 쥔 립스틱을 바라보다가 이 말을 다시금 입 밖으로 내뱉는 순간 처음으로 그 말의 무게가 선명하게 다가왔습니다. 오늘따라 유독 무겁게 들려서였을까요. 이 작은 선택마저 망설이게 만드는 그 말이, 사실은 제 자존감을 조금씩 갉아먹고 있었던 것은 아닐까 하는 생각이 퍼뜩 들었습니다.

거울 속 제 모습이 낯설게 느껴졌습니다. 이전에는 그저 입술 색 하나를 고르는 일이었을 뿐이었는데, 그날은 어쩐지 훨씬 큰 의미가 담긴 결정처럼 여겨졌습니다. 그저 립스틱을 고르는 사소한 행위가 "이제 엄마니까…"라는 말 앞에서 커다란 선택으로 변해 버린 순간이었지요.

처음에 이 말은 스쳐 지나가는 흔한 말 중 하나였습니다. 주변에서도 자주 듣곤 했고, 저 역시 무의식적으로 곧잘 내뱉곤 했으니까요. 하지만 그날 이후로는 이 말의 진짜 의미를 생각하게 됐습니다. 이 말 한마디가 나의 선택과 행동을 어떻게 제한하고 있었는지, 그 시작이 언제였는지 돌아보게 된 것이지요.

"이제 엄마니까…"라는 말의 진짜 의미

이 말이 제 삶에 처음 등장한 건 출산 후 병실에서였습니다. 갓 태어난 아기를 안고 있을 때 간호사가 제게 처음으로 건넨 조언이었습니다.

"이제 엄마니까 충분한 휴식을 취하셔야 해요."

그때는 따뜻한 배려처럼 들렸습니다. 퇴원하던 날, 이 말은 조금 더 구체적인 형태가 되어 다시 찾아왔습니다.

"이제 엄마니까 모든 생활 습관을 바꿔야 해요."

"이제 엄마니까 아기 중심으로 생활하셔야 해요."

마치 어딘가에서 미리 준비한 듯 친정어머니, 시어머니, 친구들까지 모두가 같은 말을 꺼냈습니다. 처음에는 경험에서 나온 조언이겠구나 하고 대수롭지 않게 받아들였습니다. 그런데 차츰 그 말들 속에 숨은 작은 명령이 보이기 시작했습니다. 더 이상 단순한 충고가 아니었습니다. "이제 엄마니까…" 뒤에는 언제나 '~해야 한다',

'~하면 안 된다'가 따라붙었고, 그 말들은 하나둘씩 제 일상에 엄연한 규칙으로 자리 잡아 갔습니다.

그 말들은 마치 눈덩이처럼 부풀어 올랐습니다. 처음엔 수면 시간이나 식사 시간 같은 기본 생활 습관에서 시작되더니, 나중엔 옷차림, 말투, 행동 하나하나까지 영향을 미치더군요. 그리고 그제야 이 말이 단순한 조언이 아니라, 새로운 정체성을 요구하는 거라는 사실을 깨달았습니다.

"이제 엄마가 되셨으니 주말 늦잠은 생각도 마세요."
"이제 엄마인데 그런 과감한 옷은 좀 부적절하지 않을까요?"
"이제 엄마니까 회식은 가급적 늦게까지는 참석하지 않는 게 좋겠어요."

그런 말들이 공식처럼 이어지며, '엄마'라는 이름으로 해서는 안 될 행동들의 목록이 만들어졌습니다.

특히 이 말은 늘 '안 된다'라는 부정형으로 다가왔습니다. "이제 엄마니까 이렇게 해 보세요"라는 긍정적 제안보다는, "이제 엄마니까 그건 좀…" 하는 식의 제한이나 암묵적인 금지였지요. 게다가 그 말들은 대부분 회사 생활이나 일상에서 흔히 맞닥뜨리는 순간들, 가령 이직을 고민하거나 새로운 도전을 꿈꾸거나 잠깐이라도 나만의 시간을 가져 보고 싶을 때마다 어김없이 등장했습니다.

더 흥미로운 건, 이 말의 주체가 항상 희미하다는 사실이었습니다. 마치 불문율처럼 누구도 정확히 정한 적이 없는데 모두가 당연한 듯 받아들이고 있었습니다. 학술 콘퍼런스나 야간 응급 당직, 해외 학회 참석 같은, 의사로서 당연한 활동들이 "이제 엄마니까…"라는 말 앞에서 한순간에 문제로 둔갑하는 일이 벌어지기 시작했죠.

이 말들은 때로는 걱정의 형태로, 때론 충고, 어떤 때는 비난이 되어서 돌아왔지만, 그 이면에는 항상 같은 메시지가 있었습니다.

"이전의 당신은 잊으세요. 이제 당신은 엄마니까요."

정신과 의사로서, 저는 이런 현상이 사람의 심리적 웰빙psychological well-being과 자아 개념self-concept에 상당한 충격을 줄 수 있음을 체감했습니다. 에드워드 데시Edward L. Deci와 리처드 라이언Richard M. Ryan의 자기결정이론Self-Determination Theory에 따르면, 우리의 행복감은 '자율성autonomy', '유능감competence', '관계성relatedness'의 이 세 가지 욕구가 얼마나 충족되는지에 달려 있습니다. "이제 엄마니까…"라는 말은 이 모든 영역을 흔들 수 있습니다.

제가 봉직의로 근무하던 직장에서도 말의 영향력을 직접 경험했습니다. 출산 후 복귀하던 때 동료 의사가 했던 말이 아직도 생생합니다.

"이제 엄마니까 야간 응급 당직은 좀 부담스럽겠네요."

배려처럼 들리지만, 사실은 제 전문성과 경력을 제한하는 첫 계기였습니다. 이후 주요 학술 콘퍼런스나 중요한 병원 업무에서 자의 반 타의 반으로 저는 조금씩 소외되기 시작했습니다. 해외 학회에 가려 할 때도 마찬가지였습니다.

"이제 엄마니까 일주일씩이나 해외에 나가 있기는 힘들지 않을까요?"

이런 말을 들을 때마다, 의사로서 제 정체성과 엄마로서 역할 사이에서 갈등이 심해졌습니다.

더욱 충격적이었던 건 이러한 제약이 점차 제 안에 내면화되었다는 점이었습니다. 정부나 행정 기관의 프로젝트 혹은 위원회의 전문가 자리를 제안받아도 제 머릿속에서는 '이제 엄마니까 그건 무리일 거야…'라는 말이 먼저 떠올랐습니다. 이제 이 말은 외부의 제약을 넘어 스스로를 검열하는 목소리가 되어 버렸던 것입니다.

나를 잃지 않으려는 투쟁의 시작

그렇게 저는 이 말의 진짜 무게를 처음으로 실감했습니다. 단순히 생활 방식을 조금 바꾸고 시간표를 다르게 짜는 데서 끝나는 게 아니더군요. 이 말은 한 인간의 가능성과 선택의 자유, 그리고 미래의 꿈까지 포기하게 만드는 힘을 지니고 있었습니다.

그날 이후 저는 제 자신과 마주하기 위해 거울 앞에 서곤 합니다. "이제 엄마니까…"라는 말의 무게를 인식한 그 순간부터, 이 말이 숨기고 있는 본질을 더 깊이 들여다보게 됐습니다. 언뜻 보면 '엄마'라는 새로운 정체성을 제게 부여하는 말 같지만, 사실은 정반대였습니다. 무언가를 새롭게 채워 주는 게 아니라 이미 가지고 있던 것들을 제한하고 포기하게 만드는 말이었거든요. 좀 더 분명히 말하자면, 엄마가 된 여성에게 사회가 요구하는 거대한 금지와 제약을 자연스럽게 받아들이도록 만드는 말이었습니다.

　이제 저는 그 말의 무게를 알게 됐습니다. 그리고 그 깨달음이 변화를 시작하게 하는 첫걸음이 되리라 믿습니다. 말의 무게를 인식하고, 그것이 어떻게 나의 선택과 자존감을 흔들어 놓는지를 알아차리는 것, 바로 그것이 스스로를 되찾는 첫 단추입니다.

　다시 거울 속을 들여다봅니다. 빨간 립스틱을 거침없이 꺼내 들고, 이번엔 아무 망설임 없이 입술에 칠합니다. "이제 엄마니까…"라는 말이 더 이상 제 선택을 막는 족쇄가 되지 않습니다. 오히려 내가 누구인지, 무엇을 원하는 사람인지를 깊이 성찰하게 만드는 계기가 되었으니까요. 엄마라는 역할 안에서도 '나'를 잃지 않으려는 작은 투쟁은, 이 말의 무게를 깨달은 순간부터 시작된다는 사실을 이제는 분명히 압니다.

매일 똑같은 하루를
보낸다는 생각이 들 때

　'오늘도 어제와 똑같구나.'

　아이를 재운 뒤 주방을 정리하다가 문득 든 생각입니다. 최근 들어 이런 느낌이 머릿속을 자주 맴돕니다. 아침에 눈을 떠 아이를 깨우고 아침 식사를 준비하며 출근 준비를 하는 일련의 과정이 매일 반복되는 동안 계절은 바뀌고 달력도 넘어가지만, 제 삶의 색깔은 여전히 같은 톤을 유지하는 듯했습니다. 그러다 어느 순간 깨달았습니다. 제가 하루를 '복사'하며 살고 있구나 하고요.

　정신과 의사로서 만나 온 다양한 환자들 중 특히 엄마들에게서 이런 패턴을 자주 발견합니다. 출산 후 아이 중심의 일상이 시작되면 대부분의 엄마들은 안정적인 루틴을 구축하게 됩니다. 처음에는 이 루틴이 안전함과 편안함을 줍니다. 아이의 생활 패턴이 일정해지면 육아에서 오는 혼란과 불안이 줄어들고, 예측 가능한 흐름 속에서 아이도 안정을 찾게 되기 때문이지요.

"아침 7시 기상, 7시 30분 이유식, 9시 낮잠, 12시 점심…."

이렇게 시간표처럼 짜인 하루는 초기에는 엄마에게 안도감을 주지만, 이 안도감은 시간이 흐를수록 미묘한 불안과 공허함으로 변해갑니다.

심리학에서는 이런 상태를 '자동 모드 autopilot mode'라고 부릅니다. 마치 자동조종장치가 켜진 것처럼, 의식적인 판단이나 결정 없이 습관과 루틴에 따라 기계적으로 움직이는 상태를 말하지요. 처음에는 효율성을 위해 만들어진 자동 모드가, 시간이 지나면서 우리의 의식과 자율성을 잠식해 버립니다.

체험하는 자아와 기억하는 자아

직장과 육아 사이의 리듬 차이는 이 문제를 더 복잡하게 만듭니다. 직장 생활은 대체로 예측 가능한 리듬감이 있습니다. 예를 들어, 8 정도의 업무 강도로 8시간 일하고 나면, 나머지 16시간은 상대적으로 자유롭게 쓸 수 있는 시간이죠. 반면 육아는 1에서 10까지 다양한 난이도의 강도로 24시간 내내 대기 상태를 유지해야 합니다. 언제 아이가 아플지, 언제 울음을 터뜨릴지 항상 불확실성 속에 살아야 하니 긴장과 피로가 끊임없이 이어질 수밖에 없습니다.

저는 특이하게도 '금요병'을 앓았습니다. 보통 직장인들은 월요병을 겪지만, 저는 금요일만 되면 마음이 이상하게 무거워졌거든요. 퇴근하면서 '이제 주말 동안 48시간 내내 아이를 돌봐야 하는구나' 라는 생각에 압박감을 느꼈습니다. 일요일 밤이 되면 아이가 잠든 후 '이제 육아가 끝났구나' 하는 안도감이 들며 월요일 아침이 애타게 기다려지고, 그러다 주중이 지나 또 금요일 저녁이 오면 다시 우울함이 반복되곤 했습니다.

직장에서는 업무를 통해 분명한 성과, 즉 아웃풋을 경험할 수 있었지만, 육아는 끝이 보이지 않는 연속적인 과정이라 뚜렷한 성취감이나 마무리감을 느끼기 어려웠습니다. 이런 상황에서 주말 시간은 유독 느리게 흘러가는 듯한 느낌이 들었습니다.

많은 엄마들이 공통적으로 하는 말이 있습니다.

"아이를 키울 때는 힘들어서 아이가 예쁜 줄도 몰랐다."

의무와 책임으로 점철된 삶 속에서 우리는 정작 가장 소중한 순간들을 미처 체험하지 못하고 지나칠 때가 많습니다. 매일 매일이 그저 살아내야 할 과제처럼 느껴지는 것이지요.

심리학자 대니얼 카너먼Daniel Kahneman은 우리의 의식을 '체험하는 자아experiencing self'와 '기억하는 자아remembering self'로 구분했습니다. 체험하는 자아는 현재의 경험을 직접 느끼고, 기억하는 자아는 그 경험을 저장하고 의미를 부여합니다. 카너먼에 따르면, 우리가 현재에 충분히 집중하지 못하면 체험하는 자아는 제대로 작동하기 어렵고, 결국 기억하는 자아에 저장될 의미 있는 순간도 줄어들게 됩니다.

육아 중인 엄마들은 종종 이 체험하는 자아가 억눌려 있습니다.

아이의 웃음소리, 작은 발전, 함께하는 시간의 소중함을 실시간으로 체험하기보다는 다음 일정, 다음 과제에 대한 생각으로 지금 이 순간을 놓치는 경우가 많기 때문이지요. 그러다 보니 일 년이 지나 돌아봤을 때, 기억하는 자아에 남아 있는 소중한 순간들이 거의 없다시피 합니다.

흥미로운 점은, 할머니, 할아버지들이 손주를 대할 때의 모습입니다. 그들은 종종 "자식 키울 땐 자식이 예쁜 줄 모르고 허겁지겁 살았는데, 손자는 너무 예쁘더라"라고 말하곤 합니다. 이런 차이가 생기는 이유는 무엇일까요? 부모처럼 모든 책임을 온전히 질 필요가 없으니, 체험하는 자아가 더 활성화될 수 있기 때문입니다. 의무와 책임에서 비교적 자유로운 상태에서 아이의 현재 모습을 온전히 체험하고 즐기는 덕분에 훨씬 더 '예쁘다'라고 느끼는 것이죠.

복사된 하루로 일 년을 채우기까지

35세 김서연 씨는 18개월 된 아이를 키우는 엄마입니다. 처음 진료실에 찾아왔을 때, 그녀는 눈가에 짙은 다크서클이 드리워진 채 지친 목소리로 말했습니다.

"선생님, 일 년이 어떻게 지나갔는지 모르겠어요. 물론 아이가 자라는 건 보이죠. 걸음마도 시작했고 이제 말도 조금씩 하니까요. 그런데 저는… 일 년 동안 멈춰 있었던 것 같아요."

서연 씨는 출산 전 활발하게 일하던 그래픽디자이너였습니다. 아이를 위해 잠시 일을 쉬기로 하고 육아에 집중한 뒤 처음 몇 개월은 모든 게 신선했습니다. 하지만 일상이 반복되면서 자신만의 시간과 공간, 창의적 자극이 사라졌다고 호소했습니다.

"매일 아침 같은 시간에 일어나, 같은 공간에서, 같은 일을 반복해요. 가끔은 내가 로봇이 된 것 같은 기분이 들어요. 생각도 줄어들고 뭔가 새로운 걸 시도하고픈 의욕도 없어지고요."

카너먼의 이론으로 설명하자면, 서연 씨는 반복되는 일상 속에서 현재를 체험하는 능력이 무뎌졌고, 그 결과 기억하는 자아에는 특별히 의미 있는 사건이나 변화가 거의 저장되지 않은 상태였습니다. 진료 과정에서 "일 년 동안 가장 기억에 남는 순간이 있나요?"라고 물었을 때, 한참 고민 끝에 "아이가 처음 걸었을 때"라고 답했지만, 그 외의 순간은 거의 떠오르지 않았다고 하니 말이지요. 일상의 반복 속에서는 새로운 자극이나 의미 있는 변화를 접할 기회가 적어, 매일이 '끝없는 버티기'처럼 느껴집니다.

서연 씨의 이야기는 저의 경험과도 맞닿아 있었습니다. 저 또한 육아를 하면서 의사로서의 정체성, 한 사람으로서의 취향과 관심사가 서서히 사라져 가는 듯한 느낌을 받은 적이 있거든요. 결국 우리는 엄마라는 이름 아래 각자의 하루를 복사하듯 살고 있었던 겁니다.

육아 중에는 인간으로서 가장 기본적인 욕구조차 온전히 충족하기 어려울 때가 많습니다. 제 경험 중 기억에 남는 순간이 있습니다. 아이가 갓난아기였을 때, 화장실이 급한데 아이가 갑자기 울기 시작했습니다. 아이는 울음을 멈추지 않았고 저는 화장실이 절박했지요. 결국 울고 있는 아이를 화장실 문 앞에 눕혀 놓고 문을 살짝 열어둔 채 볼일을 보기도 했고, 심지어 대변을 보면서 아이를 무릎에 앉힌 채 달랜 적도 있었습니다.

이런 경험은 진료실에서 이야기를 나누다 보면 많은 엄마들이 울컥하며 "저도 그랬어요"라고 공감하곤 합니다. 샤워조차 못 해 며칠간 머리를 못 감았다거나, 밥 먹을 짬이 없어 아이가 먹고 남긴 이유식을 그대로 먹었다고 고백하는 분도 적지 않습니다. 이처럼 육아는 단순한 일이 아니라, 자신의 모든 것을 내어놓는 전인적 헌신임을 보여 주는 일이기도 합니다.

자식을 어느 정도 다 키운 중년 여성들은 젊은 엄마들에게 "한창 예쁠 때잖아"라고 말하기도 합니다. 그런데 정작 그 한가운데 있는 엄마에게는 그 말이 크게 와 닿지 않습니다. 왜냐하면 지금 그들은 예쁠 때라는 걸 체감하기보다는, 당장 해야 할 일과 걱정할 문제들에 매달려 있으니까요.

이런 상황에서 가장 소중한 건 나만의 시간입니다. 저에게는 아이가 잠든 후부터 제가 잠들기 전까지의 시간이 무엇보다 귀중했습니다. 그 시간에 저는 주로 책을 읽었는데, 비록 여러 페이지를 넘기지도 못하고 잠들 때가 많았지만, 그 짧은 순간만큼은 엄마가 아닌 나로 돌아갈 수 있었습니다.

물론 그 소중한 시간마저 피곤에 지쳐 무의식적으로 흘려보내는 날이 비일비재합니다. TV나 스마트폰을 보다가 그대로 잠들거나 스트레스를 풀기 위해 치킨과 맥주를 먹으며 다음 날 "또 그냥 시간을 허비했네"라며 후회하는 경우도 많으니까요. 이는 결국 또 다른 자동 모드의 삶, 수동적이고 무의식적인 삶의 연장이 될 뿐입니다. 일과 인간관계 전반에 걸쳐 '그냥' 살고 '아무 생각 없이' 시간을 보내는 일이 일상이 됩니다.

아이의 첫돌을 준비하면서 저는 충격적인 자각을 했습니다. 돌잔치에 쓸 영상을 만들기 위해 아이의 성장 사진을 정리하다가 깨달았지요. 아이는 눈에 띄게 자라고 변했는데, 나 자신은 어떤가. 의사로서도, 한 인간으로서도 크게 변화 없이 정체되어 있었습니다. 아이가 돌을 맞이하는 그 순간, 저는 복사된 하루가 쌓여 복제된 일 년이 되었다는 사실을 실감했습니다. 똑같은 일상이 끝없이 반복되는 동안 저의 체험하는 자아는 희미해졌고, 그저 살아 내기만 했던 것이죠.

카너먼의 이론이 우리에게 주는 메시지는 명료합니다. 우리가 행복한 삶을 살려면 현재 순간을 더 깊이 체험하고, 의미 있는 기억을 만들어 가야 한다는 것입니다. 아이와 함께하는 순간에 온전히 마음을 쏟을 때 우리는 그 경험을 훨씬 풍요롭게 누리고, 그 기억은 나중에도 소중한 추억으로 남을 수 있습니다.

현재에 주목하는 방법은 생각보다 단순합니다. 아이와 함께 있을 때 잠시라도 다른 생각을 내려놓고 지금 이 순간에 집중해 보는 것이지요. 아이가 웃고, 작은 손짓을 하고, 옹알이를 하는 바로 그 순간에 몰입하면, 우리의 체험은 완전히 달라집니다.

일상 속 작은 변화를 시도하는 것도 효과적입니다. 매일 같은 공원으로 산책을 간다면, 가끔은 다른 길로 가 보거나 평소와 다른 시간대에 나가 보는 식입니다. 이런 작은 변화가 우리의 감각을 깨우고, 현재를 더 선명하게 인식하게 해 줍니다.

습관적 삶에서 의식적 삶으로 전환하는 것은 한 번에 이루어지지 않습니다. 자동 모드에서 잠시 빠져나와 '내가 지금 무엇을 하고 있는가?'를 인식하는 짧은 순간들이 모일 때, 우리는 단순히 복사된 하루가 아닌 의미 있는 순간들로 채워진 일 년을 경험하게 될 것입니다. 마치 흑백 사진첩 대신 다채로운 색과 표정이 가득 담긴 앨범을 펴 보듯, 페이지마다 이때 이런 일이 있었지 하고 되새길 수 있는 삶, 그것이야말로 우리의 진짜 이야기가 될 테니까요.

남의 기준으로 채워진 일기장

'이게 정말 내가 쓴 육아 일기인가?'

아이를 재우고 한참 만에 꺼내 본 육아 일기장을 넘기다 문득 이런 생각이 들었습니다. 처음 육아 일기를 쓰기 시작했을 때 저는 우리 아이와의 소중한 순간들, 엄마로서의 솔직한 감정, 그리고 조금씩 성장해 가는 제 모습을 담고 싶었습니다. 그런데 몇 달 치의 일기를 쭉 훑어보니, 정작 제 목소리보다는 어딘가에서 읽고 들은 남의 말이 더 많이 적혀 있더군요.

"오늘 전문가가 말하길, 6개월 아기는 밤중 수유를 끊어야 한다고 해서 시도했지만 실패했다. 내일 다시 해 봐야지."

"육아 커뮤니티에서 알려준 대로 이유식을 만들어 봤다. 다들 아이에게 유기농만 먹인다던데, 나도 노력해야겠다."

"옆집 아기는 벌써 뒤집기를 한다는데, 우리 아이는 아직 못한다.

더 자극을 줘야 하나?"

이런 문장들 속에는 제 진짜 마음이나 아이와 나눈 교감에 대한 이야기가 거의 없었습니다. 분명 내 일기장인데도, 마치 다른 누군가가 써놓은 육아 리포트를 읽는 기분이랄까요.

아이를 낳으면 우리가 의식하든 못 하든 일상 곳곳에서 무수히 많은 외부 기준과 부딪힙니다. 때로는 엄마로서의 직관보다 타인의 말과 시선이 더 크게 느껴지는 순간이 생기지요.

저 역시 아이를 키우던 때를 떠올려 보면 지금도 가슴 한편이 묵직해집니다. 아이가 생후 3개월쯤 되던 무렵이었습니다. 베스트셀러 육아서를 읽고 수면 훈련을 시도한 적이 있었지요. 자기 전에 울어도 바로 달려가지 말고 5분, 10분, 15분씩 간격을 두면서 확인하라는 일종의 매뉴얼이었는데, 첫날부터 아이가 우는 소리를 듣는 게 너무 괴로웠습니다. 그럼에도 '이건 전문가가 쓴 방법이니 효과가 있을 거야'라는 생각으로 제 마음을 달랬습니다. 그런데 사흘째 되던 날, 저는 결국 아이를 내버려두지 못하고 아이 방으로 달려갔지요. 그 순간 아이의 커다란 눈이 저를 똑바로 바라봤습니다. 제게는 그 눈빛이 "엄마, 내가 울 때 왜 안 왔어요?"라고 묻는 것처럼 느껴졌습니다.

그제야 저는 깨달았습니다. '아, 내 아이를 누구보다 잘 아는 사람은 나인데, 왜 나는 남이 정해 놓은 방법을 맹목적으로 따르고 있었을까?' 하는 자각이었지요. 제 직관은 완전히 무시된 상태였던 겁니다.

완벽한 엄마가 아니라 충분히 좋은 엄마

진료실에서 만났던 32세 박민지 씨는 첫아이를 키우고 있었습니다. 그녀는 어느 날 '아이가 밥을 안 먹는다'라는 고민을 털어놨습니다.

"선생님, 제가 인터넷에서 본 방법이든 육아서에서 본 조언이든 다 시도해 봤어요. 그래도 아이가 밥을 잘 안 먹어요. 그런데 시어머니가 오시면 그때는 잘 먹더라고요. 제가 뭘 잘못하고 있는 걸까요?"

민지 씨의 표정에는 자책이 짙게 깔려 있었습니다. 어딘가에서 본 정답을 시도했는데도 결과가 좋지 않으니, '역시 내가 능력이 부족한 엄마라서 그렇다'라고 스스로를 탓하는 것이죠. 아이마다 개성도, 특성도 다 다른데 정작 그 아이 고유의 반응은 놓쳐 버리고 남의 정보만 따라가다 보면 엄마 스스로 점점 '나는 안 돼'라는 열등감에 빠지기 쉽습니다. 사실 육아에는 딱 맞는 답이 없고, 정답을 찾아야 한다는 그런 강박이 엄마를 더욱 불안하게 만듭니다.

심리학에서는 우리가 주변의 특정 사례나 온라인에서 본 내용을 '모두가 그렇게 한다'라고 과대평가하는 현상을 '착각된 보편성 효과 false consensus effect'라고 부릅니다. 다양한 육아 방식이 존재하는데도, 몇몇 사례가 마치 모든 엄마의 표준처럼 여겨지는 것이죠.

전문가 입장에서 가장 안타까운 건, 이렇게 남의 말과 기준으로만 채워진 일기장이 엄마의 자존감을 서서히 갉아먹는다는 사실입니다. '내가 하는 게 맞을까?', '나는 왜 이렇게 못할까?' 같은 생각은 엄마를 지치게 만들고, 아이와 함께 보내는 순간조차 의무와 수행으로 변질시켜 버리죠.

영국의 소아과 의사이자 정신분석가 도널드 위니컷Donald Winnicott은 '충분히 좋은 엄마good enough mother'라는 개념을 말했습니다. 이는 완벽한 엄마가 아니라, 아이의 필요에 충분히 반응해 주는 엄마가 더 중요하다는 이야기입니다. 엄마는 조금씩 실패하기도 하고 흔들리기도 하는 존재이며, 아이는 그 틈에서 세상의 현실을 배우고 조금씩 단단해지는 기회를 얻는다는 뜻이죠.

민지 씨에게도 이 개념을 소개해 주며 "한 번쯤은 오직 당신과 아이가 원하는 대로 해 보면 어떨까요?"라고 권했습니다. 몇 주 뒤 그녀는 진료실에 와서 이렇게 전했습니다.

"이제 아이가 밥을 안 먹어도 검색부터 하지 않아요. 대신 아이가 밥그릇을 두드리거나 숟가락을 장난감처럼 쓰도록 그냥 놔둬 봤어요. 처음엔 온통 엉망이 됐지만, 차츰 아이가 식사 시간을 즐기기 시작했어요. 완벽하진 않아도 우리에게 맞는 방법을 하나씩 찾는 중이에요."

남들이 말하는 정답을 쫓는 대신 아이와 실제로 부딪치고 경험하며 소통하는 우리만의 방식을 찾아가기 시작한 것이죠.

그렇다면, 어떻게 하면 남의 기준으로 가득 찬 육아 일기에서 벗어날 수 있을까요? 저는 스스로에게도, 또 많은 엄마들에게도 몇 가지 방법을 제안하고 싶습니다.

1. 작은 질문부터 던져 보기

'이건 정말 내가 원하는 방식일까, 아니면 남들이 다 좋다고 해서 믿는 걸까?' 이런 짧은 물음 하나만으로도 스스로의 감정과 직관을 확인할 기회가 생깁니다.

2. 아이의 반응을 관찰하기

다른 사람의 방법을 시도했을 때와 나의 직관대로 했을 때 아이의 반응이 어떻게 다른지 한 걸음 떨어져 관찰합니다. 아이가 보여 주는 몸짓과 표정은 생각보다 솔직하고 명확하거든요.

3. 나만의 문장을 쓰기

매일 육아 일기에 적어도 한 문장은 남의 지식이 아니라 내 진짜 감정을 쓰는 겁니다. '아이가 잠들기 전 안아 주었을 때, 그 조그만 숨소리에 내가 얼마나 위로받았는지' 같은 솔직한 표현이면 충분하지요.

4. 정보를 선별하기

육아서나 인터넷 정보가 전부 나쁜 건 아니지만 무분별하게 수용하다 보면 오히려 혼란이 커집니다. 자신의 가치관과 육아 철학에 부합하는 정보만 걸러서 받아들여 보세요.

지금 나와 아이의 속도에 발맞추는 것

아이 양육에는 유일무이한 정답이 없음을 기억하면 좋겠습니다. 아이도, 엄마도 모두 각자의 고유함을 가지고 살고 있으니까요. "옆집 아이가 뒤집었다"라거나 "친구네 아이는 한글을 배우기 시작했다" 같은 말에 너무 신경 쓰지 말고, 지금 이 아이와 내가 함께 만들어 가는 우리만의 속도를 존중해 보면 어떨까요?

일기장은 본디 가장 나다운 생각을 거침없이 털어놓는 공간입니다. 하지만 어느새 내 일기장이 타인의 기준과 시선으로 빼곡히 채워져 있다면, 이제 그 주도권을 천천히 되찾을 때입니다.

진료실에서 또 다른 엄마는 이렇게 고백했습니다.

"남들 신경 안 쓰고 아이와 마음대로 놀아 보니 이제야 내가 정말 엄마가 된 것 같아요."

저는 이 말을 들으며 엄마가 일기장의 주인이 되는 그 순간을 상상했습니다. 남들이 내리는 평가나 지침이 아니라, 내가 직접 아이와 부딪치고 웃고 울며 쌓아 가는 이야기로 일기장 한 페이지 한 페이지를 채워 나가는 겁니다.

육아는 길고 긴 마라톤 같습니다. 남의 페이스를 무리해서 따라가다 보면 금세 지치고 포기하고 말지요. 하지만 내 호흡과 걸음으로 천천히 가다 보면, 더딜지언정 결승점까지 스스로의 힘으로 도달하게 됩니다. 그리고 그 과정에서 보이는 풍경들은 남이 대신 볼 수 없는 나만의 보물이 됩니다.

오늘이라도 육아 일기를 펼쳐, 단 한 문장이라도 온전히 나의 언어로 적어 보면 어떨까요? 남들이 말하는 대로가 아닌 '내가 느끼기에'로 시작하는 문장을 말이지요.

"내가 느끼기에, 오늘은 계획대로 하지 않았는데도 아이가 더 행복해 보였다."

"내가 느끼기에, 완벽한 방식보다 서로의 눈을 맞추는 순간이 훨씬 소중하다."

이런 아주 작은 문장 하나가, 엄마로서의 자존감과 아이와의 끈끈한 유대감을 되찾는 첫걸음이 될 거라고 믿습니다.

누군가의 대본으로 쓰는
내 인생

"애 놔 두고 어딜 간다고 그러니? 애 엄마가 되었으면 이제 그런 거 다 접어야지."

두 달 뒤로 예정된 제주도 강연이 있었습니다. 저는 정신과 의사로서 지방 강연에 종종 초청을 받곤 하는데, 시어머니께 아이를 잠시 봐주실 수 있는지 여쭈었다가 돌아온 말이었습니다. 시어머니의 불편한 기색에 결국 강연을 거절하고 그날 저녁 거울 앞에 섰는데 갑자기 이런 생각이 들었습니다.

'이게 정말 내 삶인가? 언제부턴가 내가 하는 선택이 온전히 내 것이 아니게 되었네….'

의대를 졸업하고 정신과를 전공하기로 결정할 때까지만 해도 제 삶의 주인은 분명 저였습니다. 그러나 아이를 낳아 엄마가 된 순간부터, 전과는 전혀 다른 종류의 스크립트가 제 앞에 펼쳐졌습니다. 마치 누군가 미리 써놓은 대본을 그대로 따라 연기해야 하는 배우처럼, 저는 어느덧 '좋은 엄마'라는 역할에 조금씩 갇혀 가고 있었습니다.

심리학자 에릭 번Eric Berne은 '각본 이론Script Theory'과 '교류 분석Transactional Analysis'을 통해, 우리가 어릴 때부터 주변 환경으로부터 어떻게 살아야 하는지를 끊임없이 전해 듣고, 이것이 '인생 각본life script'으로 무의식 안에 자리 잡는다고 말합니다. 이 각본은 우리가 어떤 행동을 하고, 어떤 역할을 맡으며, 어떤 감정을 표현해야 하는지에 대한 지침으로 작동합니다.

번의 교류 분석에 따르면, 우리에게는 '부모의 자아Parent ego state', '어른의 자아Adult ego state', '아이의 자아Child ego state'라는 세 가지 자아 상태가 있고, 이 상태들이 서로 상호작용하며 우리의 행동을 이끕니다. 특히 한국 사회에서 엄마로 살아가는 여성들은 더욱 강력한 각본을 부여받곤 합니다.

"좋은 엄마는 아이를 가장 먼저 생각한다."

"가정을 위해서는 자신의 욕구를 희생해야 한다."

"아이의 행복이 엄마의 행복보다 중요하다."

이런 메시지들이 쉴 새 없이 들려오고, 어느 순간엔 이 각본이 너무 깊이 내면화되어, 이것이 정말 내 생각인지 아니면 사회적 압력인지를 구분하기조차 어려워집니다.

나는 지금 어떤 각본을 선택하고 있는가?

41세 공무원 정유미 씨는 결혼 전 친구들과 자주 놀러 다니고, 명절 연휴에는 동남아로 여행을 다니는 등 자유로운 삶을 살았습니다. 하지만 결혼 후에는 모든 것이 달라졌다고 합니다.

"결혼하고 나니까 명절은 물론이고, 시부모님 생신이나 기념일마다 꼭 참석해야 했어요. 거기다 한 달에 한 번씩 시댁에 가야 하는 암묵적인 강요도 있었고요. 아이를 낳고 나서는 손주를 보고 싶다는 이유로 시부모님께서 우리 집에 자주 오시거나, 우리가 더 자주 가야 하는 상황이 되었죠."

유미 씨는 남편의 생활은 크게 달라진 것이 없는데, 자신만 삶이 완전히 변했다고 느낍니다.

"남편은 여전히 친구들과 술 마시고, 주말에 혼자 있고 싶을 땐 그냥 그렇게 있더라고요. 그런데 제가 똑같이 하면 이기적이라는 소리가 돌아와요. 내 인생이 이제 내 것이 아닌 것 같아요."

번의 이론에서 중요한 개념 중 하나가 '금지령injunction'입니다. 가족이나 사회가 직간접적으로 "이건 하면 안 된다"라고 전해 주는 메시지이지요. 한국 사회의 엄마들은 "자신의 욕구를 우선시하지 마라", "자신의 시간을 요구하지 마라", "항상 가족을 먼저 생각해라" 같은 금지령에 유독 강하게 노출됩니다.

또 다른 개념인 '각본 정체성script identity'도 있습니다. 사회적 기대에 맞춰 '좋은 엄마', '착한 며느리'라는 정체성을 받아들이다 보면,

시간이 지날수록 그것과 진짜 내 자신을 구분하기가 어려워집니다. 내가 원하는 게 뭔지, 어떤 감정을 느끼는지 잘 알지 못하게 되죠.

38세 전업주부 임미영 씨는 첫아이를 낳고 회사 생활을 접었습니다. 그러자 조금씩 가족의 모든 잡무를 도맡게 됐습니다.

"처음에는 아이를 직접 돌보는 게 좋았어요. 그런데 나중엔 시부모님 병원 모시고 다니기, 양가 경조사 챙기기, 친정 부모님 대신 관공서 일 처리하기, 가구나 가전제품 같은 물건 구매까지 제가 알아보고 결정하게 되었죠. 남편이 가끔 아이를 봐주거나 집안일을 해주면 '도와준다'라고 하면서, 그걸 아주 특별한 일처럼 얘기하더라고요."

심지어 친구와 약속을 잡으려 하면 "꼭 필요한 약속이냐"라는 말을 듣지만, 시댁이나 친정 모임은 '당연히' 참석해야 하는 자리로 인식됩니다.

"어느 순간부터 사람들이 저를 제 이름 대신 'ㅇㅇ이 엄마'라고 부르기 시작했어요. 그렇게 불리는 게 더 익숙해져서, 누가 제 이름을 부르면 오히려 낯설게 느껴지더라고요. 제가 조금씩 사라져 버린 느낌이에요. 누구의 엄마, 누구의 며느리, 누구의 딸로만 존재하는 것 같아요."

미영 씨처럼 자신도 모르게 '패자 각본loser script'을 따르게 되는 엄마들이 많습니다. 번의 제자 클로드 스타이너Claude Steiner는 '승자 각본winner script'과 '패자 각본'을 제시했는데, 승자 각본은 스스로의 잠재력을 충분히 발휘하면서 좋은 관계와 긍정적 결과를 만들어 내는 패턴이고, 패자 각본은 자기 한계를 먼저 설정해 버리고 "난 안 돼"라며 삶에서 실패와 불행을 당연하게 받아들이는 패턴을 말합니다.

"엄마니까 이 정도는 감수해야 해."

"아이를 위해서라면 내 행복 따위는 포기할 수 있어."

"가족의 필요가 내 욕구보다 중요하지."

이런 생각들이 패자 각본의 전형적인 모습입니다. 그렇게 계속 살다 보면 엄마의 자존감은 조금씩 무너지고, 결국 자신의 존재 가치를 오직 타인과의 관계와 필요 속에서만 찾게 됩니다. 한국 사회는 가족 중심의 문화가 뿌리 깊게 자리 잡고 있어, 여성에게 책임과 희생이 집중되기 쉽습니다. 시부모 공경, 자녀 양육, 가족 행사 준비 등 수많은 역할이 자연스레 여성의 몫이 되고, '며느리'와 '엄마' 사이를 오가며 갈등할 때조차 개인의 욕구는 맨 뒤로 밀려나기 마련입니다.

그렇다면 이런 각본에서 어떻게 벗어날 수 있을까요? 번은 '각본 재결정script redecision'을 통해, 우리의 인생 각본은 의식적 선택에 따라 언제든 새롭게 작성될 수 있다고 말합니다. 그리고 그 시작은 지금 내가 어떤 각본을 따르고 있는지를 인식하는 것입니다.

이때 중요한 것은 '어른의 자아'입니다. 한국 사회의 엄마들은 보통 "엄마는 희생해야 한다"라는 권위적으로 내면화된 '부모의 자아' 메시지와, 순응적이거나 반항적이고 즉각적인 감정 반응인 '아이의 자아' 사이에서 갈등하기 쉬운데, 그 둘을 뛰어넘어 "이 상황에서 가족과 나에게 진정으로 최선인 선택은 뭘까?"를 객관적으로 묻고 판단하는 상태가 바로 '어른의 자아'입니다.

'좋은 엄마는 이래야 한다'라는 생각이 들 때, 이 선택이 정말 내 뜻인지, 가족이나 사회의 압력 때문인지를 자문해 보는 거지요.

자신이 엄마 각본에 매달려 왔음을 깨달은 유미 씨는 아주 사소한 변화부터 시도했습니다.

"매달 시댁에 가던 걸 두 달에 한 번으로 줄여 봤어요. 시어머니는 불만스러워하셨지만 전 개의치 않았습니다. 살짝 두려웠지만, 처음으로 '안 가겠다'라고 제 의견을 분명히 말한 거니까요. 그리고 10년 만에 친구들이랑 1박 2일 여행을 다녀왔는데, 제가 얼마나 제 자신을 잃고 살았는지 깨달았어요."

미영 씨 또한 달라지기 시작했습니다. 일주일에 딱 3시간이라도 자신만의 시간을 확보하기로 하고, 남편과 아이 양육을 분담하는 문제를 놓고 솔직하게 대화했습니다.

"처음엔 남편이 '다른 집 아내들은 다 혼자 아이를 잘 보는데, 왜 너만 도와달라 하냐'라며 엄청 화를 냈어요. 그런데 남편은 회사 회식이나 출장에 당연히 가면서, 제가 친구를 만나러 가려면 허락받아야 하는 게 너무 불공평하잖아요. 결국 몇 번 큰 싸움 끝에 토요일 오후만이라도 남편이 아이를 맡기로 했고, 그 서너 시간 동안 영화 보기나 운동, 목욕탕 가기, 친구 만나기를 할 수 있게 됐어요. '난 뭘 좋아하지?' 이런 고민을 하는 게 이렇게 행복할 줄 몰랐어요. 10년 만에 처음이거든요."

내 삶은 내가 선택하겠다는 결심

오랫동안 굳어진 각본을 바꾸려면 용기가 필요합니다. 주위에서 이기적이라고 손가락질받을까 봐 마음이 움츠러들 수도 있지요. 시댁, 남편과의 권력관계, 경제적 의존성 같은 현실적 장애물도 만만치 않습니다.

하지만 제 경험상, 누군가 써 놓은 대본을 따르며 살 때보다 내가 직접 선택하고 책임질 때 자존감이 훨씬 커졌습니다. 아이가 세 살 무렵 남편도 아이와 단둘이 있는 것에 익숙해졌을 즈음, 저는 다시 들어온 제주도 강연 제안을 받아들이기로 했습니다.

'남편이 해외 출장 갈 땐 내가 혼자 아이 보는 게 당연했잖아. 그런데 왜 나는 이틀도 아이와 떨어지면 안 되지?' 이런 의문이 머릿속에 자리 잡기 시작했고, 남편과 갈등도 있었지만 물러나지 않았습니다. 결국 남편이 아이를 돌보는 사이 저는 강연을 다녀올 수 있었지요. 돌아와 보니 아이는 여전히 건강했고, 오히려 아빠와 더 친해졌습니다. 그뿐 아니라, 저의 성취감과 자신감이 가족 전체에 긍정적 기운을 불어넣는다는 걸 느꼈습니다. 무력감에 빠진 엄마보다 자기 일을 즐겁게 당당히 해내는 엄마가 아이에게도 훨씬 좋은 영향을 줄 수 있음을 깨달은 겁니다.

번은 각본 재결정을 통해, 우리가 원하기만 한다면 인생 각본을 얼마든지 새로 쓸 수 있다고 주장합니다. 기존 각본이 더는 내 삶에 도움이 안 된다면 의식적인 선택과 행동 변화를 통해 다른 길을 택할 수 있다는 것이지요.

물론 한국 사회에서는 고부 갈등, 육아, 가사의 불균형, 여성 경력 단절 등 장애물이 많습니다. 그럼에도 최근 들어 젊은 세대를 중심으로 더 평등한 가족 내 역할 분담, 일과 가정의 균형을 중시하려는 움직임이 조금씩 생겨나고 있습니다.

'좋은 엄마', '착한 며느리'라는 역할에는 여전히 많은 희생이 요구되지만, 그것이 내 정체성의 전부가 될 필요는 없습니다. 엄마이면서 동시에 한 개인으로서의 욕구와 꿈을 누리는 건 결코 사치가 아니지요. 아이를 잘 돌보는 것과 주체적으로 내 삶을 살아가는 것은 대립되지 않습니다. 오히려 엄마가 자기 정체성을 잃지 않을 때 아이에게도 좋은 본보기가 됩니다.

아직은 변화의 시작점일 뿐이지만 유미 씨와 미영 씨가 보여 주는 작은 발걸음은 "내 삶은 내가 선택한다"라는 주체성을 되찾는 과정입니다. 이것이 결국 더 건강한 자존감과 행복으로 이어지리라는 걸 믿습니다.

누군가 쓰다 만 대본이 아니라, 내가 직접 한 줄 한 줄 써 내려가는 인생 각본. 쉽지 않은 길입니다. 하지만 그래야만 우리는 비로소 '나'로서 온전히 살아가는 기쁨을 알 수 있습니다. 당신의 삶은 누구의 것도 아닌, 오직 당신의 이야기이니까요.

정답만 있고
해답은 없는 날들

"생후 6개월이 되면 반드시 분리 수면을 시작해야 합니다."

강연을 하는 육아 전문가의 목소리는 마치 학창 시절 배운 수학 공식처럼 흔들림 없이 확고합니다. 강연장에 앉은 엄마들은 진지한 표정으로 고개를 끄덕이고 열심히 메모를 하지요. 그러다 돌아와 다른 육아 서적을 펴 보면, 이번에는 "아이와의 피부 접촉이 애착 형성의 핵심이며 함께 자는 게 정서 발달에 좋다"라는 정반대의 조언이 나옵니다. 인터넷 맘카페에는 또 다른 이야기들이 넘쳐납니다.

"저희는 퍼버법으로 일주일 만에 수면 교육 성공했어요!", "우리 아이는 유럽식으로 생후 3개월부터 분리 수면했더니 밤새 통잠을 자더라고요.", "저는 세 살까지 같이 잤는데, 지금 초등학생인 우리 아이 정서가 정말 안정적이에요."

도대체 어느 말이 맞는 말일까요? 육아의 정답은 어디에서 찾을 수 있을까요?

엄마들이 빠지기 쉬운 육아의 함정

정신과 의사로서 저는 환자들의 고민을 들으며 수많은 엄마들이 이런 혼란에 빠져 있음을 종종 목격합니다. 놀라운 점은, 저 자신도 의사이면서 아이를 낳아 키우는 과정에서 같은 혼란을 겪었다는 사실입니다. 전문가인 저조차 아이를 기르는 '확실한 정답'을 찾는 일은 쉽지 않았습니다.

"원장님, 미치겠어요. 아이가 밤마다 자꾸 깨서 보채요. 책도 보고 전문가 강연도 들었는데 다 말이 달라요. 분리 수면 시킨다고 퍼버법을 써 보았는데, 아이가 울면 마음이 너무 아파요. 그런데 안아서 재워 버릇하면 나중에 습관이 된다고 하고요. 뭐가 맞는 건지 모르겠어요. 다른 엄마들은 다 잘하는 것 같은데, 저만 이런가요?"

진료실에 온 35세 이지은 씨의 말에는 혼란과 자책이 뒤섞여 있었습니다. 7개월 된 아이의 수면 문제로 몇 주째 고심하며 수많은 육아 자료와 강연을 참고했지만, 자료가 많아질수록 마음은 더 복잡해졌다는 겁니다. 아이가 밤중에 울 때마다 안아서 달래 주고 싶은 마음과 "수면 교육이 필요하다"라는 전문가의 말 사이에서 그녀는 갈팡질팡, 지쳐 있었습니다.

최근 한국에는 영유아 분리 수면법이 크게 유행하고, 그중에서도 '퍼버법Ferber Method'이 많은 호응을 얻고 있습니다. 미국 소아과 의사 리처드 퍼버Richard Ferber가 제안한 이 수면 교육법은, 아이가 울어도 점차 간격을 늘려가며 기다리는 접근을 통해 아이가 스스로 잠드는 법을 익히게 하는 방식입니다. 국내에서도 여러 전문가들이 "생후 5~6개월쯤 분리 불안이 생기기 전에 시작하는 게 좋다"라고 조언하지요.

여기서 우리는 '정답'과 '해답'을 구분해야 합니다.

정답은 단 하나만 존재하고 모두에게 동일하게 적용되는, 마치 수학 문제 풀이와도 같은 것이지요. 반면 해답은 개별적 맥락과 상황, 사람에 따라 달라지는 실제적 해결책입니다. 육아에서 정답 하나만을 기대하는 것은 사실 무리한 일이 아닐까 싶습니다.

우리는 흔히 "이 공식대로 하면 아이가 잘 자겠지", "저 전문가 말대로만 하면 다 괜찮아지겠지"라고 믿으려 합니다. 그러나 현실은 그렇게 단순치 않습니다.

심리학 용어 중 '인지적 폐쇄 욕구Need for Cognitive Closure'라는 게 있습니다. 심리학자 아리 크루글란스키Arie Kruglanski가 제안한 개념으로, 사람들은 불확실함을 견디지 못해 확실한 답을 얻고자 한다는 것이지요. 특히 아이 미래에 직접적 영향을 주는 육아 문제에서는 이 욕구가 더욱 강해져, 분명한 매뉴얼을 찾으려는 욕망이 극도로 커집니다.

'우리 아이가 잘못될까 봐'라는 두려움에 엄마들은 육아 서적을 뒤지고, 전문가의 조언을 듣고, 인터넷을 헤맵니다. 하지만 아이러니하게도 정보가 많아질수록 더 헷갈립니다. 상반된 주장과 사례가 서로 공존하기 때문입니다.

문제는, 많은 육아 방식이 문화와 지역마다 다르다는 점입니다. 수면 교육의 경우, 한국에서는 가정마다 분리 수면 시기가 제각각이지만, 네덜란드 같은 유럽 국가의 경우 생후 6개월 이전부터 아기를 자신의 방에서 재우는 것이 일반적이고, 일본에서는 '소이네添い寝'라는 전통으로 초등학교 입학 이후까지도 가족이 함께 자는 문화가 뿌리 깊게 자리 잡고 있습니다. 누가 옳고 그른 걸까요? 결국, '상황에 따라 다르다'라는 말을 빼놓을 수 없게 됩니다.

저 역시 아이를 키우며 분리 수면과 공동 수면 사이에서 많이 갈등했습니다. 결국 선택한 방식은 아이와 오랫동안 함께 자는 것이었습니다. 전문가들이 말하는 적절한 시기보다 훨씬 늦게까지, 심지어 아이가 유치원에 갈 때까지 함께 잤습니다. 처음에는 이런 선택에 불안함도 있었습니다. '습관이 들면 평생 같이 자야 하는 것이 아닐까?', '아이의 독립성 발달에 방해가 되지 않을까?' 하는 걱정들이 머릿속을 맴돌았으니까요. 밤마다 전문가들의 경고가 생각나 불안했고, 주변 지인들의 "그렇게 키우면 나중에 고생한다"라는 말에 흔들렸습니다.

그럼에도 제 직관은 아이와 함께 자는 것이 우리 가족에게 맞는다고 말했습니다. 결과적으로 우리 아이는 정서적으로 안정되어 있고 수면 습관에도 특별한 문제가 없었습니다. 나중에는 자연스럽게 혼자 자는 법도 배웠지요. 물론 모든 가정이 우리처럼 순탄하게 진행되는 것은 아닙니다. 가족마다 다른 경험을 할 수 있으며, 이것이 바로 맞춤형 접근법이 필요한 이유입니다. 다만, 한 가지를 배웠습니다. 정해진 획일적 기준을 맹신하기보다 내 아이 기질과 우리 가족의 상황에 어울리는 방식이 무엇인지 찾으려 애써야 한다는 것이지요.

이 점을 지은 씨에게도 이야기했습니다. 그녀는 처음에 "그래서 결론이 뭐예요? 어떻게 하는 게 맞아요?"라고 되물었지만, 곧 스스로 깨닫기 시작했습니다.

"사실 아이가 울 때 안아 주면 스르르 잠들고, 저도 그게 더 마음이 편안하긴 했어요. 그런데 그러면 버릇 든다고들 하더라고요. 제가 자꾸 아이를 울리면서 분리 수면을 시도했는데, 너무 힘들었거든요."

그녀의 말에서 많은 엄마들이 빠지는 함정이 드러납니다. 바로 자신의 직관과 아이의 반응보다 외부의 표준 매뉴얼을 더 신뢰하는 태도입니다. 이런 상황에서는 어떤 방법을 택하더라도 끊임없는 의심과 불안이 따라옵니다.

'이게 맞나? 내가 지금 아이에게 해로운 습관을 만들고 있는 건 아닐까?'

이런 불안감은 엄마의 자존감을 갉아먹고, 결국 아이와의 관계에도 영향을 미칩니다. 무엇이 옳은지 확신하지 못하는 엄마의 불안은 아이에게도 전해지기 마련입니다. 더 큰 문제는 이러한 불확실성이 자기 비난으로 이어진다는 점입니다. 지은 씨처럼 '다른 엄마들은 다 잘하는데 나만 왜 이러지?'라는 생각에 빠지기 쉽습니다. 하지만 실상은 어떨까요? 겉으로 완벽하게 보이는 다른 엄마들도 비슷한 혼란과 자책을 경험하고 있을 가능성이 높습니다.

완벽한 정답을 찾는 것보다 중요한 일

표준 매뉴얼을 찾는 과정에서 어느 순간 우리는 가장 중요한 것을 놓치곤 합니다. 바로 우리 아이만의 고유한 특성과 기질입니다. 아이마다 기질이 다르고, 가족마다 환경과 가치관이 다르며, 문화적 배경도 각기 다릅니다. 이런 다양한 요소를 무시한 채 단 하나의 방식만을 추구하는 것은 비현실적입니다.

수면 교육만 해도 어떤 아이는 혼자 자도록 훈련했을 때 곧잘 적응하지만, 어떤 아이는 극도로 불안해할 수 있습니다. 어떤 집은 공간적 제약이나 다른 자녀 문제 등으로 분리 수면이 애초에 힘들 수도 있고요. 이런 다양한 사정을 무시한 채, "정석은 하나야"라는 식으로 몰아가는 건 현실에 맞지 않습니다.

우리는 흔들리지 않는 단 하나의 방식을 갈구하지만, 현실에서 그런 만능 공식은 존재하지 않습니다. 수십 권의 책과 강의 속에서 정답을 찾고자 하지만 정보가 많아질수록 더욱 혼란에 빠지는 경험만 하게 되지요. 이때 꼭 필요한 것이 맞춤형 해답을 찾고자 하는 태도입니다.

어느 정도 시간이 지난 후 지은 씨는 이렇게 말하더군요.

"그래도 다른 엄마들은 분리 수면을 잘만 시키던데, 내가 너무 안아서 재우는 것 아닌가…. 그 걱정이 계속 있었어요. 근데 생각해 보니 그 엄마들의 아이와 우리 아이가 다를 수도 있고, 또 그 엄마들도 사실 속으로 힘들어할지 누가 알아요? 굳이 똑같이 안 해도 된다는 걸 알게 되니까 한결 마음이 편해졌어요."

결국 아이를 재우는 방식 하나에도, 집안마다 자신들만의 해답이 있는 법입니다. 어떤 집에는 생후 3개월에 시작해서 12개월 사이에 마무리되는 퍼버법 같은 수면 교육이 딱 맞을 수 있고, 또 어떤 집은 두 살, 세 살까지 엄마 아빠와 같이 자도 전혀 무리가 없을 수 있고요. 이렇듯 획일적 정답 대신 각자에게 맞는 해답을 찾는 것, 그 과정에서 생기는 불안과 시행착오도 육아 여정의 중요한 일부가 됩니다.

육아에서 가장 먼저 해야 할 일은 완벽한 정답을 찾으려는 욕심을 내려놓는 것입니다. 어쩌면 진짜 문제는 완벽한 정답을 찾지 못하는 것이 아니라, 정답만을 찾으려 한다는 사실 자체에 있는지도 모릅니다. 그리고 그 깨달음이, 아주 조금씩이나마 우리를 진정한 맞춤형 접근법으로 인도하는 첫걸음이 될 수 있습니다.

많은 연구들이 보여 주듯이 엄마들이 자신의 직관을 신뢰하고 아이의 상태에 민감하게 반응할 때 아이들의 정서적 안정감은 더 높아집니다. 이는 어떤 특정 육아법을 따르는 것보다 엄마와 아이 간 상호작용의 질이 더 중요하다는 것을 시사합니다.

지은 씨가 진료실을 나서며 했던 말이 아직도 기억에 남습니다.

"원장님, 제가 남들과 다른 선택을 해도 괜찮은 거군요. 그동안 완벽한 정답을 찾느라 정작 아이가 보내는 신호를 못 봤던 것 같아요."

완벽한 엄마가 되려는 압박에서 벗어나 실패와 불완전함을 허용할 때, 비로소 우리는 자존감을 회복하고 더 편안하게 육아를 할 수 있습니다. 그것이 결국 아이에게도 더 건강한 환경을 제공하는 길일 것입니다.

아이를 기르다 보면 분명 여러 사람의 조언이 들려옵니다. 하지만 그때 '정말 내 아이와 우리 가족에게 필요한 건 뭘까?'를 되짚을 수 있다면, 자신감과 자존감도 조금씩 회복될 수 있습니다. 무엇보다 엄마가 흔들리지 않고 편안할 때 아이 역시 한결 안정감을 느끼게 된다는 사실을 기억하면 좋겠습니다.

'이 정도면 됐겠지'라는 타협의 덫

"우리 남편은 나에게 짜증도 부리고 나를 무시하지만, 애들하고는 잘 놀아 주니…. 이 정도면 됐겠지."

"시어머니의 간섭과 통제가 심하지만, 결혼할 때 아들 집을 사 주셨으니…. 이 정도는 감수해야지."

"집안 대소사는 내가 다 혼자 챙기지만, 남편은 돈을 버느라 힘드니…. 이 정도면 됐겠지."

우리는 일상에서 얼마나 자주 이런 말을 스스로에게 되뇌고 있을까요? '이 정도면 됐겠지'는 겉보기에는 현실을 받아들이는 성숙함처럼 들릴 수도 있지만, 그 이면에는 자신의 진짜 감정과 욕구를 무시하는 타협이 숨어 있습니다. 특히 한국 사회에서는 가족의 화목과 관계의 조화가 개인적 욕구보다 우선시되곤 하기에, 이러한 타협의 패턴이 더욱 쉽게 자리 잡습니다.

물론 어떤 상황에서는 타협이 필요할 수도 있습니다. 하지만 자신의 핵심 가치나 중요한 욕구까지 '이 정도면 됐지'라며 내려놓는다면, 우리는 자존감의 일부분도 함께 포기하는 것일지 모릅니다. 그렇게 될수록 우리는 타인이 만들어 놓은 기준으로 스스로를 평가하게 되고, 내면의 기준과 외부의 기대 사이에서 내적 갈등이 심화됩니다.

엄마의 자존감이 무너지는 3단계

심리학자 칼 로저스Carl Rogers는 '불일치Incongruence'라는 개념으로 이런 현상을 설명합니다. 로저스에 따르면, "실제 경험과 자아 개념 사이에 불일치가 생기면 심리적 긴장이 발생한다"라고 합니다. 우리가 겉으로는 "이 정도면 됐다"라고 말하지만 실제 마음속으로는 더 많은 것을 원하거나 현 상황에 불만이 있을 때, 바로 이 불일치 상태에 놓이게 됩니다.

여기에 심리학자 줄리안 로터Julian Rotter의 '외적 통제 소재External Locus of Control' 개념이 더해집니다. 로터는 "사람은 자신의 삶이 운명, 타인, 외부 환경에 의해 좌우된다고 믿을 때 외적 통제 소재가 강화된다"라고 보았습니다. 한국의 집단주의 문화에서는 이 외적 통제 소재가 더욱 커져, "어차피 바꿀 수 없으니 이 정도면 됐겠지"라는 태도를 자연스럽게 생각하는 경향이 생깁니다.

또한 심리학자 마틴 셀리그만Martin Seligman의 '학습된 무기력Learned Helplessness'도 중요한 퍼즐 조각입니다. 반복된 실패 경험 이후 상황을 통제할 수 없다고 학습해 버려 노력을 포기하는 심리 상태를 가리킵니다. 변화를 시도해도 매번 실패했던 경험이 쌓이면 "어차피 안 바뀔 테니 이 정도에서 그쳐야지"라는 체념으로 굳어지기 쉽지요.

오랜 임상 경험으로, 저는 '이 정도면 됐겠지'라는 타협이 자존감을 조금씩 갉아먹는 뚜렷한 단계를 발견했습니다. 이 과정은 마치 산에서 내려오는 안개가 천천히 풍경을 덮어 가듯 자신도 모르게 진행되기에 더욱 조심해야 합니다.

1단계: 일상적 행동의 타협 "이런 상황은 참을 수 있어."

첫 단계에서는 특정한 상황이나 행동에 대해 타협합니다. 예를 들어 "남편이 내 말을 무시해도 아이들에게는 잘해 주니 괜찮아", "친정 엄마가 늘 비교하고 잔소리해도 위급할 때 달려와 주시니 괜찮아" 같은 형태입니다.

이 단계에서 타협은 여전히 '선택'의 영역에 있습니다. 불편함을 정확히 인식하고 있지만, 다른 이득을 위해 의식적으로 타협을 결정하는 것이지요. 자신의 감정과 욕구가 최소한 일부는 인정받고 있습니다.

2단계: 자기 가치 인식의 변화 "나는 그만한 가치가 없어."

타협이 반복되면서, 이번에는 "나는 더 나은 대우를 받을 만큼 가치 있는 사람이 아니야", "나는 무능해서 이 상황을 바꿀 수 없어" 같은 식으로 자신의 가치와 능력을 낮게 인식하기 시작합니다. 이때부터는 타협이 더 이상 내가 선택한 것이 아니라 '나는 그럴 수밖에 없는 존재'라는 의미로 변질됩니다.

이 단계가 바로 이 책에서 말하는 자존감 문제와 직접 맞물립니다. 이제 타협은 선택이 아닌 나의 한계 때문이라고 느끼게 됩니다. 불만족스럽지만 어쩔 수 없다고 여기면서, 상황을 바꾸지 못하는 이유를 외부가 아닌 자기 자신의 무가치함 탓으로 돌리는 것이죠. 한국 사회에서 흔히 보이는 '내가 참아야 집안이 편해지니까'라는 생각이 전형적인 예일 수 있습니다.

3단계: 정체성 상실 "진짜 나는 누구지?"

타협이 오랜 기간 이어지면, 타인의 기준과 기대가 어느덧 자신의 정체성을 지배하게 됩니다. 이제는 내 욕구, 가치, 감정이 뭔지도 잘 모르게 됩니다. "내가 무엇을 좋아하고, 무엇을 바라는지조차 모르겠다"라는 식으로 정체성의 혼란에 빠지게 되지요.

이 단계에서는 이미 자신을 잃어버린 듯한 공허함이나 혼란감을 느낄 수 있습니다. 더는 자신의 내면을 들여다볼 힘이 없고, 모든 판단 기준이 외부로 옮겨 가 버렸기 때문입니다. 이는 단순히 기분이 우울한 정도가 아니라, 삶의 의미 자체를 흔드는 큰 위기이기도 합니다.

"처음 바람 핀 증거를 발견했을 땐 세상이 무너지는 느낌이었어요. 근데 남편이 잘못했다고 빌고 다시는 안 그러겠다고 하니까, '이 정도면 됐겠지'라고 스스로를 달랬죠."

그 뒤로도 남편은 가끔 외도를 했지만, 미영 씨는 심증만 있을 뿐 물증이 없어 7년을 그냥 보내고 있습니다. 남편에게 따져 물으면 "그런 적 없어"라는 답이 돌아올 뿐이고, 미영 씨는 남편이 회사 일이나 친구와 술을 마신다는 핑계 뒤에 다른 여자가 있음을 직감하면서도 애써 눈감고 지냅니다.

"솔직히 이 나이에 이혼해서 돈 벌고 혼자 아이 키울 용기가 안 나요. 그게 제 솔직한 속마음이죠. 겉으론 애들을 위해서라 말하지만, 사실은 남편 외도를 파헤치고 나서 그 후에 벌어질 일들을 감당할 자신이 없어 그냥 흐린 눈으로 살고 있어요."

미영 씨의 사례는 타협의 3단계를 분명히 보여 줍니다. 가족을 유지한다는 명분으로 외도를 한 번의 실수라 여기며 타협했던 1단계부터, 점차 '내가 매력이 없어서 남편이 바람피운 거야'라는 자기 가치 저하(2단계)가 찾아왔고, 이제는 "내가 뭘 원하는지, 내 감정이 뭔지 모르겠어요"라며 정체성 상실(3단계)에 이른 모습을 보입니다.

"우리 친정 엄마는 뭐든 자기중심적이에요. 제가 직장에서 힘들었다고 얘기해도 '그게 뭐가 힘드냐, 다들 그렇게 산다'라고 하시면서, 정작 본인 생일에는 명품 가방을 사 달라고 당연하게 요구해요. 저는 돈을 모으느라 옷도 보세 옷을 사 입는데 그런 제 사정은 관심도 없어요."

지현 씨는 이런 모순적 상황에 불편해하면서도, "부모님인데…. 이 정도는 이해해 드려야지"라며 타협해 왔습니다. 한국의 강한 효 문화를 고려할 때, 부모님에게 불편한 감정을 표현하는 건 사실상 쉽지 않습니다.

"엄마랑 통화하다 보면 '엄마 이야기만 한 시간씩 들어야 되나?' 싶어요. 내 고민을 말하면 '그게 뭐 힘들어?' 하고 넘어가시면서, 본인 얘기는 계속하세요. 처음에는 '딸이니까 이 정도는 해 드려야지'라고 생각했는데, 이젠 내가 엄마 눈치만 보고 제대로 내 주장도 못하는 무능한 딸인 것 같아요. 다른 친구들은 부모님에게 똑 부러지게 말하던데…. 왜 난 안 될까 싶어도, 결국 '이 정도면 됐지' 하고 넘겨요."

지현 씨의 사례는 1단계에서 "부모님이니 참아야지"라고 타협했던 것이, 이제 "왜 난 이렇게 무능할까"라는 자기 가치 저하(2단계)로 이어진 과정을 잘 보여 줍니다. 로저스의 '불일치'가 여기서 더욱 선명해집니다. 효도하는 딸이라는 외적 자아상과 속으로 쌓여 가는 분노가 갈등을 일으키면서, 그녀의 다른 인간관계까지 영향을 미치고 있습니다.

타협과 수용은 다르다

타협의 덫을 과감히 떨쳐내고 자신만의 기준으로 삶을 설계한 대표 인물로, 《해리 포터》 시리즈의 작가 J.K. 롤링이 떠오릅니다.

롤링은 1990년대 초반, 짧은 결혼 생활 뒤 이혼했고 어린 딸과 둘이서 힘겹게 생계를 꾸려야 했습니다. 극심한 빈곤 속에서 정부 보조금에 의지해 살았으며 심한 우울증까지 겪었다고 합니다. 2008년 하버드대학교 졸업식 연설에서 그녀는 그 시절을 "내 인생의 바닥"이었다고 회고했습니다.

당시 롤링은 '이 정도면 됐겠지'라는 사회적 기준과 맞닥뜨렸습니다. "싱글맘이면 경제적으로 안정을 먼저 찾아야지, 글쓰기 같은 불안정한 꿈은 접어라", "자녀를 위해 재혼을 서두르는 게 어떠냐" 하는 조언들이 대표적이었죠.

하지만 롤링은 이 타협을 거부했습니다. 에든버러의 한 카페에서 난방비를 아끼려 오랜 시간 머무르며 《해리 포터》를 집필했고, 여러 출판사가 거절했음에도 원고를 포기하지 않았습니다.

2008년 하버드 연설에서 롤링은 이렇게 말했습니다.

"실패는 필수적인 것만을 남기고 나머지를 벗겨내는 일을 의미했습니다. 저는 제가 아닌 다른 무엇인 척하기를 멈추고, 제게 정말 중요했던 단 하나의 일을 마치는 데 모든 에너지를 쏟기 시작했습니다. 만약 제가 다른 분야에서 큰 성공을 거두었더라면, 저는 아마 진정 원하는 분야에서 성공하겠다는 다짐을 할 수 없었을 것입니다."

이는 '외적 통제 소재'가 아닌 '내적 통제 소재 Internal Locus of Control'를 강화한 전형적인 사례라 할 수 있습니다. 외부 환경을 바꿀 수 없을지라도, 스스로 선택하고 반응하는 건 가능하다는 믿음이 있었기에 롤링은 학습된 무기력에 빠지지 않고 목표를 향해 나아갈 수 있었습니다.

우리가 살펴본 '이 정도면 됐겠지'라는 타협은, 자존감과 정체성을 조금씩 침식해 가는 과정이라는 사실이 드러납니다. 그 점진적 단계(일상적 행동의 타협 → 자기 가치 인식의 변화 → 정체성 상실)는 서서히 진행되어, 어느덧 우리의 삶을 잠식합니다.

중요한 건 타협과 건강한 수용은 다르다는 점입니다. 건강한 수용은 현실을 있는 그대로 인정하면서도 자신의 가치와 경계를 지키는 것인 반면, 타협은 자신의 중요한 욕구나 핵심 가치를 희생하면서 외부 기준에 맞추는 일이지요. 만약 요즘 "이 정도면 됐겠지"라는 말이 내 마음에 위안보다 불편함을 준다면, 지금이야말로 스스로에게 되묻는 시간이 필요합니다.

"정말 이 정도가 내가 원하는 수준인가, 혹시 타인의 기준에 나를 맞추고 있는 건 아닌가?"

J.K. 롤링이 보여 준 것처럼, 우리에게도 타협할 수 없는 가치와 꿈들이 분명히 있을 겁니다. 그것을 찾고 지키는 과정이 힘들 수는 있어도 결국 타인의 기준 대신 나만의 기준으로 삶을 채워 갈 때, 우리는 진정한 자존감을 회복하고 진짜 나의 길을 열 수 있을 것입니다.

내가 선택하는 삶은
언제부터일까?

아이를 재우고 조용히 거실로 나왔습니다. 오늘도 아침부터 숨 가쁘게 흘러간 하루였지만, 문득 가만히 앉으니 이런 생각이 마음 한편에서 고개를 들었습니다.

'오늘 하루 동안 내가 진정으로 선택한 일은 몇 개나 될까?'

아침에 눈을 뜨는 순간부터 저녁 식사 준비, 아이 숙제를 봐주는 것까지, 내 하루는 온통 해야 하는 일들로 빽빽하게 채워졌습니다. 그런데 가만히 돌이켜 보니 이 모든 일이 정말 내 삶에 꼭 필요한 일인지, 아니면 그저 익숙한 관성이나 주변의 기대에 떠밀려 가고 있는 건 아닌지 헷갈리기 시작했습니다.

제가 진료실에서 만나는 많은 여성들, 특히 엄마들은 이런 고민을 자주 털어놓습니다.

"언제부터인가 내 삶이 내 것 같지 않아요. 온통 해야 할 일들뿐이고 진정 내가 원하는 일은 하나도 없어요."

그들의 이야기를 듣다 보면, 자신의 삶에서 주체성을 잃어 가는 과정이 얼마나 서서히, 그러나 확실하게 진행되는지를 느낄 수 있었습니다.

우리가 스스로 선택하는 것이 어려운 이유

자유란 무엇일까요? 우리는 흔히 자유를 하고 싶은 대로 마음껏 할 수 있는 상태라고 생각합니다. 하지만 진짜 자유는 내가 자발적으로 무언가를 선택하고, 그 선택의 결과에 따른 책임까지 기꺼이 감당할 수 있는 삶이 아닐까요. 에리히 프롬은 《자유로부터의 도피》에서 자유는 가능성이자 동시에 부담이기도 하다고 말했습니다. 내가 자유롭게 무언가를 선택했다면, 그 결과에 따른 책임까지 온전히 나의 몫이기 때문입니다.

35세 윤정은 씨는 대학에서 심리학을 전공했지만, 부모님의 권유로 안정적인 공기업에 들어갔습니다. 결혼 또한 "이제 때가 됐잖아"라는 주변의 암묵적인 압박 속에 이루어졌고, 아이 역시 "결혼했으면 빨리 낳아야지" 하는 주변의 기대에 따라 출산했습니다.

그녀는 이런 말을 남겼습니다.

"되돌아보니, 제가 진정으로 원해서 한 선택이 거의 없었더라고요. 대학 전공부터 직업 선택, 결혼, 출산까지 모두 '안정적이니까',

'이제 때가 됐으니까', '그게 정상이니까' 하는 이유들이었어요. 정작 제 자신에게 '나는 뭘 원하지?'라고 진심으로 물어본 적이 거의 없었던 것 같아요."

심리학에서는 이러한 현상을 '지각된 통제감Perceived Control'이라는 개념으로 설명합니다. 자신의 삶에 스스로 영향력을 행사할 수 있다고 믿는 정도가 낮아질수록 자존감과 심리적 안녕감도 함께 떨어집니다. 특히 한국 사회는 집단주의적 문화와 체면을 중시하는 분위기 속에서 개인의 선택이 타인의 기대나 사회적 규범에 의해 제한받기 쉽습니다.

그렇다면 우리는 왜 스스로 선택하기를 주저하게 되는 걸까요? 아마도 가장 큰 이유는 책임과 불확실성에 대한 두려움 때문일 것입니다. '내가 선택했다'라는 말은 곧 그 결과에 대한 책임도 오롯이 내가 져야 한다는 뜻이니까요. "부모님이 이렇게 하라셨어요", "남편이 결정했어요" 같은 말들은 실패했을 때의 책임을 외부로 돌릴 수 있는 일종의 안전망입니다. 그러나 그런 안전망을 얻는 대신 우리는 조금씩 내 삶의 주도권을 포기하게 되는 것이지요.

또 다른 이유는 너무 오랫동안 타인의 기대와 기준에 맞춰 살다 보면, 어느새 나 자신이 진정 원하는 것이 무엇인지조차 잘 모르게 되기 때문입니다. 마치 같은 향기에 오래도록 노출되면 그 냄새에 무뎌지는 것처럼 말이죠. 너무 오래 남들의 기대와 눈치 속에 살다 보면, 내 마음의 목소리를 듣는 감각은 점점 흐려지고 약해지게 됩니다.

그렇다면 우리가 선택하는 삶을 시작할 수 있는 시기는 언제일까요? 실존주의 심리학에서는 우리 모두가 삶의 방향을 다시 선택하고 책임지며 살아갈 수 있는 존재라고 말합니다. 미국의 실존주의 심리학자 롤로 메이Rollo May는 자신의 책 《자유와 운명Freedom and Destiny》에서 자유란 "자신의 삶을 의식적으로 빚어 가는 능력the capacity to shape one's life consciously"이라고 했습니다. 그러니까 과거가 어땠든, 지금 이 순간부터 우리는 새로운 선택을 시작할 수 있다는 것입니다.

여기 42세 박수진 씨의 사례가 있습니다. 두 아이의 엄마인 그녀는 20년 전 대학에서 미술을 전공했지만, 졸업 후 결혼과 육아에 온전히 몰두하며 자신의 꿈은 뒤로 밀어 두었습니다. 지난해, 막내 아이가 중학교에 입학하던 무렵 그녀는 20년 만에 그림을 가르치는 미술 학원을 열기로 결심했습니다.

"처음엔 너무 두려웠죠. '내가 정말 잘할 수 있을까?', '너무 늦어 버린 건 아닐까?', '가족들한테 부담만 되는 게 아닐까?' 이런 온갖 걱정들이 밀려왔어요. 오랜 공백 때문에 실기 실력은 부족했고, 사업 운영에 대한 지식도 전무했으니까요. 하지만 문득 깨달았습니다. 이런 결정을 내릴 수 있는 사람은 세상에 나밖에 없다는걸요. 20년 전에도, 그리고 지금 이 순간에도, 선택할 수 있는 권리는 늘 내 곁에 있었던 거죠."

물론 그녀의 결정이 쉬웠던 건 아닙니다. 가족들의 걱정과 만류도 있었고, 오랜 공백 후에 다시 전문성을 키워 나가는 데 대한 두려움도 만만치 않았습니다. 하지만 선택의 순간, 그녀는 비로소 자기 삶의 진정한 주인공이 되었습니다.

더욱 흥미로운 것은 그녀의 이런 변화가 주변 가족들에게도 긍정적인 영향을 끼쳤다는 점입니다. 아이들은 엄마가 꿈을 향해 한 걸음씩 나아가는 모습을 보며 깊은 감동을 받았고, 남편 또한 아내의 새로운 도전 앞에서 존경과 응원을 보내게 되었습니다.

선택이란 근육과 같습니다. 처음에는 힘이 약해서 제대로 움직이기 어렵지만 반복해서 사용하다 보면 점점 더 강하고 유연해지죠. 중요한 건 거창한 결정이 아니라, 작고 소소한 선택부터 시작할 수 있다는 사실입니다.

오늘 저녁 메뉴를 정하는 작은 일에서부터 주말에 온전히 나만의 시간을 보내기로 마음먹는 일까지, 우리의 일상을 채우는 사소한 결정들이 모여 우리의 '선택 근육'을 튼튼하게 만들어 줍니다.

저 역시 정신과 의사로서, 그리고 한 아이의 엄마로서 그런 선택의 순간들을 여러 번 마주했습니다. 아이가 태어나고 처음 해외 학회 참석을 결정했을 때, 저는 수많은 갈등과 죄책감을 느껴야 했습니다. '좋은 엄마라면 아이 곁을 떠나지 않아야 하는 게 아닐까?', '정말 내 일이 그렇게까지 중요한가?' 하는 생각들이 머릿속을 맴돌았습니다. 하지만 결국 '이건 나의 선택이고, 나의 일이다'라고 스스로 다독이며 결심했습니다.

선택이란 우리의 삶을 이끄는 기나긴 여정이다

제가 진료 현장에서 만난 사람들을 돌아보면, 자신의 삶에서 주체적인 선택을 하는 이들은 그렇지 않은 이들보다 자존감과 심리적 안정감이 훨씬 높았습니다. 단순히 원하던 것을 이루어서가 아니라, 삶에 대한 주도권과 통제감을 되찾았기 때문이었죠. 흥미로운 점은 그런 선택이 꼭 외부적인 성공으로 이어지지 않더라도, 스스로 결정했다는 사실 자체만으로도 깊은 만족과 의미를 느낀다는 것이었습니다.

38세 이혜진 씨의 이야기도 떠오릅니다. 그녀는 이혼 후 혼자 두 아이를 키우겠다는 쉽지 않은 결정을 내렸습니다. 경제적으로나 체력적으로 버거운 길이라는 것을 누구보다 잘 알았지만, 그 어려움마저 자신의 선택으로 온전히 받아들이기로 마음먹은 것입니다.

"이런 삶이 결코 쉽지 않다는 걸 저도 알아요. 하지만 후회하지 않아요. 아이들과 함께 보내는 이 시간들이 무엇보다 소중하니까요. 누군가 보기엔 부담스럽고 어려운 고생으로 보이겠지만, 제게는 이 삶이 바로 자유예요. 제가 원하는 방식으로, 제가 선택한 방식으로 아이들과 함께 살아가는 자유 말이에요."

이런 이야기들은 우리에게 중요한 메시지를 전합니다. 진정한 자유란 외부의 제약이 전혀 없는 상태가 아니라, 그 제약 속에서도 자신이 진정으로 중요하게 여기는 가치에 따라 선택하고 책임지는 능력이라는 것을 말이죠. 그리고 그런 선택은 특별한 때가 아니라 언제든, 어느 순간이든 시작될 수 있다는 것을 우리에게 조용히 일깨워 줍니다.

그래서 다시 한번 묻고 싶습니다. 우리가 스스로 선택하는 삶은 과연 언제부터 시작되는 걸까요? 아마도 그 답은 '바로 지금, 이 순간'일 것입니다. 최근에 당신이 자신의 진심 어린 목소리를 따라 선택했던 적은 언제였는지 떠올려 보세요. 그리고 오늘, 지금 이 자리에서 작지만 분명한 새로운 선택을 해 보는 것은 어떨까요? 그 결정은 크든 작든 상관없이, 당신이 자신의 삶을 다시 찾는 의미 있는 첫 걸음이 될 것입니다.

선택이란 단지 한 번의 거창한 사건이 아니라, 우리의 삶 전체를 관통하는 긴 여정과도 같습니다. 우리는 매 순간 주변 사람들의 기대와 내 안의 솔직한 마음 사이에서 흔들리고 고민합니다. 하지만 그럴 때마다 내 마음의 소리에 조금 더 귀 기울이고, 스스로의 선택을 소중히 여기고 존중한다면, 비로소 우리는 잃어버린 자존감을 되찾고 진정한 자유의 감각을 맛볼 수 있게 됩니다.

살아가기 위해 그저 버티는 삶과 내 삶을 주체적으로 만들어 가는 삶 사이에는 커다란 차이가 있습니다. 전자는 외부의 요구와 상황에 그저 끌려다니는 하루하루일 뿐이라면, 후자는 내가 삶의 주인이 되어 적극적으로 나만의 이야기를 써 내려가는 과정이기 때문입니다.

이러한 차이는 '생존'과 '성장'이라는 근본적인 관점의 차이이기도 합니다. 생존만을 위한 삶에서 우리는 늘 주변 환경에 휘둘리기 쉽습니다. 그러나 성장을 추구하는 삶에서는 내가 나아가야 할 방향을 스스로 정하고 능동적으로 한 걸음씩 앞으로 나아가게 됩니다.

조금 더 깊이 들여다보면, 선택의 문제는 결국 '나는 누구인가'라는 보다 근본적인 질문과 연결되어 있습니다. 주변 사람들의 기대나 사회적 기준에 맞추어 살아갈 때 우리는 서서히 내 모습을 잃고 낯설어지게 됩니다. 하지만 스스로 진정 원하는 가치와 욕구를 기준 삼아 선택을 내릴 때, 우리는 비로소 내 안에 숨겨진 참된 모습을 만나게 됩니다.

당신의 선택은 바로 지금, 여기서 시작될 수 있습니다. 그리고 그 선택을 통해 우리는 모두 각자의 삶 속에서 진정한 주인공으로 살아갈 수 있을 것입니다.

> 엄마의 자존감을 되찾는 연습 1

"이제 엄마니까…"라는 말 대신

엄마의 자존감을 되찾는 첫 번째 연습입니다. 이 연습은 "이제 엄마니까…"라는 말이 가진 무게와 영향력을 인식하고, 이를 통해 자신의 선택과 자존감을 회복하는 데 도움을 주기 위해 설계되었습니다. 이 말이 우리의 일상과 자존감에 어떤 영향을 미치는지 살펴보고, 새로운 관점과 문장을 찾아 실천해 보는 과정을 통해 엄마이면서도 한 개인으로서의 자존감을 회복해 보세요.

● **거울 보기 체크리스트**

최근 일주일 동안, 다음과 같은 생각이나 말을 한 적이 있나요?

- ☐ "이제 엄마니까 이 정도는 참아야지."
- ☐ "이제 엄마니까 이건 포기해야지."
- ☐ "이제 엄마니까 이렇게 해야 하는 거 아닐까?"
- ☐ "이제 엄마니까 이런 건 하면 안 되지."
- ☐ "이제 엄마니까 내 꿈은 접어두자."

체크한 항목이 많을수록, 이 말이 당신의 삶에 미치는 영향이 클 수 있습니다.

● 일주일 기록하기

다음 일주일 동안 "이제 엄마니까…"라는 말이 떠오를 때마다 기록해 보세요.

날짜	상황	떠올린 문장	그때의 느낌
8/1	친구들이 만나자는 연락을 했을 때 거절함.	"이제 엄마니까 밤 늦게 돌아다니기는 어렵지."	아쉬움과 서러움을 느꼈다.
8/2	온라인으로 직무 향상 교육을 알아보다 포기함.	"이제 엄마니까 자기계발은 사치야."	포기하는 것에 익숙해진 내가 슬펐다.
8/3	백화점에서 화려한 귀걸이를 보고 돌아섬.	"이제 엄마니까 이런 건 안 어울려."	거울 속 내 모습이 낯설었다.

1장. 엄마라는 이름으로 자꾸만 작아지는 날들

● **나의 생각 들여다보기**

1. 나는 스스로에게 이 말을 언제 가장 많이 하나요?

   > **예시** 나 자신을 위한 시간을 갖고 싶을 때, 나의 욕구와 아이의 필요 사이에서 갈등이 생길 때

2. 이 말을 할 때 내 마음은 어떤가요? 편안한가요, 답답한가요, 억울한가요? 그 외 감정이 있나요?

   > **예시** 겉으로는 수용한 듯 보이지만 속으로는 서운하고 억울한 느낌이 들어요. 이렇게 살아야만 하는 건가 하는 의문이 생기기도 해요.

3. "이제 엄마니까…"라는 말 대신 어떤 말을 하고 싶나요?

   예시 "나도 한 사람이니까 내 필요와 욕구도 중요해.", "엄마로서의 역할과 나 자신의 삶 사이에 균형이 필요해."

● 나를 위한 새로운 문장 만들기

"이제 엄마니까…"를 대체할 수 있는 새로운 문장을 만들어 보세요.

예시

"나도 한 사람이니까 내 필요도 중요해."

"엄마이기도 하지만 나이기도 하니까 균형이 필요해."

"내가 선택한 거니까 내가 원하는 방식으로 해 볼 수 있어."

"아이를 사랑하기에 나를 돌보는 것도 중요해."

● **이번 주 실천하기**

이렇게 만든 새로운 문장을 실제로 사용하고, 그때마다 어떤 변화가 있었는지 기록해 보세요.

날짜	상황	사용한 새 문장	그때의 느낌
8/8	시어머니가 "엄마가 되었으면 애 중심으로 살아야지"라고 했을 때.	"엄마이기도 하지만 나이기도 하니까 균형이 필요해요."	처음으로 내 생각을 표현했다는 뿌듯함과 동시에 약간의 불안감도 느꼈다.
8/9	혼자 영화 보러 가려고 남편에게 아이를 맡기려 할 때.	"내가 행복해야 아이도 행복하니까 잠시 나를 위한 시간을 가질게."	죄책감 없이 온전히 영화를 즐길 수 있었고, 돌아와서 아이를 더 반갑게 안아 줄 수 있었다.

● **나를 사랑하는 연습하기**

1. **나만의 시간 확보하기**
   일주일에 최소 2시간은 온전히 나를 위한 시간으로 정해 보세요. 이 시간에는 책을 읽거나 좋아하는 음악을 듣거나 혼자 카페에 가는 등 자신이 진정으로 원하는 활동을 하세요.

2. **스스로에게 작은 선물하기**
   이번 주에 한 번, 사소하더라도 나를 위한 선물을 해 보세요. 좋아하는 디저트, 작은 장신구, 오랫동안 갖고 싶었던 책 등 나를 위한 투자가 될 만한 것을 고르세요.

3. **'나의 가치' 목록 만들기**
   엄마라는 역할 외에도 당신을 가치 있게 만드는 특성, 능력, 역할들의 목록을 작성해 보세요. 그리고 이 목록을 자주 볼 수 있는 곳에 붙여 두세요.

4. **거절하는 연습하기**
   이번 주에 최소 한 번, 당신에게 부담이 되는 요청에 정중하게 "아니요"라고 말해 보세요. '이제 엄마니까 당연히 해야지'라는 생각이 드는 일이라면 더욱 좋습니다.

5. **자신과의 대화 모니터링하기**
   하루 동안 자신에게 하는 말들을 의식적으로 관찰해 보세요. 부정적이거나 자신을 제한하는 말이 있다면 즉시 긍정적이고 지지하는 말로 바꿔 보세요.

● 일주일 후 돌아보기

1. 새로운 문장을 사용하면서 달라진 점이 있나요?

   > 예시 내 욕구와 필요도 중요하다는 것을 인식하게 되었고, 가족들에게 내 필요를 더 명확하게 표현할 수 있게 되었다.

2. 나의 선택이나 감정에 변화가 있었나요?

   > 예시 나를 위한 선택을 할 때 죄책감이 줄어들었고, 내 감정을 더 솔직하게 인정하고 표현할 수 있게 되었다.

3. 앞으로 나는 어떤 문장으로 나를 표현하고 싶나요?

> **예시** "나는 엄마이면서도 여전히 나 자신이다.", "나의 행복과 성장이 가족의 행복으로 이어진다."

___

___

___

___

이번 연습은 당신의 자존감 회복 여정을 지원하기 위한 첫 단계입니다. "이제 엄마니까…"라는 말이 당신의 선택을 제한하고 있진 않았나요? 당신은 엄마이기 전에 한 사람입니다. 이번 주는 '나'라는 사람에 대해 생각해 보는 시간을 가져 보세요. 필요하다면 전문가의 도움을 구하는 것도 좋은 방법입니다. 매일 조금씩 실천하며 자신과의 관계를 개선해 나가시길 바랍니다.

2장

엄마를 괴롭히는
가짜 자존감

모든 육아가 완벽해 보이는 세상

"오늘은 유기농 식재료로 준비한 캐릭터 도시락과 함께 등교했어요. #엄마표도시락 #사랑담은아침 #초등맘 #아침5시기상 #도시락스타그램"

"주말엔 역시 아이와 함께 체험 학습! 오감을 자극하는 놀이로 두뇌 발달까지~ #육아스타그램 #엄마는교육전문가 #주말육아 #육아일상 #육아는체력"

SNS 화면을 열 때마다 마주치는 건 이렇게 완벽해 보이는 육아의 세계입니다. 아이와 함께하는 모든 순간이 빛나고 하나하나의 놀이가 교육적이면서 식탁에는 영양과 예술성까지 갖춘 음식들이 놓여있지요. 강남 맘카페에는 영어 유치원 합격 노하우가 넘쳐 나고, 육아 커뮤니티엔 키즈카페 인증샷과 교구 자랑으로 가득합니다. 그리고 그 안에서 엄마들은 지쳐 보이기는커녕 언제나 행복하기만 해 보입니다.

혹시 이런 게시물들 사이에서 '우리 아이만 뒤처지는 건 아닐까?' 하는 불안을 느낀 적 있으신가요? 혹은 아이와의 소중한 순간을 기록하려다가, 어느새 인증에 집착하는 자신을 발견하진 않으셨나요?

외부로부터 오는 인정이 엄마를 불안하게 한다

SNS는 현대인에게 단순 소통을 넘어 자신을 표현하고 인정받는 무대 같은 존재가 되었습니다. 사회학자 어빙 고프먼Erving Goffman은 일상에서 사람들이 배우처럼 특정 이미지를 연출한다고 했는데, SNS 시대에 이런 자기표현Self-Presentation은 더욱 극적으로 드러납니다. 디지털 환경에서는 무대 뒤backstage의 민낯을 숨기고, 무대 위frontstage의 완벽한 모습만 보여 주려는 경향이 짙어졌기 때문입니다.

35세 최영은 씨는 매일 새벽 5시에 일어나 아이 도시락을 만듭니다. 귀여운 캐릭터로 꾸민 도시락 사진이 올라올 때마다 그녀의 게시글은 100개가 넘는 '좋아요'를 받습니다. "정말 대단한 엄마네요!"라는 댓글이 줄을 이으면, 영은 씨는 왠지 새벽의 피로가 눈 녹듯 사라지는 듯합니다. 하지만 새벽 기상으로 인한 수면 부족, 두통, 그리고 아이가 절반 넘게 남겨 오는 잔반 같은 현실은 SNS에 올리지 않습니다.

"처음엔 아이 도시락을 그냥 기록용으로 찍었어요. 그런데 사람들이 저를 '슈퍼맘'이라 부르니까, 피곤함이 싹 풀리는 기분이 들더라고요. 이제는 좋아요나 댓글이 적으면 내가 덜 노력한 것 같아서 괜히 기분이 다운돼요."

영은 씨에게 SNS의 반응은 '내가 좋은 엄마임'을 확인해 주는 잣대가 됐습니다. 그렇지만 이렇게 외부의 인정에 기대는 자존감은 언제든 흔들릴 수 있는, 불안정한 기반 위에 세워져 있습니다.

"엄마, 또 사진 찍어? 놀고 싶단 말이야!"

32세 김미연 씨의 여섯 살 아들은 종종 이렇게 불평합니다. 미연 씨는 육아 인스타그램 계정을 운영하면서 아이와의 모든 활동을 사진으로 남깁니다. 놀이, 외출, 식사 시간 등 아이와 보내는 순간마다 카메라 렌즈를 통과해야 의미 있는 순간이 됩니다.

"사진을 안 찍으면 그 순간이 좀 덜 특별한 것처럼 느껴져요. 그래서 아이와 놀다가도 '이건 SNS에 올릴 만하겠다'라는 생각이 먼저 들어요."

그녀의 피드는 마치 완벽한 육아 포트폴리오 같습니다. 그러나 그런 화려한 이미지 뒤에는, 사진을 찍고 편집하는 데 많은 시간을 쏟느라 정작 아이와 감정적 교감을 할 여유가 부족해지는 역설이 자리합니다.

MIT 심리학자 셰리 터클Sherry Turkle은 《외로워지는 사람들Alone Together》에서 "기술에 의해 매개된 상호작용을 선택할 때, 우리는 종종 깊은 연결보다는 표면적인 연결을 선호하게 된다"라고 지적합니다. 디지털 기기가 가족 간 면대면 소통을 방해할 때 정서적 유대 형성에 부정적 영향을 줄 수 있다는 경고입니다.

육아 커뮤니티와 인스타그램을 하루 4시간 넘게 본다는 29세 이소연 씨는 말합니다.

"처음엔 육아 정보를 얻으려고 들어갔는데, 보다 보니 자꾸 비교가 되더라고요. '저 엄마는 18개월부터 영어 파닉스를 시켰다네?' 그러면서 우리 애가 뒤처지는 것 같아 불안했어요."

심리학에서 말하는 '포모FOMO, Fear Of Missing Out'가 바로 이런 상태입니다. 다른 사람들은 다 가치 있는 경험을 하는데, 우리 집만 놓치고 있는 듯한 두려움이지요. SNS는 이러한 포모를 극대화합니다. "모든 엄마가 완벽 육아를 실천하고 있다"라는 착각을 심어 주니까요.

"인스타에 육아 사진을 올려서 좋아요가 많이 달리면 '나는 참 열심히 하는 엄마구나' 싶어요. 그런데 현실에서는 아이에게 짜증 내고, 피곤해서 잘 놀아 주지도 못하는데…. 이 괴리감이 점점 커져서 힘들어요."

겉으론 완벽해 보이는 SNS 육아와 실제 현실 사이의 간극은 많은 엄마들에게 심리적 불편함을 야기합니다. 심리학자 토리 히긴스Tory Higgins는 이를 '자아 불일치self-discrepancy'라 부르며, '실제 자아actual self'와 '이상적 자아ideal self' 간 간극이 클수록 우울, 불안, 죄책감 같은 부정적 감정도 커진다고 말합니다. SNS는 우리가 '이상적 자아'만 드러내도록 유도하기 때문에 이 불일치를 더욱 크게 만들 수 있습니다.

'보이는 자존감'에 의존하지 않는 연습

진정한 자존감은 실패나 불완전함까지 포함해 '있는 그대로의 나'를 수용하는 데서 시작합니다. 반면 SNS가 만들어 내는 보이는 자존감은 화려한 인증과 타인의 반응에 달려 있지요.

세 아이의 엄마인 30대 중반의 김지혜 씨는 한때 육아 인스타그램을 운영하다 결국 계정을 폐쇄했습니다.

"항상 완벽한 모습만 보여 주려다 보니 스트레스가 너무 심했어요. 아이에게 짜증 내는 횟수도 늘었고요. 온라인에선 늘 웃고 있었지만, 카메라를 내려놓으면 녹초가 된 제 자신을 보게 되는 게 너무 괴롭더라고요."

계정을 폐쇄한 뒤, 지혜 씨는 육아에 더 집중할 수 있었고 아이들과의 관계도 개선되었다고 합니다.

"카메라가 없으니 아이와 눈 마주치는 시간이 많아졌어요. SNS에 보여 주기 위한 완벽한 순간이 아니더라도, 우리끼리 소소하게 즐기는 시간이 진짜 행복하다는 걸 알게 됐죠."

이처럼 보이는 자존감에 의존하는 삶은 단순히 온라인상에서의 이미지에 국한되는 문제가 아니라, 실제 심리 건강에도 여파를 미칩니다. 2019년 〈사이버사이콜로지Cyberpsychology〉 저널에 실린 연구에서는, SNS에서 다른 엄마들과 비교를 많이 할수록 양육 효능감이 낮아지고, 스트레스와 우울감이 높아지는 결과가 보고되었다고 말합니다. 특히 '이상화된 모성idealized motherhood' 이미지에 자꾸 노출될 때, 자신의 양육 능력에 대한 불안과 불확실성이 심해진다고 지적합니다.

게다가 소셜미디어 플랫폼은 인기 있는 콘텐츠를 우선적으로 보여 주는데, 주로 특별해 보이는 순간들이 뽑혀 올라옵니다. 그 결과, 평범한 일상은 가려지고 엄마들은 모두 아주 특별한 육아만 하는 듯한 착각에 빠집니다. 실제로는 특별해 보이는 활동이나 성취만 골라서 올리는 것이 분명한데도 우리는 그걸 상대방의 일상이라고 착각하지요.

이런 상황에서 육아는 아이와 교감하며 성장하는 과정이 아니라, 증명과 전시의 영역으로 변질되곤 합니다. 아이의 성취가 곧 엄마의 성취가 되고, 아이의 특별한 순간이 엄마의 SNS 콘텐츠 소재로 바뀌는 식입니다.

SNS 피드 속에 비치는 완벽 육아의 이미지는 눈길을 사로잡지만, 그것은 실제 육아의 일부에 불과합니다. 실제 생활 속 육아는 실패와 좌절, 지루함과 반복의 연속일 수 있지만, 바로 그 과정 안에서 아이와의 진정한 교감과 성장이 일어납니다. SNS에 포착되지 않는, 기록되지 않은 순간이야말로 진짜 소중한 순간일지도 모릅니다.

보이는 자존감은 외부의 칭찬과 인정에 기댄다는 점에서 본질적으로 취약합니다. 댓글이 줄고 좋아요가 적어지면, 마치 내가 덜 노력하는 엄마가 된 것처럼 흔들립니다. 그러다 보면 끊임없이 더 완벽한 이미지를 만들기 위해 고군분투하게 되지만, 그것은 신기루 같아서 끝내 진정한 충족감을 주지 못합니다.

SNS는 단순한 플랫폼을 넘어 우리의 내면마저 재구성할 정도로 강력한 도구입니다. 우리는 '좋아요'라는 즉각적 보상에 길들여져 더 큰 칭찬을 받으려 애쓰게 되지요. 이러한 디지털 의존성에 담긴 신경학적 기제와 심리학적 메커니즘은 다음 장에서 좀 더 자세히 살펴보겠습니다.

그 전에, 오늘 하루만이라도 스마트폰을 잠시 내려놓고 아이와 눈을 마주치는 순간을 가져 보면 어떨까요? 그 기록되지 않은 소소한 시간이야말로 SNS 속 수백 개의 좋아요보다 더 깊은 만족감을 줄지도 모릅니다.

디지털 도파민에
중독되는 엄마들

아이를 간신히 재운 뒤, 34세 이민주 씨는 소파에 몸을 기댄 채 스마트폰을 집어 들었습니다. 오늘 올린 아이의 첫 걸음마 영상에 달린 좋아요의 숫자를 확인하는 순간 가슴이 두근거렸습니다. 화면을 열자 '좋아요 78개'라는 숫자가 보였고, 얼굴에 살짝 미소가 번졌지요. 그런데 그 미소도 오래가지 못했습니다. 지난주에 올린 아이 돌잔치 사진에는 150개가 넘는 좋아요가 붙었는데, 오늘은 왜 이렇게 반응이 적을까 싶었기 때문입니다. '혹시 내 아이가 덜 귀여워 보인 걸까?', '내가 뭔가 잘못했나?' 이런 생각들이 머릿속에서 맴돌았습니다.

이처럼 SNS에서 좋아요 숫자에 따라 기쁨과 실망을 오가는 경험은, 디지털 시대에 살고 있는 많은 엄마들의 익숙한 일상이 돼 버렸습니다. 단순히 관심을 표현하기 위한 좋아요 버튼이, 어느덧 우리의 자존감과 가치를 가늠하는 척도가 돼 버린 것입니다.

민주 씨는 육아로 인한 고립감을 덜어 보려고 인스타그램을 시작했습니다. 처음에는 아이의 성장을 기록하려는 의도였지만, 점차 좋아요 숫자에 민감해진 스스로를 발견했습니다. 아이와 놀다가도 알림 소리가 들리면 본능적으로 휴대폰부터 확인하게 됐습니다.

엄마를 불행으로 이끄는 중독의 패턴

행동심리학자 B. F. 스키너Burrhus Frederic Skinner의 '조작적 조건화Operant Conditioning'에 따르면, 어떤 행동 후에 긍정적인 보상이 주어지면 그 행동은 자연스레 강화됩니다. SNS에 글이나 사진을 올리고 좋아요를 받는 과정이 바로 이 원리에 해당합니다. 보상이 주어질 때마다 뇌에서는 도파민이 분비되어 일종의 쾌감을 느끼고, 그 기분 좋은 감각을 되찾기 위해 같은 행동을 반복하게 되는 것입니다.

특히 SNS에서의 좋아요는 '간헐적 강화 스케줄Intermittent Reinforcement Schedule'을 따릅니다. 일정하게 주어지는 보상보다 불규칙한 보상이 훨씬 더 강한 중독성을 일으킨다는 원리입니다. 마치 슬롯머신처럼, 언제 큰 보상이 튀어나올지 모른다는 기대감이 계속해서 사람들로 하여금 SNS를 확인하도록 만듭니다.

29세 신혜진 씨의 사례는 또 다른 형태의 중독을 보여 줍니다. 첫 아이를 키우며 육아 방식에 확신이 없었던 그녀는, 온라인 커뮤니티에서 인정과 조언을 구하는 습관이 생겼습니다.

"이유식을 시작했는데 아이가 잘 안 먹어요. 어떻게 하면 좋을까요?"

"아이가 한 단어도 말하지 않는데, 말이 늦는 걸까요?"

혜진 씨의 글은 늘 이렇게 질문으로 끝나곤 했고, 댓글을 기다리는 동안 마음은 불안으로 가득 찼습니다. 따뜻한 위로나 공감을 해주는 댓글이 달리면 잠시 안도했지만, 그 기분은 오래가지 않았습니다. 곧 다른 걱정이 생기면 다시 글을 올리는 패턴이 반복되었습니다.

"댓글이 얼마 안 달리면, '내 고민이 사소한 걸까' 아니면 '내가 뭔가 잘못하고 있는 걸까' 싶어서 좌절감이 들어요. 때로는 부정적인 댓글 하나에 밤새 마음이 상해서 잠을 못 이루기도 하고요."

이런 모습은 조건부 자존감 Contingent Self-Esteem의 사례라 할 수 있습니다. 즉, 자신의 가치를 내부가 아닌 특정 조건이나 타인의 평가에 의존하는 심리 상태입니다. 자기 판단이나 직관을 믿지 못하고 주변 반응에 스스로의 가치를 종속시키는 것이지요. 이런 패턴이 지속되면 자신만의 기준을 세우기 어렵고, 자존감이 타인의 평가에 따라 크게 흔들릴 수밖에 없습니다.

이처럼 외부 의존적 자존감은 더 넓은 사회적 맥락 속에서도 부정적인 결과를 초래할 수 있습니다. 중독의 대표적 특성 중 하나는 바로 내성 Tolerance입니다. 같은 자극에 대한 반응이 점차 무뎌지면서, 동일한 만족감을 얻기 위해 더욱 강한 자극을 필요로 하게 됩니다. SNS에서도 이런 내성 현상이 나타납니다.

처음엔 좋아요 10개만 받아도 행복했는데, 이제는 100개가 넘어야 만족스러운 민주 씨의 모습이 대표적입니다. 더 많은 반응을 얻기 위해 그녀는 점점 더 '인스타그래머블'한 장면을 연출하고, 더 화려한 게시물을 고민하게 되었습니다.

"처음엔 그냥 우리의 일상을 올렸어요. 그런데 어느 순간부터는 장소, 각도, 해시태그를 다 따져 봐요. 인스타에는 언제나 웃는 얼굴만 보이고 싶어 하고요."

갈수록 많은 좋아요를 받기 위해 콘텐츠를 꾸미다 보면, 엄마들은 자신도 모르는 사이에 온라인 속 '완벽 엄마' 이미지를 스스로 만들어 내게 됩니다. 현실과 SNS 이미지 간의 간극이 커질수록 진짜 내 모습은 서서히 잊힙니다.

'이거 SNS에 올리면 반응 엄청 좋겠는데?'

아이와 함께하는 순간에 이런 생각부터 스치고 있다면 이미 중독의 신호라고 볼 수 있습니다. 현재의 경험보다 보이는 가치를 먼저 의식하게 되어, 일상 자체가 전부 잠재적 콘텐츠로 변해 버리는 것입니다.

엄마의 SNS 반응이 아이의 삶에 미치는 영향

민주 씨는 아이가 처음으로 "엄마"라고 말하던 결정적 순간에, 스마트폰을 꺼내 녹화하느라 그 벅찬 감동을 온전히 느끼지 못한 기억이 있다고 털어놓았습니다. 좋아요에 중독된 마음이 우리에게서 소중한 순간의 진짜 감동을 빼앗아 가고 있는 셈입니다. 사진 찍고, 편집하고, 올려서 반응을 확인하는 동안 정작 아이와의 교감은 뒷전이 되는 일이 반복되었습니다.

심리학자 마크 리어리Mark Leary의 '소시어미터 이론Sociometer Theory'에 따르면, 자존감은 우리가 사회적으로 어느 정도 수용되고 가치 있게 여겨지는지를 나타내는 '사회적 측정기Sociometer' 같은 역할을 합니다. SNS상의 좋아요는 곧 이런 사회적 수용의 지표가 되기 쉽습니다.

하지만 이런 외부 지표에 너무 의존하면, 자신의 내적 판단과 가치관은 무시되고 자존감이 오로지 타인의 반응에 좌우되는 상황에 빠집니다. 좋아요가 많으면 '나는 괜찮은 엄마'라고 느끼고, 적으면 '내가 뭔가 잘못했나?' 싶어 무력감에 빠지는 패턴이 형성됩니다.

"게시물 반응이 적으면 엄마로서 내가 실패한 것처럼 느껴져요. 다른 엄마들은 다 잘 해내는데 나만 뒤떨어진 느낌이 들고 우울해지더라고요."

이런 외부 의존적 자존감은 기분 문제에 그치지 않습니다. 연구에 따르면, SNS 반응에 과도하게 기대는 사람들은 장기적으로 불안, 우울, 번아웃을 경험할 가능성이 높습니다.

좋아요 중독이 우려스러운 또 다른 이유는, 그것이 아이에게 미치는 영향 때문입니다. 엄마가 SNS 반응에 지나치게 몰두하는 모습을 자주 본 아이들은 어떤 생각과 태도를 배우게 될까요?

"어느 날 다섯 살 난 딸이 '엄마, 이거 사진 찍어서 인스타에 올려

줘'라고 말하는 거예요. 다섯 살배기가 벌써 SNS를 의식하고 거기서 인정받고 싶어 한다는 걸 깨닫고 너무 놀랐어요."

아이들은 부모를 보며 가치관을 형성합니다. 엄마가 타인의 반응에 휘둘리는 모습을 자주 보여 준다면, 아이 또한 일찍부터 외부 인정에 쉽게 의존하는 태도를 배울 수 있습니다. 이는 아이의 자율성과 자기효능감을 기르는 데 부정적 영향을 끼칠 수 있습니다.

좋아요 중독은 어느 날 갑자기 뚝 생기는 것이 아니라 천천히 우리의 일상 속으로 스며듭니다. 처음에는 가벼운 마음으로 SNS를 시작했다가, 시간이 흐르면서 좋아요 숫자가 자존감과 직결되고, 결국 실제 삶보다 보이는 삶이 우선시되는 상태에 이르게 됩니다.

"아이를 재우고 나면 습관처럼 SNS부터 켜요. 때로는 아이가 '같이 놀자'라고 해도 '잠깐만, 엄마 이것만 확인하고…' 이러다가 30분 넘게 휴대폰만 들여다보기도 해요."

이런 중독이 더 무서운 건, 정작 본인은 "그냥 SNS를 좀 많이 쓰는 것뿐"이라고 여겨 쉽게 깨닫지 못한다는 데 있습니다. 그러나 좋아요라는 보상에 서서히 길들여지면서, 우리 삶 전반이 그 숫자의 지배를 받게 됩니다.

좋아요 중독이 가장 위험한 이유는 우리를 조금씩 잠식시킨다는 데 있습니다. 엄마가 아이의 눈을 바라보는 시간은 줄고, 타인의 반응을 확인하는 시간이 그 자리를 대신합니다. 고개를 숙인 채 스크롤을 내리는 동안 아이는 엄마의 시선을 찾아 이리저리 헤매고 있을지도 모릅니다.

작은 하트 버튼과 숫자에 우리의 자존감과 행복, 그리고 아이의 미래까지 좌우되는 세상. 이것이 정말 우리가 바라는 모습일까요? 진정한 자존감은 타인의 평가가 아닌, 나 스스로 세운 가치관과 기준에서 나옵니다. 좋아요에 매달린 마음에서 벗어나려면, 우선 내 안에 숨겨진 진짜 목소리에 집중해야 합니다. 그 길만이 디지털 도파민의 무한 굴레에서 우리를 자유롭게 할 것입니다.

'오늘 하루만 버티면 돼'라는 생각의 함정

"오늘만 버티면 돼. 내일은 나아질 거야."

아이를 재운 뒤 한숨과 함께 저도 모르게 중얼거립니다. 오늘 역시 어제와 하나도 다르지 않은 하루였습니다. 아침에 일어나 아이 밥을 챙기고 옷을 입히고 등원시키고 제 일을 한 뒤 다시 아이를 데려와 저녁 먹이고 씻기고 재우는 식이죠. 그리고 잠깐이나마 확보된 나만의 시간마저 지친 몸에 눌려 무기력하게 흘려보냅니다. 이런 날들이 일주일이 되고, 한 달이 되고, 어느새 일 년이 됩니다.

정신과 의사이자 한 아이의 엄마로서, 저는 이런 상태를 '생존 모드'라고 부릅니다. 생존 모드란 '오늘 하루를 어떻게든 넘기자'라는 생각에 집중하는 심리 상태입니다. 미래에 대한 기대나 꿈보다는, '이 하루만 버티면 돼'라는 마음이 지배적이게 되지요.

생존 모드에 빠진 하루하루는 마치 끝없이 반복되는 쳇바퀴 같습니다. 육아 일지를 쓴다면 매일 복사해서 붙여 넣어도 될 정도로 비슷한 일상이 이어집니다. 아이는 조금씩 자라는데, 엄마인 내 하루는 제자리걸음처럼 느껴질 때가 많습니다. 그렇다면 이런 생존 모드가 오래 이어질 때 우리는 어떤 영향을 받게 될까요?

엄마들이 '생존 모드'에 빠지기 쉬운 이유

번아웃 증후군이라는 말을 한 번쯤 들어 보셨을 겁니다. 심리학자 크리스티나 매슬랙Christina Maslach은 번아웃을 세 가지 핵심 요소로 설명했습니다. 첫째는 정서적 소진emotional exhaustion, 둘째는 비인간화depersonalization 혹은 냉소주의cynicism, 셋째는 개인적 성취감 저하reduced personal accomplishment입니다. 엄마라면 이 세 가지가 얼마나 익숙하게 와닿는지 금세 공감하실 겁니다.

정서적 소진은 감정적으로 완전히 고갈된 상태를 가리킵니다. 아이가 웃어도, 울어도, 도무지 에너지가 따라 주지 않아 반응하기가 버겁습니다. "내 감정이 메말랐다", "더 이상 줄 게 없다"라는 느낌이지요. 비인간화는 주변 사람과의 관계에서 냉담함이나 거리감을 느끼는 경험입니다. 아이를 사랑하지만, "이 상황에서 벗어나고 싶다"라는 충동도 종종 듭니다. 마지막으로 성취감 저하는, '내가 좋은 엄마인가?' 스스로에게 계속 의문을 품게 만드는 심리 상태입니다.

마틴 셀리그만의 학습된 무기력도 생존 모드와 깊은 관련이 있습니다. 셀리그만의 유명한 개 실험에서, 피할 수 없는 전기 충격을 여러 번 받은 개들은 나중에 도망칠 길이 열려도 도망칠 시도조차 하지 않았지요. "어차피 바뀌지 않을 거야"라는 체념에 빠져 현 상황을 그저 견디기만 하는, 육아하는 엄마들의 모습과 닮아 있습니다.

육아가 특히나 생존 모드에 빠지기 쉬운 이유는 투입과 산출의 불균형 때문입니다. 직장 생활을 예로 들면, 노력하면 그만큼 보상이 주어지거나 어느 정도 인정을 받게 됩니다. 그러나 육아에서는 매일 엄청난 시간과 에너지를 쏟아부어도 당장 성과가 눈에 확 띄지 않습니다. 아이는 조금씩 자라고 있지만 그 변화는 매우 서서히 이뤄지기에, 일상의 순간에서는 크게 실감하기 어렵습니다.

이러한 상황은 마치 끝이 안 보이는 대출을 갚아 나가는 기분에 가깝습니다. '도대체 언제쯤 이 빚더미에서 벗어날 수 있을까?'라는 생각이 엄마들의 머릿속에서 떠나지 않습니다. 아이가 더 자라면 몸이 덜 고되겠지 싶지만, 또 다른 형태의 고민과 노력이 시작되니 쉽지 않지요. 마치 원금은 그대로고 이자만 갚는 느낌입니다.

저 역시 생존 모드를 실감한 적이 여러 번입니다. 한번은 학회 발표를 준비하느라 밤을 새웠는데, 새벽에 아이가 고열로 깨 버렸습니다. 발표 자료는 아직 마무리를 못 했고, 아이는 울며 매달립니다. 그 순간 느꼈던 무력감과 절망감이 생생합니다. 해열제를 먹여도 체온이 안 떨어져 결국 응급실에 가야 했고, 발표는 어쩔 수 없이 완성도가 낮은 채 진행했습니다. 이후 한동안 저는 '나는 엄마로서도 의사로서도 실패했어'라는 자괴감에 시달렸습니다.

생존 모드가 가장 위험해지는 지점은 자기 주도성을 상실할 때입니다. 마치 노예가 주인의 명령에 끌려다니듯, 아이와 가족, 사회적 기대에 휘둘린다고 느껴지는 순간입니다. '내가 선택해서 하는 게 아니라 해야만 하니까 한다'라는 생각이 지배적이게 됩니다. 스스로 삶의 주인이 되지 못하고, 주어진 역할과 책임에 종속된 채 그저 버티며 살아가는 것이지요.

이 과정에서 자괴감이 더욱 깊어집니다. '나는 왜 이렇게 모성애가 부족할까?', '아이에게 짜증 내고 화내고 후회하는 일이 왜 이렇게 반복될까?', '다 그만두고 혼자 있고 싶은 마음이 드는 내가 이기적인 엄마인 걸까?' 이런 죄책감이 엄마를 더 심각하게 소진시킵니다.

36세 최하나 씨의 사례를 들어볼까요? 그녀는 세 살짜리 쌍둥이 아들을 키우며 프리랜서 웹소설 작가로 활동 중입니다. 그녀가 진료실에 와서 털어놓은 이야기는 이렇습니다.

"작가로서의 제 정체성이 점점 사라지는 것 같아요. 글을 써야 하고 쓰고 싶지만, 애들을 돌보다 보면 하루가 다 가 버려요. 겨우 시간이 나면 이미 너무 피곤하거나 머릿속이 텅 빈 상태라 키보드 앞에 앉을 힘도 없죠. 웹소설 시장은 변화가 너무 빨라서 한순간 유행을 놓치면 도태되기 십상이거든요. 어떤 키워드가 인기인지, 독자 취향이 어떻게 바뀌고 있는지 끊임없이 살펴야 하는데…. 요즘은 인기작 목록조차 챙겨보지 못해요. 어린이집 보내는 날만 손꼽아 기다리면서도, 막상 그때가 오면 이미 제가 시장 흐름에서 완전히 밀려난 뒤가 아닐까 두려워요. 이대로 계속 버티기만 하다 제 경력도 끝나는 건 아닐까, 그런 불안감이 더 커져만 가요."

하나 씨의 이야기는 생존 모드의 특징이 고스란히 드러납니다. 일과 육아 사이에서 하루하루를 견디다 보니 미래에 대한 희망보다는 두려움이 커지고, 스스로의 능력과 정체성에 대한 의심이 깊어집니다.

지금 나도 생존 모드에 빠져 있을까?

생존 모드가 계속되면 우리는 현재를 놓치게 됩니다. 아이가 새로운 걸 배우고 기뻐하는 순간, 함께 즐기고 웃기보다 '다음에 해야 할 일'에 정신이 팔려 있죠. 이 상태가 장기화되면 엄마뿐 아니라 아이에게도 악영향을 미칩니다. 엄마의 소진 상태가 아이와의 관계의 질을 떨어뜨리기 때문입니다.

생존 모드에 빠져 있다는 신호는 어떤 것들이 있을까요? 이런 징후를 한번 확인해 보세요.

1. 하루하루가 의미 없이 흘러간다고 느낀다.
2. 자신만의 시간이나 취미가 완전히 사라졌다.
3. '언제 이 상황이 끝날까?'라는 생각이 자주 든다.
4. 감정적으로 무감각해지거나 쉽게 짜증이 난다.
5. 미래에 대한 계획이나 꿈을 생각할 여유가 없다.

6. 매일 아침 일어나기가 극도로 힘들다.

7. 자신이 좋은 엄마인지 끊임없이 의심한다.

이런 징후가 지속된다면 생존 모드에 깊이 빠져 있을 가능성이 높습니다.

물론 때로는 생존 모드가 스스로를 보호하기 위해 필요할 수 있습니다. 정말 극심한 위기 상황에서는 '오늘만 버티면 돼'라는 마음가짐이 의외로 긍정적인 힘을 주기도 합니다. 하지만 이것이 일상의 기본 상태로 굳어지면 점점 삶의 의미와 기쁨을 잃게 됩니다.

생존 모드의 가장 큰 함정은 '어차피 아무것도 바뀌지 않아'라는 생각입니다. 이 생각이 우리의 모든 선택을 제한하고, 결과적으로는 스스로 만든 감옥에 갇히게 합니다. 하루하루 버티는 것이 목표가 되면 그 너머를 상상하거나 새로운 시도를 해 볼 용기마저 사라집니다.

생존 모드를 벗어나는 첫걸음은 지금 내가 단지 '버티고 있다'라는 사실을 인식하는 것입니다. 그걸 알아차리는 순간부터 변화의 문이 열립니다. 우리는 대개 자신의 상태를 객관적으로 보지 못합니다. 매일 반복되는 육아와 집안일에 빠져 '이게 당연한 거지'라고 생각하기 쉽습니다. 하지만 잠시 걸음을 멈추고 내 삶을 돌아보면, 우리는 더 나은 길로 나아갈 가능성을 찾게 됩니다.

생존은 살아 있다는 증거일 뿐 살아가는 이유가 될 수는 없습니다. 오늘, 잠시 시간을 내어 스스로에게 물어보세요.

"이렇게 버티고만 있는 내 삶, 그 너머에는 무엇이 있을까?"

당신은 그저 하루를 견디기 위해 이 세상에 온 존재가 아닙니다. 언제든 우리의 발걸음을 돌릴 작은 용기만 있다면 생존 모드 너머의 가능성을 찾아 나설 수 있을 것입니다.

'왜 나만 이럴까?'라는 피해자 의식에서 벗어나라

"○○ 어머니, 아드님이 학교에서 다쳤는데 바로 오실 수 있을까요?"

진료 중 걸려 온 학교 보건 선생님의 전화였습니다. 아이가 친구와 베이블레이드(팽이)를 돌리다 친구 팔꿈치에 눈을 맞았다는 소식이었지요. 남편은 해외 출장 중이었고, 저는 오전에 입원시킨 환자들의 상태를 확인하며 치료 지시를 내리는 중이었습니다.

곧바로 병원에 반차를 내고 학교로 달려갔습니다. 아이는 눈이 충혈된 채 아프다고 호소했고, 저는 일단 대학병원 응급실로 향했습니다. 다행히 안과 정밀 검사 결과, 각막 표층에 경미한 찰과상만 있을 뿐 큰 손상은 없다는 진단이 나왔습니다. 안약을 넣으며 일주일 정도 지켜보자는 말에 안도하는데, 이번엔 제가 입원시킨 환자의 상태가 악화되었다는 연락이 병원에서 왔습니다.

아이를 봐줄 사람이 없던 저는 아이와 같이 병원으로 돌아갔지요. 이미 정규 업무 시간은 끝났지만 환자 상태를 확인해야 했습니다. 아이를 어디에 둘 수도 없어 함께 병동으로 들어갔습니다. 간호사 스테이션에 아이를 앉혀 두고 "엄마 금방 올게, 여기서 꼼짝 말고 있어"라고 신신당부한 뒤, 저 혼자 정신과 폐쇄 병동으로 들어갔습니다. 몸과 마음이 지쳐가는 것을 느꼈습니다.

그날 밤, 아이를 재운 후 고단한 마음으로 가만히 있다 보니 '왜 나만 이렇게 혼자 모든 걸 감당해야 하는 걸까?'라는 생각이 떠올랐습니다. 다른 사람들은 육아 도움을 잘만 받는 것 같은데, 나는 친정 어머니가 편찮으시고 시댁도 멀리 있고 남편은 해외 출장이 잦으니 모든 부담이 저에게만 쏠리는 듯했습니다. 억울함이 커질수록 무력감이 밀려왔고, 다른 워킹맘들과 견주어 상대적 박탈감까지 느껴졌습니다. 늘 환자들에게 마음 건강을 이야기하는 정신과 의사인 저마저, 제 안에 스멀스멀 자리 잡은 '피해자 의식'을 미처 알아차리지 못하고 있었던 겁니다.

피해자 의식이 작동하는 방식

정신과 의사로서, 저는 피해자 의식이 단순히 부정적인 사고가 아니라 자기 보호를 위한 깊은 심리적 메커니즘임을 알고 있습니다. 힘겨운 상황에 부딪힌 마음은 어떤 이유나 의미를 찾으려 하고, '왜 하필 나만 이런가?'라는 질문은 그 과정에서 생겨납니다.

마틴 셀리그만이 제시한 '설명 양식Explanatory Style' 이론에 따르면, 우리는 불쾌한 사건이 일어났을 때 이를 해석하고 의미를 부여하는 고유한 방식을 지닙니다. 그 해석은 다음 세 가지 차원에서 결정됩니다.

1. 영속성Permanence: "이 상황이 일시적인가, 영원히 지속될 것인가?"
2. 보편성Pervasiveness: "이 문제가 내 삶의 특정 영역에만 해당하는가, 모든 영역에 영향을 미치는가?"
3. 개인화Personalization: "이 상황의 원인이 나에게 있는가, 외부에 있는가?"

이런 해석이 반복되면 피해자 의식은 자꾸 강화되고 자존감은 그만큼 약해져 갑니다.

피해자 의식에 빠진 사람들은 이 세 차원에서 독특한 패턴을 보입니다. 어려움을 '영원히 지속될 문제(영속성)', '내 삶의 모든 영역을 망치는 문제(보편성)'로 과대해석합니다. 그리고 원인 귀인에서는 복잡한 모순을 드러냅니다. '남편 때문에', '시댁 때문에'라며 외부 탓을 하다가도, "왜 나만 이렇게 못하지?"라며 자책하는 이중적 태도를 보입니다. 이런 해석 방식이 반복되면 피해자 의식은 더욱 강화되고 자존감은 계속 떨어집니다. 그날 저 역시 "이 상황은 절대 나아지지 않을 거야", "내 모든 삶이 다 망가지는 것 같아"라고 받아들이는 전형적인 피해자 의식의 사고 패턴에 빠져 있었습니다.

심리학자 프리츠 하이더Fritz Heider의 귀인 이론Attribution Theory에 따

르면, 사람들은 사건의 원인을 외부 요인(환경, 타인, 상황)이나 내부 요인(자신의 성격, 능력, 노력) 중 하나로 설명하려는 경향이 있습니다.

피해자 의식의 독특한 점은, 이 두 귀인 방식이 뒤섞여 모순된 형태로 작동한다는 겁니다. 저 역시 남편의 잦은 출장, 멀리서 사는 시부모님, 아픈 친정어머니 같은 외부 요인을 탓하는 동시에, '왜 난 이걸 더 잘 해결하지 못할까? 다른 엄마들은 다 잘하는 것 같은데….'라는 식으로 제 탓을 하기도 했습니다.

진료실에서 만나는 환자들 중 다수가 같은 패턴을 보이곤 합니다. 34세 공무원 박지수 씨가 털어놓은 이야기입니다.

"아침마다 애들을 어린이집에 보내고, 퇴근 후 다시 데려오고, 집안일에 육아까지…. 매일이 전쟁통이에요. 남들 SNS 보면 다들 잘 살아가는 것 같고, 저만 이렇게 헤매는 것 같아요."

결국 이 모순된 귀인은 현실을 객관적으로 보지 못하게 하고 자존감에 직접적인 타격을 줍니다. "내가 잘못했어요"와 "세상이 불공평해요"라는 두 목소리가 동시에 들리는 셈이니까요.

피해자 의식의 또 다른 특징은 '자기 몰입 self-absorption'입니다. 이는 마치 짙은 안개에 둘러싸여 주위를 제대로 볼 수 없는 상태와 비슷합니다. 내가 겪는 불행과 고통만 특별히 또렷하게 보이고, 나머지 현실과 가능성은 흐릿해지는 것이지요.

그동안 정신과 의사로 일하면서, 피해자 의식이 심한 분들일수록 자신이 겪는 고통에만 지나치게 집중하는 경향이 있음을 자주 목격했습니다. 사실은 행복한 순간이나 작지만 귀한 성취도 있을 텐데, 그 부분을 제대로 보지 못하는 거죠. 마치 색안경이 모든 장면을 동일한 톤으로 물들이듯, 삶의 모든 순간을 '고통'이라는 색으로만 바라봅니다.

제 경우도 그날 아이의 눈이 크게 다치지 않았다는 안도감, 환자 상태가 결국 안정되었다는 사실, 간호사들이 스테이션에 혼자 두었던 아이를 돌봐줬던 따뜻함 등은 안개 속에 묻혀서 제대로 보이지 않았습니다. 오직 '왜 나만 이런 고생을?'이라는 생각이 제 시야를 가득 채웠습니다.

안개는 현실을 왜곡할 뿐 아니라 정체성에도 영향을 미칩니다. '피해자'라는 식의 자기 인식이 굳어지면, 내 삶 전체가 그 틀 안에서 해석되고 맙니다. 이는 자존감을 지탱하는 뿌리를 흔드는 위험한 과정입니다.

피해자 의식이 자존감을 갉아먹는 과정을 정리해 보면 크게 세 가지입니다.

첫째, 피해자 의식은 우리를 수동적 존재로 만듭니다. "왜 나만 이런 일을 당해야 해?"라는 질문은 나를 상황의 주체가 아닌, 어쩔 수 없이 끌려가는 객체로 위치시키지요. 자존감은 "내 삶을 내가 주도한다"라는 믿음에서 비롯되는데, 피해자 의식은 바로 이 믿음을 꺾어 버립니다.

둘째, 피해자 의식은 왜곡된 비교를 야기합니다. "다른 사람들은 다 잘 살고 있는데"라는 생각은 남들의 삶 중 겉으로 드러난 성공적인 부분만 선택적으로 비교하게 만듭니다. 이는 필연적으로 자신에 대한 부당한 평가로 이어집니다.

셋째, 피해자 의식은 내부와 외부의 요인을 동시에 탓하면서, 자기 인식을 혼란에 빠뜨립니다. "세상이 불공평해"와 "내가 못난 탓이야"가 공존하는 모순은 자기 자신에 대한 일관된 이해를 방해하고 나아가 자존감을 떨어뜨립니다.

우리의 삶에서 피해자 의식을 떠나보내는 법

제가 임상에서 주목한 흥미로운 점은, 피해자 의식이 강한 분들 중 상당수가 본래 매우 책임감 있고 유능한 경우가 많다는 사실입니다. 그들은 완벽주의적 성향 탓에 많은 책임을 떠맡아 고생하며 자기 자신에게도 가혹한 기준을 들이대기 때문에, 피해자 의식이 한번 생기면 급속도로 심화되는 악순환이 벌어집니다.

그날 밤, 문득 스스로 '아, 지금 내가 안개 속에 갇힌 상태로구나'라는 깨달음이 찾아왔습니다. "왜 나만 이런가?"라는 질문이 결국은 제 능력과 가능성을 보지 못하게 막는 장벽이란 생각이 들었습니다.

이런 인식 자체가 상당히 중요합니다. 자기 자신이 어떤 감정에 빠져 있는지 깨닫는 순간, 이미 그 감정의 올가미에서 반 발짝이라도 벗어난 것입니다.

저는 마음속 억울함과 고립감, 지친 감정들을 하나씩 들여다보기 시작했습니다. 그리고 "나는 지금 도움과 휴식이 필요해. 모든 걸 혼자 완벽히 할 순 없어"라고 솔직하게 인정했습니다. 이 작은 전환이 "왜 나만 이럴까?"라는 질문에서 "나에게 지금 필요한 건 뭘까?"라는 질문으로 시선을 돌려 줬습니다.

생각해 보면, 피해자 의식은 짙은 안개와 닮았습니다. 온통 흐릿하고 앞이 잘 안 보여서 두렵고 혼란스럽지만, 그렇다고 내가 안개 자체가 된 건 아닙니다. 안개가 걷히면 길도, 주변 풍경도 분명하게 드러나듯, '왜 나만?'이라는 생각에서 한 걸음만 벗어나도 내 역량과 주위의 긍정적 요소들이 보이기 시작합니다.

잠시 멈춰 "지금 나에게 어떤 도움이 필요한가?", "나의 감정은 뭘 말해 주고 있지?" 같은 질문을 던져 보세요. 안개 속에서 벗어나기 시작하는 작은 움직임이 스스로의 가치와 잠재력을 다시금 발견하게 해 줄 겁니다. 그리고 그 발견이야말로 궁극적으로 우리를 더 건강한 자존감으로 이끄는 길이 될 것입니다.

불안이 만드는
과잉 해석 시나리오

"원장님, 우리 아이가 혹시 금쪽이 아닐까요?"

요즘 진료실에서 이 질문을 더 자주 마주합니다. 아이가 집중력이 조금 부족하거나 또래 아이들과 가벼운 갈등이 생기거나 때로는 고집을 피우는 평범하고 사소한 행동에도 엄마들은 심각한 문제가 아닐지 불안해합니다. TV에서 봤던 문제 행동을 우리 아이의 모습 속에서 발견하는 순간, 불안이라는 씨앗이 마음 한구석에 슬그머니 뿌려집니다. 그리고 그 씨앗은 머지않아 무성하게 자라 최악의 상황까지 품은 무시무시한 시나리오로 피어나곤 합니다.

'혹시 우리 아이, ADHD 아닐까?', '애착 형성에 무슨 문제가 생긴 건 아닐까?', '우리 부부가 자주 다투는 것이 아이에게 트라우마로 남고 있는 건 아닐까?' 이렇게 아주 작은 불안이 머릿속에서 점점 커지면서, 결국에는 최악의 결말을 상상하게 하는 과잉 해석으로 이어집니다. 그런데 정말 우리 아이에게 문제가 있는 것일까요? 혹시 이것은 우리가 만들어 낸 불안의 그림자는 아닐까요?

엄마들은 왜 쉽게 불안해질까?

인간의 뇌는 본래 위험에 민감하게 설계되어 있습니다. 불안이 느껴지는 순간, 뇌 안에서는 편도체amygdala가 활성화되며 '위기 대응 모드'로 즉각 전환됩니다. 이때 합리적인 판단을 도맡아 하는 전전두엽은 일시적으로 기능이 억제됩니다. 원시시대 생존에 유리했던 이 시스템은, 현대 사회에서는 자주 지나친 불안과 과도하게 부풀려진 해석을 낳습니다.

인지행동치료에서는 이런 현상을 '인지적 왜곡cognitive distortion'이라 설명하며, 특히 불안이 많은 엄마들에게 흔히 보이는 형태로 '파국화catastrophizing'를 들고 있습니다. 파국화란, 실제보다 상황을 훨씬 더 심각하고 부정적으로, 거의 재앙 수준으로 해석해 버리는 마음의 습관입니다. 아이가 한 번 엄마의 말을 듣지 않았을 뿐인데도, "우리 아이는 앞으로 계속해서 반항적으로 성장하고 학교에서도 적응하지 못하며 사회성도 떨어져 결국 성인이 되어 큰 문제를 겪게 될 거야"라며 극단적으로 어두운 미래를 그려 내는 것이죠.

이런 파국적 사고는 불안한 상태일수록 더 쉽게 일어납니다. 특히나 자녀에 대한 걱정은 부모의 가장 민감한 부분을 건드리기 때문에 작은 신호조차도 크게 확대되어 마음을 흔들어 놓습니다.

36세의 한아름 씨는 초등학교 2학년 아들을 키우며 일하는 워킹맘입니다. 어느 날 담임 선생님으로부터 "수업 중에 집중력이 조금 부족해요"라는 이야기를 듣고 난 뒤, 그녀의 마음속에 걱정이라는 그림자가 드리워졌습니다.

"처음엔 '아이가 그럴 수도 있지'라며 넘기려 했어요. 그런데 집에 돌아와 인터넷을 뒤적이다 보니 ADHD 증상 체크리스트가 눈에 들어왔고, 하나둘씩 우리 아이의 평범한 행동들이 그 리스트에 너무 잘 맞아떨어지는 것처럼 보이기 시작했어요."

아름 씨는 그날 이후 아이의 행동 하나하나를 'ADHD의 징후'라는 필터로 바라보기 시작했습니다. 예전 같으면 그냥 지나쳤을 행동들, 숙제를 미루는 모습이나 어지러운 책상, 대화 도중 잠시 딴생각을 하는 사소한 순간들까지 모두 다 심각한 '문제'로 보이기 시작했습니다.

"금쪽이 프로그램을 본 뒤로는 더 심각해졌어요. 방송에서 나온 아이들의 행동과 우리 아이의 행동이 조금이라도 비슷하게 느껴지면, 그 순간부터 불안이 걷잡을 수 없이 커지는 거예요. 결국 남편에게도 계속 "우리, 병원에 가 봐야 하는 거 아닐까?" 하고 묻다가, 남편까지 저처럼 불안해졌죠."

결국 아름 씨는 아이와 함께 소아정신과를 찾았습니다. 그러나 진단 결과는 예상 밖이었습니다. 아이의 행동은 '정상적인 발달 과정 내의 행동'이었습니다. 의사는 친절하면서도 단호하게 이야기했습니다.

"요즘은 방송이나 인터넷에서 접한 정보로 인해, 아이의 작은 행동까지 크게 확대해서 걱정하시는 부모님들이 많습니다."

아름 씨는 병원을 나오며 안도감과 함께 죄책감을 느꼈습니다. "내가 괜히 아이를 문제아로 만들고 있었다는 생각에 너무 미안했어요. 제 불안이 만든 시나리오 안에서 아이는 이미 심각한 문제가 있는 아이가 되어 있었으니까요."

우리 사회에서는 부모, 특히 엄마의 불안을 키우는 환경적 요소가 많습니다.

첫째는 경쟁적이고 성과 중심적인 교육 환경입니다. '우리 아이가 남들보다 뒤처지면 어쩌지?' 하는 불안은 작은 문제도 지나치게 크게 받아들이게 합니다.

둘째는 자극적인 미디어와 넘쳐나는 불완전한 정보입니다. 시청률을 높이기 위해 과장된 사례만 보여 주는 TV 프로그램과 단편적인 지식으로 혼란을 부추기는 인터넷 정보들이 넘쳐납니다. 의학을 공부하는 학생들이 배우는 증상을 스스로에게 대입해 불안해하는 의대생 증후군 medical student syndrome처럼, 부모들도 아동 발달 문제에 관한 단편적인 지식을 접하며 내 아이에게도 문제가 있는 것처럼 과잉 해석하게 됩니다.

셋째는 SNS를 통한 비교 문화입니다. 다른 부모들이 올리는 완벽한 양육의 이미지와 자녀의 뛰어난 성취는 자연스레 자신의 상황과 비교하게 만들고, 결국 자신과 아이에 대한 불안을 부추깁니다.

이런 환경적인 요인들은 이미 엄마의 마음속에 자리 잡고 있던 불안을 키우고 증폭시켜 결국 과잉 해석의 시나리오를 만들어 내는 데 일조합니다.

정신과 의사로서 진료실에서 만나는 엄마들 중에는 아이 걱정에 지나치게 불안해하며 힘들어하는 분들이 적지 않습니다. 어느 날은 38세 안세희 씨가 여섯 살 난 딸아이의 행동에 심각한 고민을 가지고 찾아왔습니다. 그녀는 불안한 눈빛으로 제게 말했습니다. "선생님, 우리 아이가 낯선 사람들 앞에 서면 아예 말을 안 해요. TV에 나오는 금쪽이 프로그램에서 보니까 이런 게 사회불안장애social anxiety disorder나 선택적 함구증selective mutism일 수도 있다고 해서요."

진료를 진행하며 그 아이는 병적인 상태가 아니라 그저 조금 더 내성적이고 수줍음이 많은 지극히 평범한 아이였다는 걸 알았습니다. 문제는 엄마가 TV 프로그램을 통해 극단적이고 예외적인 사례를 접하고 자기 아이의 작은 특성도 심각한 병리적 문제로 여기게 되었다는 것이었지요.

돌이켜 보면 저 역시 어린 시절에 매우 내성적인 아이였습니다. 가족 외에는 거의 말을 하지 않아 지금 기준으로 보면 선택적 함구증으로 진단받았을지도 모릅니다. 초등학교 입학식 다음날, 화장실이 어디인지 반 친구들이나 선생님에게 묻지 못해 교실에서 오줌을 누고 말았던 적이 있었습니다. 당시 담임 선생님께서 다른 친구들이 모르게 조용히 교실 바닥을 닦아 주시고 저를 집까지 데려다 주셨던 따뜻한 기억이 아직도 생생합니다.

저는 불안해하는 엄마에게 제 경험을 이야기했습니다. "세희 씨의 아이는 금쪽이가 아니에요. 자꾸 그런 프로그램을 보며 걱정을 키우지 마세요. 대신 유튜브에서 '여름에 같이 가면 좋은 여행지 베스트 10'이나 '초등학생과 함께 가기 좋은 역사 유적지 베스트 5', '아이에게 추천하는 책 100가지' 같은 걸 찾아보시면 어떨까요?"

그리고 제 어머니가 저를 키우셨던 방식도 들려드렸습니다.

"제가 어릴 때도 그랬어요. 그런데 어머니께서는 제게 무리하게 말을 시키려고 하지 않으셨어요. 대신 책과 장난감, 인형을 많이 사 주셨죠. 덕분에 저는 저만의 조용하고 아늑한 세계에서 상상의 날개를 펴며 자랐습니다. 그렇게 자연스레 저도 모르게 말문이 트였고, 선택적 함구증이라고 할 만했던 증상도 서서히 나아졌어요. 내성적인 성격이 꼭 고쳐야 할 문제만은 아닐 수 있다는 걸 기억해 주세요."

몇 달 뒤 다시 만난 세희 씨는 아이와 함께 여행도 하고 책도 읽으며 지냈다고 했습니다. 아이와 실제 생활 속 경험을 쌓으면서, 놀랍게도 아이가 점점 낯선 사람들과의 상황에서도 말을 하기 시작했다고 합니다. 불안 속에서 만들어졌던 부정적인 상상이 아이와의 건강한 경험 속에서 자연스럽게 녹아 사라진 것입니다.

제가 정신과 의사로서 드리고 싶은 가장 중요한 메시지는 이것입니다. 치료가 필요한 진짜 문제와 아이들의 발달 과정에서 자연스럽게 나타나는 성격적 다양성을 혼동해서는 안 된다는 것입니다. 모든 아이는 저마다의 성장 속도와 개성을 가지고 있으며, 이 다양성 자체가 꼭 '문제'나 '장애'를 의미하지는 않습니다.

불안은 전염된다, 하지만 안정감도 전염된다

불안에서 비롯된 과잉 해석은 엄마 자신의 자존감에도 깊은 상처를 줍니다. '내가 정말 좋은 엄마가 아닐지도 몰라.', '뭔가 중요한 걸 놓치고 있는 건 아닐까?' 하는 의심은 끝도 없이 자기 자신을 깎아내리고 초라하게 만듭니다.

이런 불안과 과잉 해석은 결국 부모와 자녀의 관계에도 어두운 그림자를 드리웁니다. 아이를 문제가 있는 아이로 바라보는 엄마의 시선은, 실제로 부모와 아이의 관계를 점점 힘들고 곽곽하게 만듭니다. 아이의 건강하고 자연스러운 성장을 방해하기도 하지요. 부모가 품고 있는 불안은 아이에게 전해져, 아이 스스로 불필요한 두려움과 위축감을 느끼게 될 수 있습니다.

아름 씨는 아이가 ADHD가 아니라는 진단을 받고 나서도 오랫동안 불안감을 떨쳐 내지 못했습니다. '진단은 아니라고 하지만, 혹시 경계선상에 있는 건 아닐까?' 하는 의구심이 계속 마음을 헤집었습니다. 이런 불안 속에서는 아이의 모든 행동이 '증상'처럼 보이기 시작하고, 평범하고 자연스러운 부모-자녀 관계를 맺기가 점점 어려워집니다.

불안이라는 감정은 인간이라면 누구나 느낄 수 있는 지극히 자연스러운 것입니다. 특히 부모가 되면 아이를 잘 키우고 보호하고 싶은 마음에 불안이 따라오는 건 어쩌면 당연한 일입니다. 하지만 그 불안이 현실을 자꾸 왜곡시키고 과잉 해석의 늪으로 빠져들게 만들 때 문제는 시작됩니다.

그렇다면 어떻게 해야 할까요? 진정한 해결책은 바로 명확한 기준을 세우는 것입니다. 정신과 의사로서 제가 진료실에서 엄마들에게 가장 많이 드리는 조언도 바로 이것입니다. 어떤 것이 정말 치료가 필요한 문제인지, 어떤 것이 아이만의 독특한 개성과 다양성으로 인정해야 할 부분인지 기준을 확실하게 정하면 불필요한 불안과 과잉 해석에서 벗어날 수 있습니다. 기준이 뚜렷하지 않으면 매 순간 작은 상황마다 혼란과 갈등 속에서 헤매게 됩니다.

예를 들어, "우리 아이가 또래 아이들에 비해 발달이 확연히 뒤처지고 일상생활에 심각한 어려움을 겪고 있는가?" 하는 분명한 질문을 던져 보는 것이 도움이 됩니다. 이렇게 기준을 명확히 하면, 자잘한 행동의 차이나 일시적인 문제들에 너무 민감하게 반응하지 않고도 아이를 바라볼 수 있습니다. 아이가 내성적인 성격인 것과 심각한 사회불안이나 공포증을 겪는 것은 분명히 서로 다른 문제이니까요.

이렇게 한번 기준을 잘 세워 놓으면, 그 안에서 아이가 자신의 개성을 마음껏 펼칠 수 있도록 편안하게 지켜볼 수 있습니다. 학원 문제도 같은 맥락입니다. '남들이 다 보내니까' 하는 이유만으로 불안에 이끌려 아이를 무리하게 보내기보다는, 우리 가족만의 교육적 가치관과 기준을 세우고 그 기준을 따라 선택하는 것이 중요합니다.

불안이 만들어 내는 과잉 해석의 함정에서 빠져나오기 위해서는 분명한 원칙과 기준이라는 단단한 울타리를 세우고, 그 안에서 여유롭고 유연한 마음을 갖는 지혜가 필요합니다. 그리고 무엇보다도 아이를 치료의 대상으로 바라보는 대신 이해와 수용의 대상으로 먼저 바라보는 시선이 중요합니다. 제가 오랜 시간 진료실에서 경험한 바로는, 부모가 아이의 개성을 진심으로 인정하고 받아들이기 시작하면 관계는 놀랍도록 좋아지고, 아이 역시 자신감을 얻으며 성장해 가는 경우가 많았습니다.

"불안은 전염됩니다. 하지만 안정감도 전염됩니다."

이 말은 제가 정신과 의사로 살아오며 깨달은 가장 깊은 통찰 중 하나입니다. 엄마가 불안의 늪에서 벗어나 차분하고 안정된 마음을 찾으면 그 안정감이 고스란히 아이에게도 전해집니다. 자존감 있는 엄마가 자신과 아이를 모두 지키는 가장 아름다운 방법이 바로 이것입니다.

'과거'라는
안전한 피난처

"제가 이렇게 된 건 다 친정어머니 때문이에요. 어릴 때 제대로 사랑받지 못했으니까요."

오늘도 진료실에서 익숙한 그 말을 들었습니다. 의자에 앉아 조용히 말하는 환자의 목소리는 작았지만, 그 속에 담긴 확신만큼은 단단했습니다. 눈가에 맺힌 분노와 억울함 사이로, 아주 미세하지만 편안함이 깃든 안도감이 비치고 있었습니다. 그것은 단순한 하소연이 아니었습니다. 자신이 지금 왜 이런 상태인지, 현재의 모습을 정당화하기 위한 하나의 설명이었습니다.

"결혼하기 전엔 제가 이런 사람이 아니었어요. 다 남편 때문이에요, 남편이 저를 이렇게 만들었어요."

"아이 낳기 전엔 정말 밝고 긍정적이었는데, 출산하고 나서부터는 우울감이 계속됐어요. 아이가 예민하니 육아가 힘들어서 그리되었어요."

"요즘 들어 감정 조절이 안 되고 자꾸 화를 내는 건 호르몬 때문이에요. 갱년기가 시작되니 어쩔 수가 없네요."

이처럼 현재의 삶이 불만족스러울 때 우리는 자주 과거의 사건이나 다른 사람, 혹은 신체적인 변화에 책임을 돌리곤 합니다. 왜 많은 사람들, 특히 엄마들은 현재의 어려움 앞에서 과거를 탓할까요? 무엇이 우리를 자꾸만 '과거'라는 안전한 피난처로 달려가도록 만드는 것일까요?

우리가 과거에서 쉽게 벗어나지 못하는 이유

정신분석의 창시자 지그문트 프로이트Sigmund Freud는 현재 우리가 겪는 심리적 문제가 과거의 경험에서 비롯된다고 설명하는 '심리적 결정론Psychological Determinism'을 주장했습니다. 프로이트는 정신분석학에서 현재 겪고 있는 어려움의 원인을 어린 시절의 경험과 무의식적 갈등에서 찾았습니다. 현대의 심리학에서는 프로이트의 이론들이 많이 수정되었지만, 과거의 경험이 현재에 영향을 준다는 기본 관점 자체는 여전히 유효합니다. 그리고 이러한 원인론적 사고방식은 우리의 일상 깊숙이 스며들어 있습니다.

"내가 아이에게 자꾸 화를 내는 건 내 부모님이 나를 그렇게 키웠기 때문이야."

"내가 이렇게 완벽주의에 시달리는 이유는 어릴 때부터 부모님이 항상 100점만을 기대했기 때문이지."

이런 생각들은 언뜻 보면 매우 합리적으로 느껴질 수 있습니다. 그러나 사실은 현재의 문제에 대한 책임을 과거로 돌림으로써 심리적인 안전지대를 확보하려는 무의식적인 시도이기도 합니다. 과거를 탓할 때 우리는 다음과 같은 심리적인 이득을 얻을 수 있기 때문입니다.

첫째, 과거 탓은 현재의 책임에서 벗어나게 해 주는 편리한 출구가 됩니다. '내가 이렇게 된 건 모두 과거 때문이야'라고 생각하면 지금 내 선택이나 행동에 대한 책임을 덜 수 있습니다.

둘째, 변화에 따르는 부담과 두려움을 줄여 줍니다. '과거가 이미 나를 이렇게 만들었으니 어쩔 수 없어'라는 생각은 굳이 힘들게 변화를 시도하지 않아도 되는 편리한 이유를 제공합니다.

셋째, 현재의 나 자신을 정당화하는 수단이 됩니다. 과거의 상처나 어려웠던 환경을 들추면 현재의 부족함이나 실패가 당연한 결과로 받아들여져 자존감의 하락을 어느 정도 방어할 수 있게 됩니다.

진료실에서 만난 39세 김선영 씨의 이야기를 들려드리겠습니다. 선영 씨는 두 아이를 키우며 직장생활을 하는 워킹맘이었습니다. 퇴근 후에도 아이들의 숙제와 집안일을 챙기느라 늘 피곤에 젖어 있었습니다. 게다가 남편과의 관계가 점점 멀어져 서로 대화조차 제대로 나누지 않는 상태였습니다. 그녀가 병원을 찾은 이유는 심각한 불면증과 우울감 때문이었습니다.

"저는 친정에서 늘 억압받으며 컸어요. 부모님은 항상 오빠만 신경 써 주셨고 제 의견은 늘 무시했죠. 학창 시절에도 오빠는 원하는 대학에 진학했지만, 저는 부모님이 정해 주신 학교에 가야 했어요. 그래서인지 지금도 제 의견을 제대로 표현하지 못하고, 남편에게 제 욕구를 솔직하게 말하지 못해요. 이 모든 문제의 시작은 부모님이 저를 차별한 탓이라고 생각해요."

선영 씨는 자신이 겪고 있는 모든 어려움들, 이를테면 소극적인 의사소통 습관, 남편과의 갈등, 직장에서의 스트레스 등을 어린 시절 부모님과의 관계에서 비롯된 것이라 믿고 있었습니다. 이런 원인론적 해석은 그녀에게 일종의 안전한 피난처가 되어 주었습니다. 현재의 고통스러운 현실이나 변화해야 한다는 압박을 직면하지 않아도 되었기 때문입니다.

그러나 시간이 지나면서 선영 씨는 서서히 깨닫기 시작했습니다. 과거 탓하기가 실제로는 자신을 더 큰 무력감과 우울감에 빠지게 만든다는 사실을 말입니다. 그녀는 용기를 내어 남편에게 자신의 감정과 필요를 조금씩 표현하는 연습을 시작했습니다. 직장에서도 점차 자신의 목소리를 내기 시작했습니다. 그렇게 노력하는 과정에서 그녀는 '과거에 내가 어떤 대우를 받았든, 지금 어떻게 반응하고 살아갈지는 결국 나의 선택이다'라는 중요한 통찰을 얻게 되었습니다. 이런 변화는 그녀가 과거라는 익숙한 피난처에서 한 발짝 밖으로 나와, 현재의 삶에 책임을 다하기 시작했을 때 비로소 가능했습니다.

이러한 과거 탓하기의 심리는 노년층의 심리와도 흥미로운 유사성을 보여 줍니다. 많은 노인들이 과거의 이야기를 반복하며 살고 있는 이유는, 앞으로 펼쳐질 미래의 가능성이나 계획이 제한적이기 때문입니다. 미래로 향하는 길이 점점 짧아진다고 느끼게 되면 자연스레 시선을 돌려 과거를 더 자주 돌아보게 됩니다.

엄마들이 과거에 붙들려 사는 것도 이와 같은 마음에서 비롯됩니다. 노인이 지나온 날을 돌이켜 보며 사는 건 자연스러운 삶의 흐름이지만, 아직 젊은 엄마들이 자꾸만 과거를 돌아보며 거기에 머무는 건 스스로 성장할 수 있는 길을 막아 버리는 것과 같습니다. 자신의 삶을 바꾸고 움직일 수 있다는 믿음이 부족할 때, 우리는 앞으로 나아가기보다는 자꾸만 뒤를 돌아보며 "도대체 왜 이렇게 된 거지?" 하는 질문에서 벗어나지 못합니다. 미래를 향해 내디딜 힘이 없을 때 과거라는 편안하고 익숙한 피난처에 자꾸만 기대게 되는 겁니다.

이렇게 보면, 과거 탓하기는 그저 단순한 습관이 아니라 우리 마음속의 자존감과 깊게 맞닿아 있습니다. 자존감이 낮고 자기효능감 self-efficacy, 즉 원하는 삶을 만들어 갈 수 있다는 믿음이 부족할수록 현재의 불만족을 과거나 다른 사람의 탓으로 돌리는 경향이 강해집니다. 문제는 이렇게 남을 탓하는 방식은 결국 다시 우리의 자존감을 더욱 떨어뜨리는 악순환으로 이어진다는 것입니다.

삶은 과거가 아니라 지금의 선택으로 이루어가는 것

프로이트의 원인론과 대비되는 견해로, 알프레드 아들러Alfred Adler는 '목적론Teleology'을 제시했습니다. 아들러에 따르면, 인간의 행동은 과거가 아니라 미래의 목적에 따라 움직입니다. 과거가 우리의 현재를 결정하는 것이 아니라, 우리가 지금 어떤 목적을 품고 있는지가 오히려 과거를 어떻게 바라볼지 결정한다는 것입니다.

아들러는 우리가 각자 지닌 생활양식Life Style에 따라 과거의 경험들을 선택적으로 기억하고 해석한다고 설명합니다. 과거의 특정 사건에 집착하게 되는 이유는 바로 그 기억이 지금 우리가 하는 행동과 선택을 정당화하는 수단으로 사용되기 때문입니다. 과거 탓을 하면 우리는 "이렇게 된 건 내 잘못이 아니야, 어쩔 수 없었어"라고 말하며 스스로를 위로하게 됩니다. 이는 결국 변화에 대한 두려움과 책임감을 피하는 매우 쉬운 방법이 되는 것이지요.

실존주의 철학도 이와 비슷한 이야기를 들려줍니다. 삶의 의미는 과거의 경험 속에서 발견되는 것이 아니라 바로 지금, 우리의 선택과 책임 속에서 피어나는 것입니다. 우리가 과거에 어떤 일을 겪었든 간에, 그것을 어떻게 해석하고 무엇을 배워 낼지는 오로지 지금 우리의 선택에 달려 있습니다.

저 역시 정신과 의사이자 한 아이의 엄마로서 과거 탓이라는 달콤한 유혹에 빠졌던 적이 있습니다. 육아와 직장 생활을 동시에 해내느라 지쳐 있을 때면, 마음속에선 늘 '친정 부모님이 조금만 육아를 도와주셨다면', '남편이 집안일을 조금만 더 분담했다면', '직장에서 육아 지원을 조금만 더 잘 해 줬다면'이라는 생각이 피어났습니다. 물론 그런 생각은 그 순간 제게 작은 위안을 주기도 했지만, 제 현실을 나아지게 하지는 못했습니다.

전환점은 제가 담당했던 한 환자와의 만남을 통해 찾아왔습니다. 그녀는 어린 시절 깊고 어두운 트라우마를 겪었음에도 과거의 아픔에 매달리기보다 "지금 내가 할 수 있는 것은 무엇인가?"라는 질문을 스스로에게 던지며 놀랍게도 삶을 회복해 나갔습니다. 그녀의 모습을 보며 저는 깊은 울림과 통찰을 얻었습니다. 우리의 삶을 진정으로 결정짓는 것은 과거의 상처나 경험이 아니라, 지금 이 순간의 선택과 해석이라는 깨달음이었습니다.

점점 저는 "왜 이렇게 되었을까?"라는 질문 대신 "이제부터 무엇을 할 것인가?"에 더 집중하기 시작했습니다. 예를 들어 남편의 도움을 기다리지 않고 청소 앱을 이용해 일주일에 한 번씩 정기적으로 집 청소를 해결하는 방식을 도입했습니다. 식사 준비도 가볍고 간편하게 밀키트를 활용하고, 주말에는 배달 음식을 적극적으로 주문했습니다. 이렇게 집안일의 부담을 덜고 일과 삶 사이의 균형을 하나씩 찾아갔습니다. 물론 하루아침에 모든 게 바뀌지는 않았습니다. 하지만 제 삶의 주도권을 하나둘씩 되찾는 과정 속에서 자존감 역시 서서히 회복되었습니다.

진료실에서 만난 많은 엄마들이 비슷한 경험을 공유했습니다. 과거 탓을 멈추고 현재 자신의 선택과 행동에 집중하기 시작하자, 그들의 자존감과 삶의 만족도가 눈에 띄게 달라졌습니다. 특히 "이런 상황을 만든 게 누구지?"라는 질문보다 "지금 내가 무엇을 할 수 있을까?"라는 질문에 집중할 때, 무력감은 줄고 자기효능감은 더욱 커졌습니다.

과거는 분명 우리 삶의 중요한 일부이지만, 그것이 우리의 미래까지 모두 결정해야 할 필요는 없습니다. 과거를 돌아보는 일 자체가 나쁜 것은 아닙니다. 오히려 과거를 통해 자신을 더 깊이 이해하고 교훈을 얻는 일은 의미가 있습니다. 다만 문제는 과거에 얽매인 채 현재와 미래로 나아가지 못하는 데 있습니다.

과거라는 피난처는 잠시 쉬어 가기에 좋을지 모르지만, 영원히 머물기에는 너무 좁고 답답한 곳입니다. 만약 지금 과거를 탓하고 있다면 잠시 멈춰서 스스로에게 물어보세요.

"과거를 탓하는 것이 나에게 어떤 도움이 되고 있는가?"

"지금 내가 할 수 있는 작은 선택은 무엇인가?"

"내 삶을 진정으로 변화시키기 위해 내가 지금 내딛을 첫걸음은 무엇인가?"

과거가 우리의 현재 모습을 만들었다 할지라도 우리의 운명까지 정하지는 않습니다. 오늘 우리가 내리는 작고 소중한 선택들이 내일의 현실을 만들고, 그 현실들이 모여 우리의 미래를 만들어 갈 것입니다. 과거라는 좁은 피난처에서 벗어나 현재라는 살아 있는 순간을 온전히 느끼고 경험하며 미래라는 무한한 가능성으로 한 걸음 내딛을 때, 우리는 비로소 자존감이라는 단단한 날개를 펼칠 수 있게 됩니다. 그리고 그 날개로 우리는 어떠한 폭풍우 속에서도 흔들리지 않고 나만의 하늘을 자유롭게 날아다닐 수 있을 것입니다.

내 삶은 없고
아이 삶만 있는 하루

 "아침 6시 기상. 6시 30분 아이 도시락 준비. 7시 아이 깨우기. 7시 30분 아이 아침 먹이기. 7시 50분 아이 학교 버스 태우기. 8시 10분 회사 출근. 오후 2시 업무 중 아이 학원 선생님 전화 받기. 오후 6시 30분 퇴근해서 돌봄교실에서 아이 데려오기. 7시 저녁 식사 준비 및 식사. 8시 아이 숙제 확인하기. 9시 아이 목욕 및 취침 준비. 10시 내일 회의 자료 검토…."

 진료실에서 만난 35세 서현정 씨는 떨리는 손으로 자신의 스마트폰 일정표를 내보였습니다. 중견기업 과장으로 일하면서 초등학생 아들을 키우는 그녀의 일정에는 무려 10여 개에 달하는 항목이 빼곡히 적혀 있었는데, 전부 아이를 위한 일이었습니다. 그녀의 눈에는 깨달음과 함께 허탈감이 어른거렸습니다.

 "어젯밤 이 일정표를 보면서 정말 깜짝 놀랐어요. 여기에는 '내 일정'이 단 하나도 없더라고요. 모든 시간이 오로지 아이를 위한 것뿐이에요. 마치… 제 삶은 사라지고 아이의 삶만 존재하는 하루 같았어요. 대학 시절엔 취미로 그림 동아리 활동을 하며 주말마다 스케치북을 들고 다녔는데…. 직장인이 되고 엄마가 된 이후로, 저는 어디로 사라진 걸까요?"

현정 씨의 고백은 단순히 시간을 잘못 관리하고 있다는 차원의 이야기가 아니었습니다. 자신의 정체성, 자존감, 삶의 주도권과 깊이 연관된 문제였지요.

'엄마'라는 한 가지 역할에만 잠식된 삶

한 사람이 특정 역할에 완전히 몰두해, 다른 모든 정체성이 그 역할에 잠식되어 버리는 현상을 '역할 포식role engulfment'이라고 부릅니다. 다시 말해, '엄마'라는 역할이 그 사람의 전체 정체성을 완전히 집어삼켜 버리는 상태이지요.

아이를 낳기 전에는 요가 강사로 활발히 활동하던 33세 신예은 씨의 사례를 봅시다.

"요가 매트를 창고에 넣은 지 3년이 넘었어요. 예전에는 새벽마다 요가로 하루를 열고, 저녁에는 수업을 했는데…. 이제는 아이 밥 먹이고 재우는 게 일상의 전부예요. 친구들을 만나도 아이 이야기밖에 할 말이 없고요. 누가 저한테 '당신은 어떤 사람이세요?'라고 물으면,

그냥 '민준이 엄마입니다'라는 대답 말고는 떠오르지 않아요."

역할 포식은 천천히 진행됩니다. 처음에는 아이를 위한 일정이 하나둘 추가되는 정도이지만, 시간이 지나면서 나를 위한 시간이 점점 사라집니다. 어느새 '아이를 위해서'라는 명목으로 자신의 욕구와 필요는 계속 뒤로 미루게 되지요. 결국 자신이 무엇을 좋아하는지, 과거에 어떤 꿈을 품었는지조차 흐려져 버립니다.

여러 정체성을 균형 있게 유지하는 사람들은 인생의 커다란 변화나 위기를 맞이해도 좀 더 안정적으로 적응합니다. 이는 자신을 지지해 주는 역할이 여러 갈래이기 때문입니다. 하지만 오직 한 역할, 예를 들어 '엄마'에만 삶이 쏠려 있으면, 아이의 성장이나 독립 등 그 역할에 변화가 생길 때 정체성 위기와 자존감의 급격한 하락을 심하게 경험할 수 있습니다.

엄마들이 흔히 겪는 또 다른 문제는 '시간 주권 time sovereignty'의 상실입니다. 시간 주권이란, 자신이 시간을 어떻게 사용하고 분배할지를 스스로 결정할 수 있는 권한과 능력을 뜻합니다.

현정 씨의 이야기를 다시 들어 볼까요.

"회의 중에 진동하는 휴대폰을 느끼면 가슴이 덜컥 내려앉아요. 어제는 팀장님과 중요한 프로젝트 논의 중에 아이 학원에서 계속 전화가 왔어요. 받지 못해 내내 전전긍긍하면서 회의에 집중하지 못했죠. 결국 화장실에 가는 척하고 나가서 확인해 보니 내일 준비물이 변경됐다는 연락이었어요. 그런 일이 한두 번이 아니다 보니 업무 중에도 아이 일이 항상 머릿속에 있어요. 퇴근 후에는 아이 숙제

봐주고 다음 날 준비물 챙기느라 정신이 없고요. 주말마저 아이 학원, 친구 생일파티, 학습 계획으로 꽉 차 있어요. 이젠 제 인생의 주인공이 저 자신이 아닌 것 같아요."

시간 주권의 상실은 자존감에 직접적인 타격을 줍니다. 자신의 시간을 통제하지 못한다고 느낄수록 인생의 주체가 되지 못한다는 무력감이 스며듭니다. 대부분의 엄마들은 이런 시간 주권 상실에서 비롯한 만성적인 무력감과 자존감 저하를 겪고 있습니다.

특히 한국 사회의 치열한 입시 문화와 높은 교육열, 그리고 '좋은 엄마'라는 높은 기대감 탓에 엄마들의 시간 주권 상실은 더 극단적으로 나타납니다. 초등 저학년 때부터 아이가 다니는 온갖 학원 일정 관리와 학습 진도 체크, 시험 준비, 숙제 점검 등은 모두 엄마 몫이 되는 경우가 흔합니다. 자녀가 중고등학생이 되면 입시 준비라는 큰 숙제에 엄마의 시간이 더욱 빨리 고갈되곤 하지요. 그 속에서 자신을 위한 시간을 확보하기란 거의 불가능에 가까워집니다.

더 심각한 것은, 이러한 상황이 지속되면 내가 무엇을 원하고 좋아하는지 인식하는 능력 자체가 희미해진다는 점입니다. 결국 "내가 무엇을 원하나?"라는 질문을 아예 잊고 지내게 됩니다.

42세 권아라 씨는 초등학생 저학년 딸을 둔 소위 '슈퍼맘'입니다. 학부모 모임, 자원봉사 활동까지 열심히 참여하며 아이 곁에서 모든 일을 일일이 챙깁니다.

"아이 스스로 할 수 있는 일도 전부 제가 해 줘요. 가방 정리, 신발 신기, 심지어 숙제마저 거의 대신 해 줄 때가 있죠. 학교 발표회를 준비할 땐 아이가 혼자 하고 싶어 하는데도 대본까지 다 써 주고 연습시켰어요. 어느 순간부터 '이게 정말 아이를 위한 걸까, 아니면 내가 필요한 존재로 느껴지고 싶어서 그러는 걸까?' 헷갈리기 시작했어요."

그러던 어느 날, 딸아이가 "엄마, 나 혼자 할 수 있어!"라고 말했을 때 아라 씨는 적잖은 충격을 받았습니다.

가족치료에서는 이를 두고 '과잉기능-과소기능 overfunctioning-underfunctioning'이라 부릅니다. 엄마가 지나치게 많은 역할과 책임을 떠맡으면, 아이는 자연스럽게 그 영역에서 스스로 기능하려는 노력을 줄이게 됩니다. 결국 아이가 성장하며 독립해야 할 과제에도 본인의 능력을 키우지 못하게 되는 거지요.

이런 과잉기능 이면에는 '자기희생 self-sacrifice' 패턴이 자리 잡고 있습니다. 상당수 엄마들이 '아이를 위해서'라며 자신의 욕구를 희생하고 억누르며 자기 돌봄에조차 죄책감을 느끼곤 합니다.

"내 시간을 좀 갖고 싶다는 생각을 하면, '내가 너무 이기적인 엄마 아닐까?'라는 죄책감이 들어요. '좋은 엄마는 아이에게 모든 걸 헌신해야 해'라는 생각이 머리에 박혀 있으니까요."

계속되는 자기희생은 마음속에 공허함과 분노를 축적합니다. 결과적으로는 소진이 일어나고, 정말 아이를 잘 돌보는 데 필요한 에너지마저 고갈되는 악순환에 빠질 위험이 큽니다.

내 삶은 없고 아이 삶만 있는 하루에서 벗어나려면, 먼저 지금의 상태를 직시하는 것부터 시작해야 합니다. 내 일정이 전혀 없다는 사실, 자신의 욕구와 필요가 무시되고 있다는 사실, 그리고 엄마 역할에 정체성이 완전히 흡수되었다는 사실을 인정하는 것입니다.

현정 씨는 자기 시간의 필요성을 조금씩 깨닫기 시작했습니다. 처음에는 하루 15분이라도 확보해, 아이가 잠든 뒤 차 한 잔을 마시면서 그날의 일들을 되돌아보는 시간을 가졌습니다. 이 작고 짧은 시간이 조금씩 늘어나서 세 달 후에는 일주일에 한 번, 2시간 정도 그림 그리기 클래스를 다니게 되었습니다. 대학 시절 누리던 기쁨을 잠시나마 되살리게 된 것이지요.

"처음엔 너무 낯설었어요. 하지만 내 시간을 조금씩 갖게 되자 오히려 아이와 함께 있는 시간이 더 소중하고 충실해지는 느낌을 받았어요. 숨 쉴 공간이 생긴 것 같달까요?"

6개월이 지난 지금, 현정 씨는 주말 오전 2시간을 정해 그림을 그리고 있습니다. 최근에는 소규모 전시회에도 참여하게 되었지요.

"아이도 제 그림을 보고 '엄마가 이렇게 그림도 잘 그리는구나!' 하며 놀라워했어요. 그 순간 깨달았죠. 제가 엄마일 뿐만 아니라, 꿈과 열정을 가진 한 사람으로서 아이에게 보이고 있구나 하고요. 아이도 엄마가 즐기는 모습을 보며 더 긍정적인 자극을 받는 것 같아요."

예은 씨 역시 서서히 변화를 시작했습니다. 처음에는 일주일에 한 번, 30분 정도만 요가 매트를 다시 펼쳤고, 반년 뒤에는 주 1회 요가 수업을 재개했습니다.

"처음엔 '이 시간에 아이를 봐줘야 하는데'라는 죄책감이 들었어요. 그런데 요가를 하면서 제 몸과 마음이 다시 이어지는 느낌을 받았죠. 이젠 아이에게도 '엄마는 요가할 때 가장 행복해'라고 당당히 말해요. 아이가 엄마의 행복한 모습을 본다는 게 정말 중요한 것 같아요."

아라 씨는 상담을 통해 자신이 아이 일에 과도하게 개입하고 있음을 인식했습니다. 그래서 아이가 스스로 할 수 있는 일의 목록을 만들고, 그 영역은 엄마가 건드리지 않도록 연습하기 시작했습니다.

"처음에는 제가 개입하지 않는 게 너무 어려웠어요. 아이가 조금이라도 실수하는 걸 보면 바로 달려가고 싶었거든요. 그런데 참고 보니, 아이가 자기 방식대로 문제를 잘 해결하더라고요. 덕분에 저에게도 시간이 생겨서 오랜만에 친구를 만나기도 하고 책도 읽게 됐습니다. 아이와의 관계도 훨씬 편안해졌어요. 예전엔 잔소리만 늘어났는데, 지금은 아이와 대화가 많아졌어요."

삶의 주도권을 되찾는 다섯 가지 방법

좋은 엄마가 되는 것과 한 개인으로서 주체적 삶을 영위하는 것은 결코 충돌하는 개념이 아닙니다. 스스로를 돌보는 엄마가 오히려 아이에게도 더 건강한 롤모델이 될 수 있기 때문입니다. 아이는 엄마를 통해 자기 존중, 경계 설정의 중요성을 자연스럽게 배울 수 있습니다. 그리고 무엇보다 중요한 사실은, 엄마가 자신을 제대로 돌보지 않으면, 아이 또한 자신을 돌보는 법을 제대로 배우기 힘들다는 점입니다.

내 삶은 없고 아이 삶만 존재하는 하루에서 벗어나려면, 구체적으로 무엇을 해야 할까요?

1. 일정표에 내 시간을 적기

아무리 바빠도 "매일 밤 9시~9시 30분: 나만의 독서 시간"처럼, 실제 달력이나 앱에 내가 나를 위해 쓸 시간을 표시해 두세요. 15분이라도 괜찮습니다. 포인트는 이 시간이 오롯이 나만을 위한 것이라는 사실입니다.

(실천 예시)

- 아이가 학원에 간 사이 카페에 앉아 책 한 권 읽기
- 아이가 잠든 뒤 20분간 아로마 캔들을 켜 두고 반신욕 즐기기
- 출퇴근 시간을 활용해 오디오북이나 팟캐스트로 자기계발하기

2. 역할을 다채롭게 유지하기

'엄마'라는 역할 외에 스스로 즐거움을 느낄 수 있는 다른 정체성을 되살리세요. 한 주에 한두 번이라도 괜찮습니다. 오랫동안 잊었던 전문가, 친구, 연인 등 다양한 정체성을 소중히 여겨야 합니다.

(실천 예시)

- 한 달에 한 번은 꾸준히 친구와 만나기
- 온라인 동호회나 SNS로 전문 분야나 취미 분야에서 활동하기

- 배우자와 정기 데이트하기(외식, 영화 감상 등)

3. 아이의 자율성 키워 주기

아이의 나이와 능력에 맞춰 스스로 할 수 있는 일의 목록을 정해 두고 엄마는 최대한 개입하지 않기로 결심합니다. 실패해도 아이가 경험을 통해 배울 수 있도록 지켜봐 주세요.

（실천 예시）

- 유치원: 자기 옷 고르기, 장난감 정리하기
- 초등 저학년: 학교 준비물 챙기기, 아침 스스로 먹기
- 초등 고학년: 학원 스케줄 알아서 챙기기, 숙제 스스로 점검하기
- 중고등학생: 스스로 입시 계획 및 시간 관리하기

4. 자신의 욕구 알아차리기

매일 밤 5분 정도라도 '오늘 나는 어떤 욕구를 억눌렀는가?'라고 스스로 물어보세요. 처음엔 잘 떠오르지 않더라도 꾸준히 질문하다 보면 점차 내가 진짜로 원하는 것을 감지하는 능력이 깨어납니다.

（실천 예시）

- "오늘 내가 정말 하고 싶었던 건 무엇인가?"
- "지금 이 순간 내게 가장 필요한 건 뭐지?"
- "시간과 여유가 충분하다면 나는 무엇을 하고 싶을까?"

5. 죄책감 일기 쓰기

자신을 위한 시간을 가질 때 느끼는 죄책감을 구체적으로 적어 보고, 그 생각에 반박하는 글을 적어 보세요.

> **실천 예시**
>
> - 죄책감 문장: "나는 내 시간을 보내느라 아이를 방치하는 이기적인 엄마야."
> - 반박 문장: "나에게 필요한 휴식과 재충전은 오히려 아이를 더 잘 돌보기 위한 필수 요소야. 이건 이기심이 아니라 건강한 책임감이야."

자존감이란 결국 내가 얼마나 가치 있는 존재라고 믿고 있는가의 문제입니다. 그리고 이는 내 시간, 욕구, 꿈을 스스로 얼마나 존중하는가와 직결됩니다.

현정, 예은, 아라 씨의 이야기는 나를 찾아가는 귀환의 과정입니다. 처음엔 하루 15분 확보하기, 30분 요가하기 같은 작은 시도로 시작했지만, 작은 불씨는 점차 커져 그들의 삶을 바꿔 놓았습니다. 이는 우리 사회 곳곳에서 동시에 일어나고 있는, 조용하면서도 강력한 혁명입니다. 그 과정에서 그들은 더 생기 있고, 더 현존하며, 더 진정성 있는 엄마가 되었습니다.

그들은 조금씩 '엄마'라는 테두리를 벗어나 또 다른 정체성과 열정을 되살렸고, 결국에는 아이와의 관계에서도 더 행복하고 충실한 시간을 보낼 수 있게 되었습니다. 신기하게도, 이 과정을 통해 아이들도 엄마가 한 개인으로서 살아가는 모습을 지켜보며 긍정적인 자극을 받고 자율성을 키워 나가게 되었습니다. 그리고 무엇보다 아이들은 중요한 교훈을 배우게 되었습니다. "나의 욕구와 꿈도 소중하다"라는 것을 말이지요.

당신의 삶을 되찾는 여정은 단순히 개인적 행복의 문제가 아닙니다. 그것은 다음 세대에게 전하는 가장 강력한 가르침이자 자존감의 유산입니다. 자신을 존중하고 사랑하는 엄마의 모습은 어떤 말보다 강력한 교육이 됩니다.

엄마인 당신도 소중하지만 한 인간으로서의 당신은 더더욱 소중합니다. 오늘, 15분이라도 온전히 당신 자신을 위해 써 보면 어떨까요? 그 작은 실천은 자존감을 회복하고 당신이라는 존재를 되찾게 해 줄 겁니다. 아이에게도 그것은 엄마가 주는 최고의 선물이 될 테고요.

'가짜 자존감'에서
벗어나는 방법

: **시스템 알림** : 생존 모드가 365일째 지속 중입니다.

: **미션 실패** : 오늘도 나는 나를 돌보지 못했습니다.

: **레벨 재시작** : 내일도 똑같은 하루가 반복됩니다.

: **마지막 알림** : "이대로 계속하시겠습니까?" YES/NO

아이를 겨우 재운 뒤, 어두운 거실 소파에 힘없이 몸을 던지듯 앉았습니다. 시계는 어느덧 밤 11시를 가리키고 있었지만, 머릿속에서는 오늘 끝내지 못한 일들이 아직도 쉼 없이 맴돌고 있었습니다. 내일도, 모레도, 또 그다음 날도 비슷하게 이어질 하루가 눈에 선했습니다. 아침이 오면 아이를 깨우고, 식사를 준비하고, 집안일을 마친 뒤에는 직장으로 향하고, 저녁에는 다시 아이를 돌보는 반복적인 하루. 그렇게 숨 쉴 틈 없이 하루를 보내고 나면, 오늘처럼 지친 몸을 이끌고 이 소파에 다시 앉아 있게 되겠지요.

가끔은 이런 생각이 들곤 합니다.

'나는 지금 살아 있는 걸까, 아니면 그저 하루하루를 버티며 생존하고 있을 뿐일까?'

: **주의** : 가짜 자존감이 탐지되었습니다.
: **경고** : 생존 모드가 장기간 지속되고 있습니다.
: **위험** : '진짜 나'를 잃을 위험이 있습니다.

하루를 마무리할 때마다 찾아오는 감정은 뿌듯함이나 기쁨이 아니라, 오직 "오늘도 무사히 버텨 냈다"라는 작고 위태로운 안도감뿐이었습니다. 마치 끝없이 이어지는 생존 게임에 참가한 플레이어가 된 것처럼, 하루하루를 필사적으로 클리어하며 다음 날로 넘어가고 있을 뿐입니다. 아침에 눈을 뜨는 순간부터 잠드는 순간까지, 눈앞에 놓인 크고 작은 문제들을 그저 하나하나 처리하는 데 급급해져 버렸습니다. 그런데 정말 이것이 내가 바라던 삶이었을까요?

가짜 자존감의 세 가지 유형

지속되는 스트레스와 불안은 우리의 시야를 점점 좁게 만듭니다. 이럴 때 우리는 선택의 폭이 아주 제한적인 듯한 착각에 빠지게 됩니다. 심리학에서는 이를 '인지적 협소화Cognitive Narrowing'라고 부릅니다. 클로드 스틸Claude Steele과 로버트 조셉스Robert Josephs는 스트레스 상황 속에서 인간이 즉각적인 위협에만 초점을 맞추느라, 넓고 유연한 시야로 상황을 바라보거나 창의적인 대안을 고민할 여유를 잃게 된다고 이야기합니다. 마치 어둡고 미로 같은 길 속에 갇힌 작은 생쥐처럼, 두려움은 우리의 눈을 가리고 같은 길만을 반복해서 걷게 만듭니다.

이런 상태에서 우리는 자주 '가짜 자존감'에 의존하게 됩니다. 가짜 자존감이란 진짜 내면의 가치나 자신과는 무관하게, 외부의 기준이나 타인의 시선과 기대를 만족시킬 때 얻는 잠깐의 편안함입니다. 이 자존감은 불안정하고 흔들리기 쉬워서 끊임없이 타인의 인정과 확인을 필요로 합니다. 결국 우리는 끊임없이 자신을 증명하기 위해 애쓰느라 진짜 자신과는 멀어져 버립니다.

가짜 자존감은 다양한 모습으로 우리 앞에 나타납니다. 특히 엄마라는 역할을 맡고 있다면 아마 다음 세 가지 유형에서 자신의 모습을 발견할지도 모릅니다.

1. 주변 기대치 충족형 "나는 좋은 엄마야. 모두가 그렇게 말해 주니까."

이 유형의 사람들은 주변 사람들의 칭찬과 인정에서 자신의 가치를 확인합니다. 시어머니가 "우리 며느리는 살림을 참 잘해"라고 말하거나, 남편이 "우리 아내는 아이를 정말 잘 키워"라고 말할 때, 그 말을 듣는 순간에는 마음이 든든해집니다. 그러나 문제는 그 평가가 늘 일정하지 않다는 데 있습니다. 언제든 주변 사람들의 말이 바뀔 수 있고, 그때마다 자존감도 함께 흔들리기 시작합니다.

2. 비교 우위형 "적어도 저 엄마보다는 내가 낫잖아."

SNS를 열면 이 유형을 쉽게 만날 수 있습니다. 다른 엄마들과의 비교 속에서 자신이 조금이라도 우위에 있음을 확인하며 잠시나마 안도감을 느낍니다. 우리 아이가 다른 아이보다 빨리 걸었을 때, 내가 다른 엄마들보다 아이에게 더 많은 시간을 쏟을 때, 그 순간만큼은 내가 괜찮은 엄마인 것처럼 느껴지지요. 하지만 비교라는 건 끝이 없습니다. 내가 조금이라도 방심하면 언제든 나보다 더 잘 해내는 누군가가 나타나기 마련입니다.

3. 희생 미화형 "이렇게까지 희생하는 나는 참 괜찮은 엄마야."

자신의 모든 욕구와 필요를 포기하고 가족을 위해 헌신하는 데서 존재의 가치를 찾는 유형입니다. "나는 내 것을 전부 포기했어"라는 내면의 목소리를 반복하며, 희생할수록 자신의 가치가 더욱 높아진다고 믿습니다. 그러나 이런 희생은 결코 오래가지 못합니다. 마음 깊은 곳에서는 결국 상실감과 억울함, 때로는 분노가 쌓여 가기 때문이지요.

이렇게 가짜 자존감의 함정에 빠지다 보면 어느새 진짜 자신과 점점 멀어지게 됩니다. 외부의 평가와 타인의 기준에만 기대어 살다 보면 내 안에서 올라오는 진짜 목소리는 점점 희미해지고 맙니다.

: **체력 고갈** : 감정적 에너지가 위험 수준에 이르고 있습니다.
: **동기 상실** : 삶의 목표가 점점 희미해지고 있습니다.
: **관계 경고** : 자신뿐 아니라 가족과의 관계에서도 상처가 늘어나고 있습니다.

이 신호들을 발견했다면 이제는 용기가 필요합니다. 타인이 아닌, 나 자신으로 살아가는 용기 말입니다.

가짜 자존감은 언젠가 무너진다

36세 이하늘 씨는 연년생 두 아이를 키우며 회사에 다니는 워킹맘입니다. 대기업의 마케팅 부서에서 인정받으며 일하면서도, 그녀는 늘 완벽한 엄마라는 이미지를 놓치지 않기 위해 애썼습니다. 오전 7시부터 밤 10시까지 쉴 틈 없이 이어지는 촘촘한 일정에도 퇴근하면 직접 유기농 재료로 저녁 식사를 준비했고, 주말이면 아이들의 교육을 위해 다양한 체험활동을 찾아다녔지요. SNS에는 가족의 행복한 순간들만 골라 올리며, 사람들 앞에서는 모든 걸 척척 해내는 엄마의 모습을 완벽히 지켜냈습니다.

하지만 진료실에서 만난 하늘 씨의 모습은 전혀 달랐습니다. 눈 밑에는 깊은 피로가 그대로 담긴 다크서클이 드리워 있었고, 긴장으로 굳어진 어깨가 그녀의 지친 일상을 말없이 드러내고 있었지요.

"더 이상 이렇게 버틸 수가 없어요. 매일 아침 눈 뜨는 순간이 너무 두려워요. 아이들이 조금만 칭얼거려도 금방 짜증이 나고, 직장에서도 집중력이 흐트러져요. 그런데도 계속 '나는 잘할 수 있어, 이 정도쯤은 아무것도 아니야'라고 스스로를 다그치듯 말하게 돼요."

이 순간이 바로 가짜 자존감이 조금씩 무너지기 시작하는 위험한 신호입니다. 더 이상 타인의 인정이나 외부의 기대가, 자기기만적인 위안이 우리의 내면에 자리한 깊은 공허함을 채울 수 없게 된 순간인 것이지요.

많은 엄마들이 이와 같은 순간을 경험합니다. 가족을 위해 헌신하며 살다 보면 어느새 진짜 나는 어디론가 사라지고, 하루하루를 버텨 내는 것 말고는 다른 목적이나 즐거움이 없는 삶이 되어 버립니다. 마음은 메마르고, 점점 더 무뎌지는 감정 속에 스스로를 잃어버리는 기분을 느끼게 됩니다.

더 무서운 건, 이 생존 게임은 결코 나 혼자만의 게임이 아니라는 점입니다. 내가 무너지기 시작하면 주변의 소중한 사람들 역시 고통을 겪게 됩니다. 짜증과 분노는 자꾸만 아이들에게 향하고, 배우자와의 관계 역시 감정적인 메마름과 단절 속에서 위태로워지기 때문입니다. 생존 모드에서는 진정한 정서적 교류나 따뜻한 유대감을 느끼기 어렵습니다. 그래서 지금 우리에게 필요한 것은 스스로에게 던지는 용기 있는 질문입니다.

"나는 이 패턴을 계속 반복할 것인가, 아니면 이제 그만 멈출 것인가?"

：**중요 결정**： 이제 생존 모드의 게임 오버를 선언하시겠습니까?

：**용기 테스트**： 진짜 자존감으로의 전환이 필요합니다.

：**선택의 순간**： YES/NO

'게임 오버'라는 말은 결코 실패나 좌절을 뜻하지 않습니다. 오히려 "이제 더 이상 이 방식대로는 살아가지 않겠다"라는 결단입니다. 지칠 대로 지친 생존 게임을 멈추고, 새로운 규칙으로 진짜 내 삶을 시작하겠다는 용기 있는 선언이지요.

하늘 씨는 자신이 오랫동안 가짜 자존감에 기대어 살아왔다는 사실을 깨달았습니다. 그녀는 남편과의 대화에서 처음으로 진짜 자신의 마음을 조심스럽게 꺼내 놓았습니다.

"나는 이제 이런 삶이 싫어. 완벽하지 않아도 괜찮은 엄마이고 싶고, 가끔은 내 욕구와 필요도 소중히 여기는 사람으로 살고 싶어."

그녀가 지금까지의 삶에 게임 오버를 선언한 순간이었습니다. 그리고 이 작은 선언은 그녀가 새로운 삶을 시작할 준비가 되었다는 뜻이기도 했지요.

생존 게임을 멈추고 새로운 삶을 시작하라

그렇다면 게임 오버를 선언하고 새로운 삶을 시작하기 위해서는 구체적으로 어떻게 해야 할까요? 몇 가지 실질적인 방법을 살펴보겠습니다.

1. 잠시 멈추어 서기

생존 모드 속에 빠져 있을 때는 잠시 멈춰 서는 것조차 사치스럽게 느껴집니다. 하지만 변화는 늘 멈추는 순간부터 시작됩니다. 단 5분이라도 좋습니다. 하루에 단 한 번만이라도 조용히 앉아 숨을 고르고, 내 마음과 상태를 찬찬히 관찰하는 시간을 가져 보세요. 아주 작은 멈춤이지만 그 잠깐의 시간이 삶을 바라보는 시각을 조금씩 바꾸어 줄 것입니다.

2. 작은 깨달음을 기록하기

'아, 이건 내가 원했던 삶이 아닌데….' 이런 생각이 스쳐 지나갈 때, 그냥 흘려보내지 말고 기록해 보세요. 길게 쓰지 않아도 좋습니다. 일기장에, 휴대폰 메모장에, 혹은 작은 수첩에라도 짧게나마 적어 보는 겁니다. 이렇게 기록한 작은 깨달음들이 모이면 변화의 힘이 됩니다.

3. 나의 변화를 선언하기

변화하고자 하는 의지를 분명한 말로 표현해 보는 것도 좋습니다. 자신에게 혼잣말로 해도 좋고, 믿을 수 있는 친구나 가족에게 이야기해도 좋습니다.

"이제 나는 나를 위한 시간을 갖겠어."

"더 이상 모든 것을 완벽하게 하려고 애쓰지 않을 거야."

이렇게 선언하고 나면, 그 순간부터 조금씩 달라지는 자신을 발견하게 됩니다.

하늘 씨 역시 이 세 가지 방법을 통해 천천히 삶의 변화를 만들어 갔습니다. 처음에는 아주 작은 변화였습니다. 일주일에 한 번, 단 30분이라도 자신만의 시간을 만들기로 결심한 것이었죠. 그녀는 남편과 아이들에게 조심스럽게, 그러나 분명하게 말했습니다.

"엄마에게도 나만의 시간이 필요해."

처음엔 어색했습니다. 가족들도 갑작스러운 선언에 당황했지요. 하지만 시간이 지날수록 가족들 역시 그 경계를 조금씩 이해하고 존중하기 시작했습니다.

이 과정에서 가장 중요한 것은 그동안의 삶을 실패로 여기지 않는 자세입니다. 심리학자 제임스 그로스James Gross는 이를 '인지적 재평가Cognitive Reappraisal'라고 표현합니다. 같은 상황이라도 어떻게 바라보느냐에 따라 우리의 감정과 행동이 완전히 달라질 수 있다는 뜻입니다.

지금까지 살아온 방식이 실패였다고 생각하지 말고, "지금까지의 방식이 더 이상 나에게 맞지 않으니 이제는 새로운 방식으로 살아 봐야겠다"라는 시선으로 바라보세요. 이 작은 생각의 변화가 새로운 삶의 문을 열어 줄 것입니다.

: **새 게임 시작** : '진짜 나를 만나러 가는 여정'
: **새 규칙** : 완벽함 대신 진정성을 선택합니다.
: **준비 완료** : 이제 진짜 당신의 이야기가 시작됩니다.

게임 오버 선언을 하고 6개월이 지났을 무렵, 저는 다시 하늘 씨를 만났습니다. 그녀는 분명히 달라져 있었습니다. 표정에는 이전보다 여유가 있었고 어깨에 힘이 조금 빠져 있었습니다.

"여전히 완벽하지 않아요. 물론 아직도 바쁘고, 스트레스를 받을 때도 많아요. 짜증도 내죠. 지난주에는 중요한 발표 준비 때문에 아이들 아침을 제대로 챙기지 못해서 하루 종일 마음이 편치 않았어요. 하지만 예전과 다른 건, 이제는 그런 제 모습을 받아들일 수 있게 됐다는 거예요. 완벽하지 않아도 괜찮다는 걸 조금씩 알아가고 있어요."

그녀는 자신의 한계를 인정하고 받아들이는 법을 천천히 배우고 있었습니다. 예전처럼 모든 일에 최선을 다하려고 애쓰기보다는, 어떤 일은 그저 적당히만 노력하기로 마음먹었죠. 주말이면 꼭 아이들과 특별한 체험 활동을 가야 한다는 부담을 내려놓고, 가끔은 아무 계획 없이 집에서 편안하게 쉬는 날도 만들기 시작했습니다. 그리고 무엇보다도 그녀 자신이 원하는 것, 자신이 필요로 하는 것에 귀를 기울이는 시간이 늘어나고 있었습니다.

"솔직히 아직 제가 진짜 원하는 게 뭔지 잘 모르겠어요. 그동안 그런 질문을 스스로에게 던져 본 적이 없었으니까요. 하지만 조금씩 알아가고 있는 중이에요. 작은 취미도 갖기 시작했고, 무엇보다 제 감정에 솔직해지려고 노력하고 있어요. 매번 성공하는 건 아니지만 그래도 계속 노력하는 제 자신이 기특하게 느껴질 때가 있어요."

진정한 자존감이란 무엇일까요? 그것은 결코 완벽한 자신을 만드는 게 아닙니다. 진정성에서 시작되는 자존감이란, 내 안의 부족한 모습과 한계를 있는 그대로 받아들이고 날마다 조금씩 성장하는 과정을 기꺼이 소중히 여기는 태도입니다. 외부의 평가나 타인과의 비교가 아니라 오로지 내면의 목소리, 나의 속도대로 걸어가는 길 위에서 천천히, 그러나 단단하게 자라나는 것이 바로 진정한 자존감입니다.

게임 오버 선언은 끝이 아니라 새로운 시작입니다. 지금까지의 삶이 실패라는 뜻이 아닙니다. 실패란 단지 아직 성공에 이르지 않은 상태일 뿐이고, 그 순간은 또 다른 배움과 성장을 위한 중요한 기회가 됩니다. 이제 당신은 스스로의 힘으로 새로운 규칙을 만들어가며, 진정한 나를 찾는 게임을 시작할 수 있습니다. 새로운 게임은 생존이 아니라 성장을, 외부의 인정이 아니라 내면의 가치를 찾아가는 멋진 여정이 될 것입니다.

: **새 여정 시작** : 선택의 순간이 만드는 자유로 이동합니다.

: **다음 단계** : 이제부터 당신의 진짜 삶이 펼쳐집니다.

: **메시지** : "당신은 이제 준비되었습니다."

엄마의 자존감을 되찾는 연습 2

'완벽함'이라는
생존 전략 버리기

이번 연습은 엄마들이 흔히 빠지게 되는 '완벽함'이라는 생존 전략을 인식하고, 이로부터 자유로워지는 과정을 돕기 위해 설계되었습니다. 완벽주의가 당신의 삶과 자존감에 어떤 영향을 미치고 있는지 살펴보고, 충분히 좋은 엄마로 나아가는 여정을 시작해 보세요. 각 질문에 솔직하게 답하며, 자신의 패턴을 발견하고 변화의 씨앗을 심는 시간이 되길 바랍니다.

● **완벽주의 체크리스트**

최근 한 달 동안 경험한 것을 체크해 보세요.

- ☐ 실수할까 봐 극도로 두렵다.
- ☐ 아이의 작은 실수도 견디기 힘들다.
- ☐ 다른 사람의 기준에 맞추려 노력한다.
- ☐ 항상 최고여야 한다는 압박감을 느낀다.

체크한 항목이 많을수록 완벽주의가 당신의 삶과 자존감에 큰 영향을 미치고 있을 수 있습니다. 이는 당신이 나쁘거나 부족해서가 아니라 많은 엄마들이 경험하는 자연스러운 반응입니다.

● 완벽주의로 잃은 것들 기록하기

완벽을 추구하면서 잃은 것들을 적어 보세요.

영역	완벽하려고 노력한 것	그로 인해 잃은 것
육아	건강한 유기농 음식만 제공하기	식사 시간의 즐거움 아이와의 편안한 관계
관계	남편에게 부족함 안 보이기	솔직한 대화 진짜 내 모습을 보여 줄 용기
나	SNS에 완벽한 모습만 공유하기	진정한 소통 있는 그대로의 나를 인정받는 기쁨

● 나의 완벽주의 분석하기

1. 나의 완벽주의는 어디서 왔나요? 부모님의 기대인가요, 사회적 압박인가요, 아니면 나의 불안인가요?

> **예시** 어릴 때부터 모든 일에 100점을 기대받았어요. 실수하면 부모님이 실망하셨고, 그것이 내면화된 것 같아요. 또한 엄마들의 SNS를 보면서 '모두 다 잘하고 있는데 나만 못하면 안 될 것 같다'라는 압박감도 큽니다.

2. 완벽함이 주는 착각된 안전감은 무엇인가요?

> **예시** 완벽하게 해내면 비난받지 않을 것 같고, 내 가치를 증명할 수 있을 것 같아요. 무언가 잘못되면 그건 내가 충분히 노력하지 않아서라고 여겨져 더 완벽해지려고 노력하게 됩니다.

3. 실패나 실수가 주는 실제 결과는 무엇인가요?

> **예시** 사실 작은 실수를 했을 때 세상이 무너지진 않았어요. 오히려 내가 스스로 과하게 자책하는 것이 더 큰 문제였던 것 같아요. 실수를 통해 아이에게 '실패해도 괜찮다'라는 것을 보여 줄 기회도 있었고요.

● **건강한 완벽주의로 전환하기**

상황	완벽주의적 반응	건강한 대안
아이가 음식을 흘렸을 때	짜증 내고 완벽한 식사 매너를 요구함	실수할 수 있어. 함께 닦아 보자"라고 말하기
집 안 정리가 안 되었을 때	스스로 비난하고 모든 걸 한 번에 정리하려 함	오늘은 한 공간만 정리하고 나머지는 내일로 미루기

● 이번 주 실천하기

1. 하루에 한 번 "이 정도면 충분해"라고 말하기

   예시 아이 도시락을 준비한 후, "도시락은 이 정도면 충분해. 완벽하지 않아도 정성과 사랑이 담겨 있어"라고 말하기

   _____
   _____
   _____
   _____

2. 의도적으로 작은 실수 허용하기

   예시 아이와 함께 그림 그릴 때 완벽한 선이나 색칠이 아니어도 즐기기, 요리할 때 레시피를 정확히 따르지 않고 실험해 보기

   _____
   _____
   _____
   _____

3. 완벽하지 않아도 괜찮은 순간 만들기

　　예시　계획 없이 즉흥적으로 아이와 30분 놀기. SNS 없이 가족 외식 즐기기

_____
_____
_____
_____
_____

● 일주일간의 해방 일지

날짜	완벽하지 않았던 순간	그때의 느낌	배운 점
8/4	아이 과제를 도와주다가 실수함.	처음엔 당황했지만 곧 웃음이 났다.	실수가 재미있는 순간이 될 수도 있다.
8/5	아침에 김밥 대신 시리얼로 때움.	죄책감이 들었지만 아이가 "시리얼 맛있어!" 하며 잘 먹음.	간단한 아침도 충분할 수 있다.

● 일주일 후 돌아보기

1. 가장 큰 깨달음은 무엇이었나요?

> 예시 완벽하지 않아도 세상은 무너지지 않는다는 것. 오히려 실수를 통해 아이와 더 가까워질 수 있었다.

_____

_____

_____

_____

2. 나와 가족이 얻은 것은 무엇이었나요?

> **예시** 더 많은 웃음, 더 적은 긴장감. 아이가 실수를 두려워하지 않고 더 자유롭게 시도하게 되었다.

_____
_____
_____
_____
_____

3. 앞으로 지켜 나가고 싶은 것은 무엇인가요?

> **예시** 하루에 한 번은 "이 정도면 충분해"라고 말하기, 주 1회는 계획 없이 즉흥적으로 놀기.

_____
_____
_____
_____
_____

이번 연습은 완벽주의에서 벗어나 건강한 자존감을 회복하는 단계입니다. 변화는 하루아침에 일어나지 않으며, 때로는 예전의 패턴으로 돌아갈 수도 있습니다. 그럴 때마다 자신을 다시 한번 따뜻하게 안아 주세요. 필요하다면 전문가의 도움을 구하거나, 비슷한 고민이 있는 엄마들과의 모임을 통해 지지를 받는 것도 좋은 방법입니다. 매일 작은 변화를 통해 자신과의 관계, 그리고 가족과의 관계가 더 풍요로워질 수 있습니다. 세상에 완벽한 엄마는 없습니다. 하지만 매일 조금씩 성장하는 엄마는 있습니다. 당신은 지금도 충분히 좋은 엄마라는 사실을 기억하길 바랍니다.

3장

진짜 자존감을 찾는 시간

다른 사람이 아닌
나의 가치관을 찾아라

"아이에게 정말 영어를 이렇게 빨리 가르쳐야 할까요?"

진료실에서 만난 36세 이윤주 씨는 조용히 물었습니다. 대학에서 미술을 전공하고 작은 갤러리에서 일하던 그녀는 결혼과 출산 뒤로 모든 예술 활동을 접었습니다. 아이가 만 세 살이 되자 주변에서는 영어 유치원, 놀이 체육 교실 등을 권유했고, 윤주 씨는 불안한 마음에 거의 모든 조언을 따랐습니다.

"다들 영어는 일찍 시작해야 한대요. 그런데 아이가 너무 힘들어하는 것 같아요. 사실 저도… 이게 제가 원하는 방향인지 모르겠어요."

윤주 씨의 이야기를 들으며, 저는 프랑스 시인이자 철학자 폴 발레리Paul Valéry의 한마디가 떠올랐습니다.

"생각하는 대로 살지 않으면, 결국 사는 대로 생각하게 된다Si nous ne vivons pas comme nous pensons, nous finirons par penser comme nous vivons"

타인의 가치관을 빌려 살다 보면, 어느 순간 그것이 내 생각인 양 착각하게 됩니다. 그렇게 되면 결국 '나'를 잃어버리고 맙니다.

삶의 지표가 되어 주는 나의 나침반은 무엇인가

미국의 임상심리학자 스티븐 헤이스Steven C. Hayes는 수용전념치료Acceptance and Commitment Therapy, ACT에서 '가치Values'를 핵심 개념으로 삼습니다. 그에 따르면 가치는 우리가 삶에서 진정으로 중요하게 여기는 방향성으로, 외부가 아닌 스스로 선택해야 하는 것입니다. 사회적 기준이나 타인의 평가가 아니라 내가 소중히 여기는 가치에 따라 살아갈 때 비로소 삶에 의미와 활력이 생긴다는 의미입니다. 헤이스는 가치를 나침반에 비유합니다. 나침반이 늘 북쪽을 가리키듯, 가치는 혼란스러운 상황에서도 우리가 어디로 가야 할지 알려 주는 지표가 된다는 설명입니다.

그러나 많은 엄마들이 자신의 가치관보다 주변의 기준에 맞춰 살아가곤 합니다. "다른 아이들은 다 한다는데.", "요즘 트렌드는 이거라네요.", "이 정도는 해 줘야 한다고 들었어요." 같은 말들이 우리의 선택을 좌우하는 모습을 자주 봅니다. 이렇게 타인의 가치관으로 살아갈 때 가장 큰 문제는 우리의 삶이 원래 지니고 있던 진정한 콘텐츠와 경험의 다양성을 잃어버린다는 점입니다.

"제가 뭘 해야 할지 모르겠어요."

진료실에서 자주 듣는 이 말은 결코 단순한 우유부단함이 아닙니다. 자신만의 가치관 없이 살아온 결과, 삶의 레퍼토리가 빈약해진 것이지요. 이는 마치 음악가가 한 곡만 줄곧 연습하다가 새로운 곡을 마주했을 때 곡 해석과 연주 방향을 잡지 못해 막막해하는 모습과 비슷합니다. 진정한 나의 모습으로 살아 본 경험이 적다면, 결정적 순간에 내면의 목소리를 제대로 듣기 어려워집니다. 마치 나침반 없이 광활한 바다를 항해해야 하는 혼란스러운 상태에 놓이게 되는 것입니다.

윤주 씨의 경우, 본래 그녀의 정체성은 '창의적이고 예술을 사랑하는 사람'이었습니다. 대학 시절에는 자신만의 독특한 시선으로 세상을 바라보았고, 그것을 캔버스 위에 표현해 내는 일을 즐거워했습니다. 하지만 좋은 엄마라는 사회적 기대에 맞추려 애쓰면서 그녀의 예술적 정체성은 서서히 희미해졌습니다. 남편과 시부모가 기대하는 교육열 높은 가정의 모습, 육아 커뮤니티에서 인정받는 발달 중심적 양육 같은 외부의 기준들이 자연스러운 예술적 감각과 창의적 접근을 대신해 버린 것입니다.

우리는 내가 어떤 사람인지 인식함에 따라 행동과 선택을 결정합니다. "나는 창의적인 엄마야.", "나는 아이의 성장을 존중하는 엄마야.", "나는 성취 지향적인 엄마야"와 같은 이런 정체성은 우리의 일상적 선택에 커다란 영향을 미칩니다. 윤주 씨는 자신이 지닌 예술적 정체성을 잃어버린 순간부터 더는 마음속에서 우러나오는 선택을 하기 어려워졌습니다. 매일 아이에게 영어 단어를 강제로 외우게 하며, 힘들어하는 아이를 볼 때에도 "어차피 이건 다 아이의 미래를 위한 거야"라는 외부 논리로 스스로를 설득해야만 했습니다.

교육학자 시드니 사이먼Sidney Simon은 가치 명료화Values Clarification 이론에서, 진정한 가치는 스스로 '선택choosing'하고, '소중히 여기며prizing', '행동acting'으로 옮기는 과정을 통해 형성된다고 말합니다. 이 세 요소는 서로 얽혀 작동하며, 각자 자기의 가치관을 확립하는 데 기여합니다. 즉, 자신이 무엇을 중요시하는지 깨닫고(선택), 그것을 진심으로 귀하게 여기며(소중히 여김), 실제 삶에서 실천할 때(행동) 비로소 그 가치는 우리의 일부가 됩니다. 사이먼은 또 이 세 단계가 서로 분리되지 않고 유기적으로 맞물려 있으며, 때로는 행동을 먼저 해 보는 과정에서 자신이 진정 소중히 여기는 가치를 발견하기도 한다고 설명합니다.

33세 최미나 씨의 사례도 흥미롭습니다. 그녀는 육아 인스타그램 계정을 운영하며 완벽한 엄마 이미지를 보여 주는 데 몰두했습니다. 아이와 함께하는 모든 순간을 인증하느라 사진을 찍었고, 좋아요 수에 민감하게 반응했습니다.

"모든 게 보여 주기였어요. 사실 육아가 너무 벅찼는데, SNS에는 항상 행복한 모습만 보여 줘야 했어요. 그러다 어느 날 문득 '내가 정말 중요하게 생각하는 건 뭘까?'라는 의문이 들었어요."

이 질문은 가치 명료화에서 말하는 '선택'의 시작이었습니다. 그녀는 자신에게 진정 중요한 가치가 외부의 인정이 아니라 진정성임을 깨달았고, 그 가치를 '소중히 여기며', 실제로 SNS 사용을 줄이고 아이와 온전히 함께하는 시간을 늘리는 '행동'으로 옮겼습니다. 처음에는 쉽지 않았지만, 시간이 흐르며 미나 씨는 타인의 좋아요보다 자신과 아이의 행복이 훨씬 더 중요하다는 확신을 얻게 되었습니다.

"이제 좋아요 수보다는 아이와 정말로 즐거운 시간을 보내는 게 우선이에요. SNS 활동도 줄이고, 사진 찍느라 시간을 보내기보다는 아이와 눈 맞추는 시간이 많아졌어요. 놀라운 건 제 자존감이 서서히 올라가는 게 느껴진다는 거예요."

미나 씨의 변화는 자신의 가치관이 자존감과 얼마나 깊이 연결되어 있는지 보여 줍니다. 타인의 인정과 외부 기준에 의존하는 자존감은 언제든 흔들리기 쉽습니다. 인스타그램의 좋아요가 줄어들거나, 주변 엄마들이 부정적 시선을 보내면 쉽게 무너지고 말지요. 하지만 내면의 가치에 뿌리를 둔 자존감은 한결 단단하고 오래갑니다. 미나 씨는 진정성이라는 가치를 통해 스스로에 대한 확신을 키웠고, 그것이 곧 자존감 회복으로 이어졌습니다.

내가 정말 가치 있다고 믿는 삶을 살고 있는가

우리는 각자의 삶을 하나의 이야기로 엮으며 살아갑니다. 그 이야기의 주인공이 나인지, 아니면 타인이나 사회적 규범인지는 우리의 정체성과 자존감을 결정짓는 큰 요인입니다. 많은 엄마들이 '좋은 엄마', '성공한 아이 엄마', '희생하는 엄마' 같은 사회적 각본을 그대로 받아들입니다. 그러나 이런 획일화된 서사는 대부분 똑같은 장면, 비슷한 갈등, 유사한 대사로 채워집니다. 그러나 우리 각자는 고유한 배경, 특성, 재능을 가진 독특한 개인입니다. 타인의 이야기를 살아가면 진정한 자아와 점점 멀어질 수밖에 없습니다. 인생의 중요한 갈림길에서 우리를 인도해 줄 내면의 나침반을 잃어버리는 것이지요.

여기서 더 중요한 지점은, 타인의 가치관에 맞춰 살면 단지 심리적 혼란만 일어나는 게 아니라는 사실입니다. 자신만의 삶의 콘텐츠가 점차 줄어들고, 중요한 결정 앞에서 자기 자신을 믿고 의지할 힘도 약해집니다. 이는 마치 운동으로 근육을 단련하지 않으면 몸이 서서히 위축되는 것과 같습니다. 선택과 판단을 남이 정한 방향에 맡기기만 하면 스스로 결정하고 책임지는 경험이 쌓이지 않으니 새롭고 낯선 상황에서 내면의 지혜를 발휘하기가 어렵습니다. 아이 교육, 가족의 갈등, 자신의 커리어 등 중요한 선택의 순간에서 일관된 방향을 유지하기 어려워지는 것입니다.

자신만의 가치관 없이 살아갈 때 도덕적 판단에서도 흔들림이 발생합니다. 무엇을 소중히 여기는지 정립되어 있지 않으면, 그때그때 상황이나 타인의 요구에 따라 윤리적 기준이 쉽게 바뀔 수 있습니다. 예컨대 아이의 성공에만 집착하다가, 정직함이나 타인에 대한 존중 같은 더 근본적인 가치를 저버릴 수도 있습니다. 그렇지만 확고한 자기 가치가 있다면 이런 혼란을 줄이고 더 일관성 있는 결정을 내릴 수 있습니다.

결국 윤주 씨는 영어 유치원 보내기를 그만두고, 아이와 함께 그림 그리는 시간을 늘리기로 했습니다. 처음에는 "아이 교육에 소홀한 거 아니냐" 하는 주변의 시선이 부담스러웠지만, 아이와 함께 예술 활동을 하며 서로 웃음을 나누는 시간이 쌓이자 그런 불안함은 서서히 누그러졌습니다.

그녀는 점차 예술적 감각을 육아에 자연스럽게 녹여 냈습니다. 아이와 함께할 놀이방 한쪽을 작은 미술 공간으로 꾸미고, 주말에는 가족이 함께 미술관을 찾았습니다. 놀랍게도 아이는 엄마가 진심으로 즐기는 활동에 스르르 빠져들면서 창의성과 표현력도 함께 발달했습니다. 억지로 외워야 했던 영어 단어보다 오히려 그림책을 보며 자연스럽게 언어를 익히는 모습이 윤주 씨에게도 큰 기쁨이 되었습니다.

"이제야 내가 진짜 원하는 육아를 하는 것 같아요. 아이도 더 행복해하고, 저도 엄마로서 조금씩 자신감이 생기는 걸 느껴요. 무엇보다 내가 어떤 엄마가 되고 싶은지 이제 확실히 알겠거든요. 전 아이의 창의성이나 자유로운 표현을 존중하는 엄마가 되고 싶어요."

윤주 씨는 예술적 정체성을 다시 찾음으로써, 자신과 아이 모두가 더 나은 방향으로 가는 삶의 이야기를 새로 써 내려가기 시작했습니다. 더 이상 남들이 말하는 기준에 이끌리지 않고, 자신이 소중히 여기는 가치에 기반한 선택을 할 수 있게 되었습니다. 그리고 그 과정에서 자존감은 더욱 단단해졌습니다. 외부의 비난이나 평가에도 흔들리지 않고, 자신이 내린 결정에 확신을 가질 수 있게 되었습니다.

자존감과 가치관은 그만큼 깊이 연결되어 있습니다. 많은 이들이 자존감을 '자신을 어떻게 평가하느냐' 정도로만 이해하지만, 사실은 '내가 정말 가치 있다고 믿는 삶을 살고 있느냐'가 훨씬 중요합니다. 타인의 반응과 칭찬으로 얻는 자존감은 그 순간은 달콤할지 몰라도 불안정하고 언제든 흔들릴 수 있습니다. 반면에 스스로 귀중히 여기는 가치에 따라 살아갈 때 얻는 만족감과 자기 확신은 훨씬 더 지속적이고 단단합니다.

자신만의 가치관을 찾아가는 과정은 결국 나 자신에게 정직하게 묻고 답하는 과정입니다. "무엇이 내가 진정으로 원하는 방향일까?", "내 삶에 의미와 활력을 주는 것은 무엇일까?"라는 물음에 귀 기울이며 한 걸음씩 전진해 나아가는 것입니다. 밖에서 주어지는 기준에 의존하던 자존감은 내면의 진정한 가치를 발견할 때 비로소 단단해지고, 남의 시선에도 쉽게 흔들리지 않는 안정감을 제공합니다.

지금 당신은 어떤 이야기를 써 내려가고 있나요? 그 이야기의 작가는 당신인가요, 아니면 다른 누군가인가요? 우리는 모두 자신만의 유일무이한 삶의 서사를 지니고 있습니다. 그 이야기의 주인공으로 살아갈 때 자존감은 흔들리지 않습니다. 타인의 가치관 대신 나의 가치관을 따르는 삶의 여정은 결국 진정한 나를 만나는 길입니다. 그리고 그 길을 걸으며 우리는 우리가 미처 몰랐던 가능성과 기쁨, 더 나은 내일을 발견하게 될 것입니다.

지금 삶이 공허한
엄마들에게

아이가 잠든 밤, 문득 창밖을 바라보면 알 수 없는 공허함이 밀려옵니다. 하루 내내 쉴 새 없이 아이를 돌보고 집안일을 하고 잠시도 가만히 있지 않았는데 왜 마음은 이렇게 텅 빈 것 같을까요? 아이라는 새로운 생명을 맞이하고 엄마라는 특별한 정체성까지 생겼는데도 어째서 내 마음속 공간은 채워지지 않는 걸까요?

주변 사람들은 흔히 말합니다. "아이가 생기면 삶이 행복해질 거야. 기쁨과 충만함으로 가득 찬 인생일 거야." 하지만 막상 엄마가 된 이들은 예상하지 못한 공허함에 당황하곤 합니다. 혹시 나만 이런 걸까, 불안해하는 엄마들이 많습니다. 하지만 이는 결코 당신만의 문제가 아닙니다. 오히려 수많은 엄마들이 겪는, 우리가 생각했던 것보다 훨씬 더 흔한 감정입니다.

저는 정신과 의사로서 수많은 엄마들을 만나 왔고, 그들과의 만남

속에서 엄마가 되어도 공허함을 느끼는 두 가지 근본적인 이유를 발견했습니다. 이 글에서 그 이유를 함께 천천히 들여다보고자 합니다.

나에게 '의미 있는 타인'은 누구인가

의미 있는 타인이란 나의 존재 자체를 온전히 바라봐 주고, 있는 그대로 기뻐해 주는 사람들입니다. 친정 부모님처럼 조건 없는 애정을 주거나, 배우자처럼 신뢰와 애정을 주고받는 깊은 관계를 의미하지요. 심리학에서는 이를 '의미 있는 타인Significant Other'이라고 합니다.

물론 아이와의 관계는 매우 소중하고 의미 있습니다. 하지만 이 관계의 본질은 대부분 '주는 관계'에 가깝습니다. 엄마는 끊임없이 사랑과 돌봄, 에너지를 아이에게 쏟아부어야 하지만, 아이에게서 동등한 정서적 교류를 기대하기는 어렵습니다. 아이가 맑은 눈으로 "엄마가 좋아요!"라고 말해 줄 때의 기쁨과 행복을 부정할 수는 없지만, 그것이 성인 간의 깊고 풍성한 정서적 교류를 완전히 대신할 수는 없습니다.

진료실에서 만난 38세 김수정 씨의 이야기를 해 보겠습니다. 그녀는 친정 부모님과 먼 거리에 살고 있고, 남편은 바쁜 업무로 늘 지쳐 있어 함께 나누는 대화가 거의 없습니다.

"집안에는 사람들이 있는데, 정작 저를 있는 그대로 바라봐 주는 사람은 없는 느낌이에요. 시댁 식구들은 늘 아이 엄마로만 부르고,

남편은 늘 피곤해하며 짧은 대화조차 꺼려해요. 하루 종일 아이들을 먹이고 숙제를 봐주고 재우고 나서 거실 소파에 혼자 앉아 숨을 돌릴 때면, 가슴 한가운데가 텅 빈 것처럼 허전해요. 아이들은 너무나 사랑스럽지만, 내가 지치고 힘들 때 편히 기대고 위로받을 사람이 없다는 게 너무 외롭고 힘들어요. 때로는 숨이 막힐 듯한 외로움이 밀려오는데, 누구에게도 말하지 못할 그런 외로움이죠."

의미 있는 타인이 없다는 건 마치 거울 없이 화장을 하는 것과 같습니다. 내 존재를 제대로 비춰 줄 누군가가 없다면 내가 어떤 사람인지, 내 감정과 생각에 어떤 가치가 있는지 확신하기 어렵습니다. 우리 모두에겐 자신을 비춰 줄 거울 같은 존재가 꼭 필요합니다. 그 거울이 되어 줄 의미 있는 타인이 없을 때 엄마들은 자신의 존재감이 희미해지고 점점 더 깊은 공허함을 느끼게 됩니다.

특히 친정 부모님과 물리적, 정서적으로 거리가 멀어지고 배우자와의 관계마저 소원해지면 이런 공허함은 더욱 커질 수밖에 없습니다. 아이가 태어나 가족 구성원이 늘었는데도 오히려 더 외롭고 공허하게 느껴지는 아이러니한 상황이 발생하는 것입니다.

인간은 단지 먹고 자고 편히 지내기 위해서만 살아가지 않습니다. 때로는 조용히 자신에게 질문을 던지곤 하죠. '나는 무엇을 위해 살고 있는 걸까?' 이 질문에 선뜻 답을 내릴 수 없을 때 우리는 깊은 공허함에 빠지게 됩니다. 빅터 프랭클은 자신의 저서 《죽음의 수용소에서》에서, 인간에게 가장 중요한 것은 지그문트 프로이트의 '쾌락 원칙 Pleasure Principle'이나 알프레드 아들러의 '권력 의지 Will to

Power'가 아니라 '의미에 대한 의지Will to Meaning'라고 말합니다.

엄마라는 역할을 맡았다고 해서 삶의 의미가 저절로 생기지는 않습니다. 역할은 내가 무엇을 '해야 하는지'를 가르쳐 주지만, 진정한 의미는 내가 무엇을 '위해' 살아가는지를 보여 줍니다. 만약 역할에만 몰두한다면 언젠가 그 역할이 약해질 때, 예를 들어 아이가 성장하여 점점 독립할 때와 같은 순간, 자신의 존재 의미마저도 함께 흔들릴 수 있습니다.

진료실에서 만났던 42세 강민영 씨는 15년 동안 전업주부로 두 아이를 키우다 막내가 초등학교에 입학한 후 갑작스럽게 깊은 공허함을 느끼게 되었습니다.

"아이들이 학교에 가고 집에 홀로 남겨지면 바닥이 푹 꺼지는 것 같은 느낌이 들어요. 문득 '이제 나는 뭐지? 난 그동안 뭘 위해 살아온 걸까?' 하는 생각이 머릿속을 떠나지 않아요. 남편의 아내로서, 아이들의 엄마로서는 확실히 제 역할을 알고 있었지만, 정작 그 역할들 뒤에 숨겨진 진짜 나에 대해서는 아무것도 몰랐던 거예요. 그동안 너무 바빠서 제대로 생각해 볼 겨를도 없었고, 막상 지금 돌아보니 저 자신을 잘 모르겠더라고요. 오직 아이들 케어에만 집중하다 보니 제 자신의 가치나 삶의 목적을 생각할 시간은 없었어요. 가끔 거울을 보면서 '이 사람이 정말 나인가?' 하는 생각이 들어요."

우리는 때로 남들처럼 살아가느라 진짜 나다운 삶의 방향을 놓치곤 합니다. 좋은 대학, 안정된 직장, 결혼과 출산 등 사회가 정해 놓은 기준은 충실히 따랐지만, 막상 내가 진정으로 원하는 삶의 가치는 무엇인지 한 번도 진지하게 생각해 보지 않았을 수 있습니다. 나만의 정신적 가치와 신념 체계가 확립되지 않은 상태라면, 엄마라는 역할만으로는 내면의 공허함을 채우기 어렵습니다.

프랭클이 언급한 '실존적 공허Existential Vacuum'란 바로 이런 상태를 가리키는 말입니다. 삶에서 진정한 의미를 찾지 못하면, 마음 깊은 곳에 공허가 자리 잡게 됩니다. 삶의 깊은 의미나 목적 없이 그저 주어진 역할만을 수행하며 살아가는 일은 결코 채워질 수 없는 공간을 남겨 둡니다.

저는 이런 공허함이 특히 엄마들의 삶에 깊고 강력한 영향을 미치는 것을 보았습니다. 물론 아이를 키우는 일은 매우 중요하고 의미 있는 일입니다. 하지만 그것만으로 자신의 내면 깊숙한 실존적 물음에 대한 완전한 답을 얻기는 어렵습니다. 엄마라는 역할은 분명 삶의 중요한 부분이지만, 그것만으로는 한 인간으로서 나의 존재가 갖는 총체적 의미를 충분히 채울 수 없습니다.

더 깊고 충만한 삶을 위한 빈자리

우리는 종종 공허함이라는 감정을 견디기 힘든 무엇으로 느끼고, 서둘러 그 빈자리를 채우려 애씁니다. 많은 사람들이 의미 없는 인간관계에 매달리거나 끊임없이 새로운 사랑을 찾아 헤매기도 합니다. 끝없이 스마트폰을 들여다보고, 술을 마시고, 필요 이상으로 쇼

핑하거나 때로는 위험한 방식의 쾌락 추구까지, 이 모든 것들이 내면에 비어 있는 공간을 참지 못해 벌이는 필사적인 노력일 수 있습니다.

임상에서 제가 만나는 엄마들 중에서도 이런 공허함을 일과 바쁜 일상으로 덮으려는 경우가 많습니다. 아이를 수많은 학원에 보내고 아이의 미래를 촘촘하게 계획하느라 바쁘게 움직이면서 자신의 내면을 돌아볼 여유를 주지 않는 것이지요. 가끔은 이런 공허감이 술이나 폭식 같은 과도한 행동으로 이어지기도 합니다. 타인과 끊임없이 비교하고, SNS에서 완벽한 엄마 이미지를 유지하려는 강박적인 노력 또한 결국은 자신의 공허함을 직면하지 않기 위한 회피의 전략일 수 있습니다.

하지만 안타깝게도 이런 시도들은 결코 근본적인 해결책이 되지 못합니다. 잠시 주의를 분산시키는 데는 효과가 있을지 모르지만, 결국 그 빈자리는 다시 돌아와 우리를 괴롭히곤 합니다. 역설적이게도, 외면하려고 할수록 공허함은 오히려 더 깊어질 수밖에 없습니다.

사실 공허함은 부끄러워하거나 숨겨야 하는 감정이 아닙니다. 어쩌면 그것은 우리의 삶에 정말 중요한 무언가가 빠져 있다고 알려 주는 내면의 지혜로운 신호일지 모릅니다. 때로는 빈 공간이야말로 새로운 의미와 가능성이 피어날 수 있는 소중한 여백이 되기도 합니다.

당신이 느끼는 공허함은 무엇에 대해 말하고 있나요? 그것은 어떤 목소리로, 어떤 질문을 당신에게 던지고 있나요? 이 질문에 가만히 귀를 기울이는 것만으로도 당신은 이미 더 깊고 충만한 삶을 향한 발걸음을 내딛고 있는지도 모릅니다. 공허함은 단지 채워지지 않은 감정이 아니라, 무언가 더 의미 있는 것으로 채워질 준비가 되어 있는 소중한 가능성의 공간일 수 있습니다.

공허함이 찾아왔을 때, 급하게 그 공간을 메우려 하지 마세요. 그 빈자리에 천천히 귀를 기울여 보세요. 그 고요 속에서 당신의 영혼이 오랫동안 속삭이고 싶었던 진실한 이야기를 들을 수도 있습니다. 당신이 엄마가 되기 이전에도, 엄마가 된 이후에도 변함없이 존재하는 '나'라는 사람에 대한 깊고 따뜻한 이야기 말입니다. 공허함은 때때로 우리가 스스로에게 던져야 하는 가장 중요한 질문을 품고 있습니다. 그 질문에 진실한 답을 찾아가는 순간, 당신은 엄마로서뿐 아니라 한 인간으로서 더욱 풍성하고 의미 있는 여정을 시작하게 될 것입니다.

"NO"라고 말하기 시작할 때
자존감은 회복된다

"오는 토요일에 학부모 바자회 준비 좀 도와주실 수 있으세요?"

일상에서 우리가 종종 듣는 이런 요청에 당신은 어떤 대답을 건네시나요? 대부분의 엄마들은 사실 시간이 없거나 이미 약속이 있어도, 별다른 망설임 없이 "네, 물론입니다"라고 답합니다. 특히 그 부탁이 아이의 학교나 학원, 친정이나 시댁 식구로부터 온 것이라면 더욱 그렇지요. 그리고 집에 돌아와 달력을 들여다보면서 한숨을 쉽니다. 이미 빼곡한 일정 위에 또 하나의 일이 추가되었으니까요.

왜 우리는 이렇게 '아니요'라는 말 한마디를 어렵게 느낄까요? 이 작은 단어가 사실 우리의 자존감과 기대 이상으로 깊게 연결되어 있기 때문입니다.

38세의 주예진 씨는 이렇게 털어놓았습니다.

"일주일에 두세 번은 '그때 왜 거절하지 못했을까?' 후회해요. 시댁 일정이든, 지역 맘카페 모임이든 혹은 다른 친목 모임이든… 매번 부담스러운 부탁을 뿌리치지 못하고 들어주다 보니, 정작 제 시간은 부족해지고 살림할 시간마저 줄어들거든요. 그러다 결국 기진맥진한 상태가 돼 버려 아이에게 화를 내고, 그러면 또 스스로를 탓하고… 끝도 없는 악순환 같아요."

이야기가 낯설지 않다면 당신만 그런 게 아닙니다. 꽤 많은 엄마들이 거절을 못 하는 상황 때문에 일상이 고단해지고, 결국 소중한 시간과 에너지가 바닥나 버리는 문제를 호소합니다. 타인에게 늘 착한 사람으로 보이고자 하거나 실망을 줄까 봐 두려워하는 마음은 특히 엄마들에게 흔히 나타나는 패턴입니다.

심리학에서는 이런 성향을 '피플 플리징 성향People-Pleasing Tendency'이라고 부릅니다. '다른 사람을 실망시키면 안 된다', '거절하면 이기적인 사람으로 보일 것이다'라는 식의 내면화된 믿음이 자리하고 있는 것이지요.

내 삶에 건강한 경계 세우기

정신과 의사로 수많은 여성 환자들을 만나면서, 저는 이러한 부탁을 잘 거절하지 못하는 성향이 결국 심각한 소진 상태나 심지어 자기 정체성의 혼란으로까지 이어지는 광경을 자주 봤습니다. 고학력 전문직 경력의 여성들조차도 가정 안에서는 자신의 욕구를 드러내지 못하는 경우가 많았습니다. 게다가 한국 사회에서 엄마라는 역할은 어느 정도의 희생을 당연하게 여깁니다. 높은 교육열과 가족 중심적 가치가 얽힌 우리 문화에서, 엄마에게는 두 배, 세 배의 부담감이 덧씌워지지요. "아이 교육을 위해서라면", "엄마라면 당연히…"라는 기대가 엄마들의 경계를 쉽게 허물어 버립니다. 그러다 보니 정작 자신의 필요와 욕구는 자연스럽게 뒤로 밀려납니다.

건강한 경계Healthy Boundaries는 나와 타인 사이에 보이지 않는 선을 두어, 어디까지 수용하고 어디서 멈출지를 정하는 심리적 울타리입니다. 이 경계가 확실한 사람은 외부 요구에 흔들리지 않고 주도적으로 살아갈 힘을 갖습니다. 그러나 많은 엄마들이 이 경계를 세우기 어려워합니다. "엄마라면 더 희생해야지", "가족을 위해서라면 뭘 못하겠어" 같은 말들이 경계를 흐릿하게 만들기 때문입니다.

앞서 나온 예진 씨는 두 아이를 키우는 전업주부입니다. 학부모 모임과 가족 행사에서 늘 먼저 나서서 돕는 사람으로 알려져 있었죠. 사실 본인이 피곤하거나 이미 다른 스케줄이 있더라도 거의 자동으로 "예, 할게요"라고 대답해 버립니다.

"예전에는 착한 사람, 예의 바른 사람이라는 이미지가 중요했어요. 누군가의 부탁을 거절하면 인간관계가 망가질까 봐 두렵더라고요. 특히 학교나 학원 선생님들의 부탁은 더 그렇잖아요. '혹시나 아이가 불이익을 받지 않을까?' 하는 걱정도 있었고요."

하지만 그렇게 모든 요청에 응하다 보니, 예진 씨는 결국 육체적, 정신적 한계에 다다랐습니다. 가족 행사, 아이로 연결되어 알게 된 엄마들 모임, 학부모 모임 할 것 없이 달려가다 보니 피로가 누적됐고 몸까지 아프게 된 것입니다. 병원을 찾았더니 스트레스와 과로 탓에 자율신경계가 많이 상했다고 들었습니다.

예진 씨는 회복 기간 동안 병원을 방문했고, 처음 '경계 설정'이라는 개념을 배웠습니다. 그리고 학부모 모임의 참석 요청이 들어왔을 때, 그녀는 용기를 내 "죄송하지만 이번에는 어렵습니다"라고 말했습니다.

"말할 때 심장이 엄청 뛰었어요. '이러다 관계가 완전히 틀어지진 않을까?' 하는 걱정이 컸죠. 그런데 예상외로 상대방은 '아, 그러세요? 알겠어요. 괜찮아요' 하고 별다른 문제 없이 넘어가더라고요. 솔직히 상대방 얼굴에 약간의 실망감이 스쳤지만, 그로 인해 엄청난 문제가 일어난 것도 아니었어요."

첫 거절 뒤, 예진 씨는 뜻밖의 해방감을 느꼈습니다.

"마치 무거운 짐을 내려놓은 것 같았어요. 약속을 억지로 잡지 않아도 되니 아이들과 집에서도 편안한 시간을 보낼 수 있었죠."

이렇게 한 번 성공을 맛본 예진 씨는 조금씩 다른 부탁들에도 똑같이 "NO"라고 말해 보기 시작했습니다. 처음에는 부담이 있었지만, 점차 '이만큼이면 충분해'라는 마음이 들었고, 주변의 반응도 예상만큼 나쁘지 않다는 것을 확인하게 되었습니다.

개인적으로 저도 비슷한 경험이 있습니다. 정신과 의사로 개원을 하면서, 각종 의사 모임이나 지역 학회, 동문 모임, 개원의 모임 등 수없이 많은 초대가 들어왔어요. 처음에는 빠지면 안 된다는 의무감에 모든 모임에 참석했지만, 시간이 지날수록 이런 공적인 자리들이 저를 소진시키고 있음을 느꼈습니다.

하루는 그런 모임 중 하나에 참석해 있을 때 아이가 남편과 함께 있다가 어깨가 빠지는 사고가 났습니다. 어깨 탈구는 팔을 고정해야 추가 손상이 없는데, 시끄러운 식사 자리에서 전화를 받지 못한 저는 한참 뒤에야 상황을 알게 되었습니다. 결국 아이는 혼자 뒷좌석에 앉아 울면서 남편과 응급실로 가야 했습니다.

그 사건 이후 저는 깊이 생각했습니다. '내가 왜 재미도 없고 의미도 없는 모임들에 귀중한 시간을 쓰고 있을까?' 그때부터 저는 거의 모든 불필요한 모임에 "NO"라고 말하기 시작했습니다. 진료와 원고 집필 작업, 그리고 가족과의 시간만으로도 충분히 바쁘고 의미 있는 삶이었으니까요.

어떻게 잘 거절할 수 있을까?

거절하는 방법은 한순간에 익히기 어렵습니다. 작은 거절부터 시작해서 점차 그 범위를 넓혀 갈 때 우리는 건강한 경계를 세워나갈 수 있습니다.

1. 우선순위를 명확히 하기

먼저, 내 시간과 에너지가 한정되어 있다는 사실을 인정해야 합니다. 모든 걸 다 할 수는 없습니다. 그렇기에 무엇이 정말 중요한지 파악하는 일이 필요합니다. 일주일 단위로 '반드시 해야 할 일'과 '할 수 있으면 좋은 일', '안 해도 큰 문제 없는 일'을 구분해 두면, 거절해야 할 상황이 왔을 때 훨씬 수월하게 결정할 수 있습니다.

2. 거절에 대한 두려움 직면하기

'거절하면 이 관계가 깨지지 않을까?', '이기적이라고 손가락질당하지 않을까?', '아이에게 불이익이 가지 않을까?' 등등 거절이 두려운 이유는 상당히 다양합니다. 그런 감정을 구체적으로 적어 보면, 대부분의 경우 우리의 두려움은 실제보다 과장되어 있습니다.

3. 거절의 언어 연습하기

거절은 기본적으로 의사소통입니다. 효과적인 거절 표현을 미리 준비해 두면 실제 상황에서 더 편안하게 사용할 수 있습니다. 몇 가지 예를 들어 볼게요.

"죄송하지만, 제 일정이 이미 꽉 차 있어서 이번에는 어려울 것 같습니다."

"제안은 감사합니다만, 지금은 다른 중요한 일이 있어서요."

"이번에는 참여하기 어렵네요. 다음 기회에 도움이 되었으면 합니다."

이런 표현들은 상대방을 존중하면서도 나만의 경계를 분명히 합니다.

4. 작은 거절부터 시도하기

거절 근육은 조금씩 단련해야 합니다. 처음부터 가장 어렵고 중요한 부탁을 거절하려 하면 쉽게 좌절하게 되지요. 별로 친하지 않은 학부모의 부탁이나 덜 중요한 모임부터 거절해 보는 식으로 스스로 작은 성공 경험을 먼저 쌓아 보세요.

5. 거절 후 자기 보상하기

거절이 무사히 끝났다면 스스로를 칭찬해 주세요. 좋아하는 차를 마신다든지, 소소한 간식을 즐긴다든지, 음악을 들으며 짧은 휴식을 취하는 것만으로도 충분합니다. 이런 자기 보상으로 "NO"라는 선택을 긍정적인 기억으로 저장하는 것이 중요합니다.

6. 거절 후의 감정 다루기

처음 거절을 실천하고 나면 죄책감이나 불안이 찾아올 수 있습니다. 이것은 자연스러운 반응입니다. 그런 감정이 들 때마다 스스로에게 몇 가지 질문을 던져 봅니다.

"내가 만약 다른 사람이었다면, 나의 이 거절을 어떻게 받아들였을까?"

"이 부탁을 들어줬다면, 내 시간과 에너지는 어떻게 희생됐을까?"

"거절을 이해해 주지 못하는 사람이라면, 정말 나에게 중요한 관계일까?"

대부분의 경우, 우리는 거절의 결과를 실제보다 훨씬 부정적으로 상상합니다. 하지만 현실에서는 많은 사람들이 우리의 거절을 이해하고 수용합니다.

건강한 경계를 세우는 것은 단지 자신만을 위한 행동이 아닙니다. 예를 들어, 항상 "예"만 하는 관계에서는 점차 진정성이 사라지고 숨겨진 원망이 쌓이게 됩니다. 반면 상대방의 요청에 진심으로 응할 수 있을 때만 "예"라고 말하는 관계는 훨씬 더 솔직하고 지속 가능합니다. 아이를 키울 때도 마찬가지입니다. 늘 아이의 모든 요구에 응하기보다, 때로는 건강한 거절을 보여 준다면 아이도 경계 설정의 중요성을 배울 수 있습니다.

예진 씨는 거절을 시작한 지 몇 달 후, 삶이 많이 달라졌다고 합니다.

"아직 '안 돼요, 싫어요'라고 딱 잘라 말하기는 어려울 때도 있어요. 그래도 '이번엔 안 되겠네요'라고 말하는 것만으로도 엄청난 해방감을 느껴요. 내 하루가 더는 남의 요구로만 채워지지 않는다는 게 기쁘고, 무엇보다 나에게 더 집중할 수 있게 된 점이 좋아요."

그리고 그녀는 뜻밖의 발견을 했습니다. 계속해서 "YES"만 했을 때는 오히려 관계가 형식적이었는데, 거절할 때는 "예진 씨도 사정이 있구나, 그건 존중해 줘야지"라며 상대방도 이해해 주더라는 것입니다. 예전에 "예, 다 괜찮습니다"를 입에 달고 살 때보다, 오히려 지금이 주변과 더 건강한 관계를 맺는 듯한 느낌이 든다고 말했습니다.

무엇보다 중요한 변화는 자존감의 회복이었습니다. 무조건 남에게 맞추던 예전의 자기 모습을 벗어나, 내 시간, 내 감정도 소중하다는 믿음이 생긴 것이지요. 그리고 이런 모습이 아이들에게도 자연스럽게 전해졌습니다.

"이제 제 딸이 친구에게 '지금은 함께 놀고 싶지 않아'라고 솔직하게 말하는 것을 보면, 한편으로는 놀랍고 한편으로는 대견해요. 아이는 제가 말로 가르치는 것보다 제가 실제로 어떻게 행동하는지를 보고 더 많이 배우는 것 같아요."

자신을 존중하는 법을 배우는 것은 타인을 존중하는 법을 배우는 것과 밀접하게 연결되어 있습니다. "우리 엄마는 스스로를 존중하고, 다른 사람과 관계에서도 당당해"라고 생각할 때, 아이들은 자연스럽게 그 모델을 따라 배우게 됩니다.

"NO"라는 대답은 단지 부탁을 거절하는 행위가 아닙니다. 그것은 내가 나 자신을 대하는 방식의 변화이자, 내가 주인이 되는 삶으로 나아가는 행위입니다. 처음엔 죄책감이 들고 망설여지더라도 용기를 내어 작은 "NO" 하나를 해 보세요. 그 작은 시도가 당신을 스스로의 욕구와 가치를 존중하는 사람으로 만들어 줄 겁니다.

긍정의 필터로 하루를 바라볼 때
생겨나는 일들

"아 진짜… 아침부터 애가 왜 이래. 우유 엎질러서 바닥 다 닦아야 되고, 애 옷도 다시 갈아입혀야 되고… 오늘 완전 꼬였네. 이러다 늦기까지 하면 진짜 미치겠다."

"다행히 바닥에 조금만 쏟아졌네. 애가 안 다쳐서 다행이다. 얼른 닦고 옷만 갈아입히면 되겠다. 좀 서두르면 시간 맞출 수 있을 거야. 애들이 다 그렇지 뭐."

똑같은 상황을 마주해도 마음속에 어떤 생각이 먼저 드느냐에 따라 하루의 분위기가 완전히 달라지곤 합니다. 부정적인 해석은 하루를 무겁고 힘겹게 만들지만, 긍정적인 해석은 같은 하루라도 훨씬 가볍고 부드럽게 흘러가게 해 줍니다. 이렇게 생각의 차이는 우리의 마음만 바꾸지 않습니다. 내가 아이를 대하는 태도와 말투에도 변화가 생기고, 그로 인해 아이가 받게 되는 감정까지 달라집니다.

더 나아가 '나는 과연 어떤 엄마인가'라는 내 안의 자기 인식에도 깊은 영향을 주게 되지요. 우리가 세상을 바라보는 마음의 필터가 달라질 때, 우리가 경험하는 감정과 자존감 또한 크게 달라질 수 있다는 이야기입니다.

나는 어떤 필터로 세상을 보고 있을까?

정신과 의사로서 진료실에서 많은 환자들을 만나며 깨달은 점이 하나 있습니다. 사람들은 저마다 무의식적으로 세상을 바라보는 자신만의 특정한 필터를 가지고 있다는 것입니다. 그중에는 긍정을 있는 그대로 받아들이고 품어 낼 수 있는 힘, 다시 말해 긍정을 품는 능력이 부족한 분들이 적지 않았습니다. 이런 사람들은 어떤 상황에서도 부정적인 요소만을 찾아내고, 심지어 아무런 걱정거리가 없는 순간에도 '뭔가 좋지 않은 일이 곧 일어날 것 같다'라고 느끼며 끊임없이 불안해합니다. 이들의 부정적인 필터는 마치 색안경처럼 모든 삶의 경험을 어둡고 탁한 빛깔로 물들입니다.

얼마 전 진료실을 방문한 한 여성 환자가 제 기억에 선명히 남아 있습니다. 그녀는 어느 날 갑자기 친정어머니가 췌장암 진단을 받게 되었다는 이야기를 들었습니다. 대부분의 사람이라면 '왜 하필 우리 가족에게 이런 일이 생기는 걸까?'라며 원망과 슬픔이 앞섰을 상황에서 그녀는 이렇게 말했습니다.

"올 것이 왔다고 생각했어요. 내 인생이 이렇게 평탄할 리가 없다고…. 저는 늘 이런 일을 겪게 되는 사람인 것 같아요."

그녀는 사실 안정적인 수입이 있는 자상한 남편과 건강하게 자라고 있는 아이들이 있었습니다. 겉으로 보면 그녀가 크게 걱정하거나 불안해할 이유는 별로 없었지만, 그녀는 늘 불안했습니다. 긍정적인 일들은 대수롭지 않게 넘기면서 부정적인 일은 사소한 것조차 크게 확대하여 바라봤지요. 더욱 놀라운 점은, 스스로에게 부정적인 일이 닥치는 것을 당연하고 필연적인 일로 여기고 있었다는 것입니다. 그녀의 삶은 언제나 부정과 불안이 기본값으로 고정되어 있었습니다.

사실 저 역시 아이를 키우면서 이런 부정적 필터가 작동하는 순간들이 있었습니다. 아이가 갑자기 떼를 쓰거나 밤중에 자꾸 깨서 울어 댈 때면, '왜 하필 나한테 이렇게 힘든 일이 생기지?'라는 생각이 불쑥 고개를 들곤 했습니다. 그리고 바로 그다음 순간, '이런 생각을 하는 나는 좋은 엄마가 아니야'라는 자책감에 마음이 더 힘들어졌던 기억이 납니다.

어느 날 친정어머니가 방문하셨을 때였습니다. 어머니는 아이가 잘 자라고 있는지 물으셨고, 저는 아무 생각 없이 "아이가 부쩍 커서 많이 무거워졌어"라고 대답했습니다. 어머니는 제 말을 듣고 잠시 미소를 지으시며 부드럽게 한마디를 건네셨습니다.

"아이는 무겁다고 하는 게 아니야."

그 순간은 그냥 흘려들었지만 시간이 지나고 어머니의 말을 되새

기다 보니, 그 말은 단순히 아이의 몸무게에 관한 지적이 아니었습니다. 어머니가 전하고 싶으셨던 건 아이의 존재를 무겁고 버거운 짐처럼 여기지 말라는, 마음 깊숙한 곳에서 우러나온 진심 어린 조언이었습니다. 제가 무심코 내뱉은 '무겁다'라는 표현 속에 담긴 부정적인 생각의 틀을 어머니는 정확히 보신 것입니다.

심리학자 제임스 그로스의 감정 조절 이론에 따르면, 우리의 감정을 결정짓는 것은 사건 자체가 아니라 그것을 바라보는 우리의 시선과 해석입니다. '왜 같은 상황인데 나만 이렇게 힘든 걸까?'라는 질문에 대한 명쾌한 답이기도 합니다.

긍정의 필터는 무조건 모든 것을 좋게 포장하는 억지스러운 낙관이 아닙니다. 오히려 상황의 여러 측면을 세심하고 균형 있게 바라보며 유연하게 이해하는 능력에 가깝습니다. 이러한 인지적 유연성은 엄마로 살아가는 우리들이 자존감을 회복하는 데 매우 중요한 역할을 합니다. 스스로에게 지나치게 가혹했던 판단과 비난이 줄어들고, 자신의 내면을 좀 더 따뜻한 시선으로 바라보는 여유와 이해를 가져다주기 때문입니다.

35세 오은희 씨의 이야기가 떠오릅니다. 워킹맘인 그녀는 첫 진료에서 아이가 떼를 쓰고 말을 듣지 않는 상황에 대해 이렇게 하소연했습니다.

"아이가 저를 무시하는 것 같아요. 제가 '안 돼'라고 하면 더 심하게 울고 떼를 써요. 제 권위를 인정하지 않는 것 같아서 자꾸 화가 나요."

그녀는 아이의 행동을 '나를 무시한다'라는 관점에서 바라보았고, 이로 인해 좌절감과 분노를 자주 느꼈습니다. 그러나 시간이 흐른 후, 그녀는 같은 상황을 조금 다르게 바라보기 시작했습니다.

"아이가 떼를 쓰는 건, 어쩌면 자기의 생각과 감정을 어떻게 표현해야 하는지 아직 배우고 있는 과정일 수 있겠네요. 아직은 말로 감정을 온전히 표현하는 법을 모르는 거니까요."

이렇게 상황을 다시 바라보게 되자, 그녀의 감정도 자연스럽게 변화했습니다. 같은 상황, 같은 아이였지만 바라보는 필터가 달라지니 그녀의 마음속에 이해와 인내가 피어나기 시작한 것입니다. 결국 우리는 같은 현실이라도 어떤 필터를 통해 바라보느냐에 따라 삶의 결이 완전히 달라질 수 있다는 진리를 깨닫게 됩니다.

우리가 부정적인 해석의 늪에 빠지게 되는 이유

긍정의 필터를 활용하면 우리의 몸과 마음에도 작은 변화들이 찾아옵니다. 부정적인 시선에서 비롯된 스트레스 호르몬이 서서히 줄어들고, 시간이 지날수록 내면의 자존감은 더 단단해지지요. 자연스럽게 아이와의 관계도 전보다 더 편안하고 가까워지는 경우가 많습니다. 하지만 이토록 좋은 긍정적 시선을 두고, 왜 우리는 자꾸 부정적인 해석의 늪에 빠지게 되는 걸까요? 특히나 많은 엄마들이 쉽게 부정적인 해석으로 기울어지는 이유는 무엇일까요?

진화심리학에서는 이런 현상을 '부정 편향Negativity Bias'이라고 부릅니다. 심리학자 로이 바우마이스터Roy Baumeister와 그의 연구진은 "나쁜 것이 좋은 것보다 더 강력하다Bad is stronger than good"라는 연구 결과를 통해, 우리의 뇌가 긍정적인 정보보다 부정적인 정보에 더 민감하고 신속하게 반응하도록 진화했음을 설명했습니다. 위협적인 상황을 한 번 놓치는 것이 여러 기회를 놓치는 것보다 훨씬 더 생존에 치명적이었기 때문이지요. 과거 인류의 생존 환경에서 생겨난 이 본능적인 반응이 오늘날에도 여전히 우리 안에서 강력히 작용하고 있는 셈입니다. 특히나 육아라는 소중하고도 민감한 과정을 거치면서 이 본능은 더 뚜렷하게 드러나곤 합니다.

저 또한 육아 초기에 이 부정 편향을 강렬하게 경험했습니다. 아이가 밤중에 자꾸만 깨어 울 때면 제 머릿속에서는 자연스레 이런 생각이 떠올랐습니다.

'왜 우리 아이는 잠을 이렇게 못 자지? 다른 아이들은 편하게 잘만 잔다는데…. 왜 하필 우리 아이는 나를 이렇게 힘들게 하는 거지?'

그러던 어느 날, 문득 같은 상황을 다른 시선으로 바라보기로 했습니다.

'아이가 밤에 나를 찾아 울고 보채는 건 나를 그만큼 절실히 필요로 한다는 거야. 지금 이 순간은 분명 힘들지만, 아이와 나 사이에 아주 특별한 연결을 만들어 가는 시간이지.'

이런 식으로 생각을 바꾸자, 같은 밤중 수유의 시간이 조금씩 다르게 느껴지기 시작했습니다. 상황은 달라진 것이 하나 없었지만 제가 그 순간을 느끼고 경험하는 감정과 마음은 완전히 달라졌던 것입니다.

다시 친정어머니께서 하셨던 "아이는 무겁다고 하는 게 아니야"라는 말씀을 떠올려 봅니다. 아이를 키우다 보면 당연히 힘들고 버거운 순간들이 많습니다. 하지만 그 순간들을 내가 어떤 필터로 바라보느냐에 따라 우리의 경험과 기억은 완전히 달라질 수 있다는 것을 어머니께서는 오래전부터 알고 계셨던 것입니다.

긍정의 필터는 어느 날 갑자기 생기지 않습니다. 그것은 작은 습관과 꾸준한 연습을 통해 천천히 자라나는 힘입니다. 우리의 목표는 모든 것을 무조건 긍정적으로만 바라보는 태도가 아니라, 있는 그대로의 세상을 따뜻하고 균형 잡힌 시선으로 마주하는 능력을 키우는 것입니다.

하루에 한 번, 혹은 몇 번이라도 의식적으로 긍정적인 관점을 선택해 보는 작은 노력이 쌓이면, 우리의 마음은 점차 변화를 경험하게 됩니다. 처음엔 '왜 늘 나에게만 이런 일이 생기지?'라고 불평했던 마음이 어느새 '이 상황에서도 배울 점이 있지 않을까?'라고 질문하게 되는 것입니다.

세상을 바라보는 렌즈를 조금만 조정해도 우리의 하루는 전혀 다른 빛깔을 띨 수 있습니다. 긍정의 필터란 현실을 무시하거나 억지로 좋은 면만 찾는 것이 아닙니다. 오히려 현실이 가지고 있는 다양한 면을 차분하고도 세심히 바라보며 그 안에서 가치와 의미를 발견해 나가는 힘입니다.

긍정의 필터로 본 하루에서는 아이의 울음이 시끄러운 소음이 아니라 나와 소통하려는 아이의 몸짓으로 느껴집니다. 지루하고 반복적인 집안일은 피곤한 노동이 아닌, 사랑하는 가족을 향한 따뜻한 돌봄이 됩니다. 그리고 무엇보다 중요한 것은 나 자신의 부족함과 불완전함이 실패가 아니라 성장의 증거로 여겨진다는 점입니다. 엄마로서, 그리고 한 사람으로서 자신을 바라보는 자비롭고 온화한 시선이 바로 자존감의 뿌리가 됩니다. 이것이야말로 '엄마의 자존감'의 진정한 본질이 아닐까요? 스스로를 향한 시선이 따뜻해질 때, 우리는 자연스럽게 아이를 향해서도 너그럽고 인내심 있는 시선을 갖게 됩니다.

이런 시선으로 바라본 하루는 비록 같은 일들이 반복되더라도 이전과 다르게 따뜻하고 풍요롭게 느껴질 것입니다. 친정어머니께서 하신 "아이는 무겁다고 하는 게 아니야"라는 말씀이 담고 있는 깊은 의미처럼, 우리의 일상도 결코 무겁고 버겁게만 느껴지지는 않을 것입니다.

선택하는 행위가 가져다주는
특별한 자유

 인간은 늘 수많은 선택과 마주하며 살아갑니다. 때로는 너무나 사소해서 눈치채지 못하는 결정일 수도 있고, 삶의 방향을 완전히 뒤바꿀 만큼 중대한 결정일 때도 있습니다. 결혼할 상대를 정하는 중차대한 순간부터 오늘 저녁 메뉴를 고르는 소소한 결정까지, 우리의 일상은 크고 작은 선택들로 가득 채워져 있습니다. 실제로 코넬대학교 연구팀의 연구에 따르면, 성인은 하루 평균 3만 5천여 개의 결정을 내린다고 합니다. 물론 대부분은 우리가 자동적으로, 무의식적으로 처리해 버리지만, 그 숫자 자체만으로도 꽤 놀랍지요.

 그 많은 결정 중에서 우리는 과연 몇 번이나 진정한 나의 의지로 무언가를 선택하고 있을까요? 특히 엄마로 살아가는 동안 우리는 얼마나 자주 '자동 모드'로 놓아 버린 채 선택하고, 얼마나 많은 결정을 나 자신이 아닌 타인의 기대나 주변의 압박에 따라 내려 버리고 있을까요?

진료실에서 만난 많은 엄마들이 습관처럼 이런 말을 합니다. "어쩔 수 없었어요.", "다들 그렇게 하니까요.", "잘 모르겠어요." 이런 말들은 자존감이 낮은 이들이 자주 쓰는 표현입니다. 스스로 삶을 이끌기보다는 상황에 이끌려 살아가는 느낌을 반복하다 보면, 어느 순간부터 우리는 자신이 정말 원하는 것이 무엇인지조차 점점 흐릿해져 버립니다.

그렇지만 저는 선택하는 순간 자체에 숨겨진 놀라운 힘을 발견했습니다. 우리가 어떤 결정을 의식적으로 내리는 바로 그 짧은 순간에, 우리는 특별한 심리적 자유를 누립니다. 그것은 선택이 가져다줄 결과에서 얻는 자유가 아니라, 선택하는 과정 자체에서 맛보는 자유입니다.

진정한 내면의 자아가 온전히 깨어나는 순간

선택의 순간에는 미묘하지만 깊은 심리적 변화가 찾아옵니다. 우리 내면에는 작지만 뚜렷한 긴장감과 설렘, 책임감과 기대감이 함께 어우러져 존재합니다. 이때 우리는 평소보다 더 분명하게 '지금, 여기에 있다'라는 의식을 하게 됩니다. 심리학자 윌리엄 칸William Kahn은 이를 '심리적 현존psychological presence'이라 표현했습니다. 칸은 이 개념을 두고 '진정한 내면의 자아authentic self가 특정 순간 온전히 깨어나 있는 상태'라고 설명했지요. 선택을 내리는 순간 우리의 의식은 평소보다 선명해지고 날카로워지며 스스로의 존재감을 또렷하게 느끼게 되는 것입니다.

37세 배민정 씨의 이야기를 함께 들어 볼까요? 대기업 홍보팀에서 바쁘게 지내다 출산 후 경력이 단절된 민정 씨는 최근 용기를 내어 10년 동안 미뤄 왔던 플루트 레슨을 신청했습니다.

"솔직히 등록 버튼을 누르기 직전까지 망설이고 또 망설였어요. '내가 이 나이에 뭘 하겠다고…', '시간 낭비가 아닐까?', '아이들 학원비만으로도 부담인데….' 온갖 생각이 머릿속에서 떠나질 않았죠. 그런데 마침내 결심하고 신청 버튼을 눌렀을 땐 설명하기 힘든 기분이 들었어요. 마치 지난 10년을 누군가의 허락만 기다리듯이 살아왔다는 걸 깨달았던 거죠. 아직 레슨을 시작하기도 전이었지만, 이상하게도 그 순간부터 이미 내가 삶의 주인이 된 듯한 느낌이었어요."

민정 씨가 경험한 것이 바로 선택의 순간이 주는 특별한 자유입니다. 선택의 결과가 성공적일지 아닐지는 중요하지 않습니다. 중요한 건 자유란 스스로 무언가를 결정하는 바로 그 행위 속에서 이미 얻어진 결과라는 점입니다.

심리학자 헤이즐 마커스Hazel Markus와 폴라 누리어스Paula Nurius는 1986년 '가능 자아possible selves'라는 특별한 개념을 소개했습니다. 그들은 "가능 자아란 개인이 잠재적으로 자신이 될 수 있다고 믿는 모습, 되고 싶은 모습, 혹은 되고 싶지 않은 모습들에 대한 내면적 이미지"라고 정의했습니다. 이 개념은 우리 내면에 여러 자아가 공존하고 있으며, 선택이라는 순간을 통해 우리는 이 다양한 자아 중 하나의 길을 택하게 된다는 것을 말해 줍니다. 선택은 단지 행동을 결정짓는 것을 넘어 우리의 정체성을 형성하는 중요한 과정입니다.

34세 조유림 씨의 사례는 이런 가능 자아의 개념을 잘 보여 줍니다. 금융회사에서 8년 동안 성실하게 일해 온 그녀는 육아휴직이 끝날 무렵 큰 고민에 빠졌습니다. 이전처럼 풀 타임으로 돌아가야 할지, 아니면 재택근무가 가능한 다른 직무를 택할지, 또는 프리랜서 컨설턴트라는 새로운 길을 걸어 볼지 여러 선택 앞에서 망설이고 있었습니다.

"매일 밤, 머릿속에 서로 다른 내가 모여 끝도 없는 토론을 벌이는 것 같았어요. 풀 타임으로 돌아가자는 내 모습은 '경력을 포기하면 후회할 거야'라고 다그쳤고, 재택근무를 원하는 나는 '아이가 어릴 때는 함께하는 게 맞아'라고 설득했어요. 그리고 프리랜서의 길을 권하는 내 모습은 '두 가지를 모두 잡을 수 있을 거야'라고 다정하게 속삭였죠. 삶에서 이렇게나 명확히 나의 선택이 나의 미래를 규정한다고 느낀 적은 없었어요. 자유와 함께 깊은 두려움이 동시에 밀려왔습니다."

유림 씨는 결국 세 가지 자아 중 하나를 그대로 따르기보다는, 그 모든 모습들을 조금씩 품고 있는 네 번째 길을 선택했습니다. 유연한 근무가 가능하면서도 주 3일 사무실로 출근하는 중소기업의 재무 책임자 자리를 택한 것이죠. 이 선택을 통해 그녀는 '경력도 이어가며 동시에 아이와의 시간도 소중히 지키는 유림'이라는 새로운 자신을 발견하고 만들어 가기 시작했습니다. 유림 씨에게 이 결정은 단순한 직업 선택이 아니라 삶의 방향을 바꾸는 중요한 전환점이 되었습니다.

우리의 일상은 이렇게 수많은 선택으로 가득 차 있습니다. 크고 작은 선택들이 모여 우리의 정체성과 삶의 흐름을 조용히 빚어 갑니다. 물론 모든 선택이 온전히 자유롭지만은 않습니다. 특히 엄마라는 이름으로 살아가는 삶은 더욱 그렇습니다. 하지만 제한된 조건 속에서도 스스로 의식적으로 선택할 때, 우리는 작지만 결코 무시할 수 없는 진정한 자유를 경험하게 됩니다.

일상의 작은 선택들이 단단한 자존감을 만든다

인생을 좌우하는 거창한 결정뿐만 아니라 일상의 소박한 선택들도 우리에게 특별한 자유를 안겨 줍니다. 저는 이 순간들을 '작고 소중한 자유의 순간들'이라 부릅니다. 매일 우리가 무심코 지나치는 소소한 결정 속에서 느끼는 자율성과 만족감, 그 미세하지만 분명히 존재하는 힘이 우리의 삶을 아름답게 변화시킬 수 있기 때문입니다.

작고 소중한 자유의 순간은 사실 매우 가까운 곳에 있습니다. 예를 들면 이렇습니다.

- 주말 아침, 아직 모든 가족이 잠들어 있을 때 혼자만의 고요한 시간 속에서

커피 한 잔을 천천히 마시며 잠시 사색에 잠기는 선택
- 바쁜 직장에서의 점심시간, 업무 메신저에서 잠시 벗어나 오랫동안 읽고 싶었던 책의 한 페이지를 펼쳐 보는 선택
- 특별한 날 저녁 메뉴를 가족들이 좋아하는 음식 대신 오로지 내 입맛과 취향을 존중하여 내가 진정으로 먹고 싶은 음식으로 고르는 선택

이렇게 크지 않은 선택들이 차곡차곡 쌓이면서 우리 삶의 결을 조금씩 달라지게 합니다. 제가 특히 주목한 것은 이러한 소소한 선택이 단지 기분을 바꾸는 것에 그치지 않고, 우리의 자존감과 정신적 회복력을 천천히, 그러나 확실히 단단하게 키워 준다는 사실입니다.

제 개인적인 경험을 하나 나누자면, 몇 년 전 저는 스스로를 위한 작은 실험을 시작했습니다. 이름하여 '의식적 선택의 시간'이었는데, 하루 중 딱 30분만큼은 온전히 제가 원하는 것을 하기로 했습니다. 때로는 좋아하는 소설에 푹 빠져들었고, 때로는 아무 생각 없이 멍하니 창밖을 바라보기도 했습니다. 심지어 그 소중한 30분을 달콤한 낮잠으로 채우기도 했죠. 중요한 것은, 그 시간이 내가 선택했다는 의식적 경험으로 가득 찬 시간이었단 점입니다.

이 작은 실험이 제게 준 변화는 놀랍고도 분명했습니다. 하루의 1/48이라는 아주 짧은 순간이었지만 나머지 하루 전체의 질과 색깔을 바꾸어 놓았습니다. 선택의 순간이 주는 행복감을 맛본 저는 이전보다 더 인내심 있는 엄마가 되었고, 더 집중력 있게 일하는 의사가 되었으며, 상대의 입장을 한 번 더 생각하는 이해심 깊은 배우자

가 될 수 있었습니다. 직접 경험하며 깨달았습니다. 선택하는 순간이 가진 힘은 실로 엄청나다는 것을요.

제 진료실에서 만난 41세 박은진 씨 역시 선택이 얼마나 중요한지 깨닫게 해 준 사람입니다. 전문 분야에서 뛰어난 성취를 이룬 그녀였지만, 아이를 낳고 나서부터 서서히 자신의 선택권을 내려놓기 시작했습니다. 특히 가족 여행만큼은 늘 남편에게 맡기곤 했죠. 표면적으로는 "남편이 더 잘할 것 같아서요"라고 말했지만, 진료 과정에서 드러난 진짜 이유는 조금 더 내밀했습니다. 바로 '내 선택이 가족들을 실망시킬지도 모른다'라는 마음속 깊은 곳의 두려움 때문이었습니다.

작년 여름, 은진 씨는 진료실에서 얻은 작은 용기를 바탕으로 처음으로 가족 여행 계획을 직접 세워 보기로 결심했습니다. 저는 그녀에게 단순히 여행을 계획하라고만 제안하지 않았습니다. 대신, 그 과정에서 내면에 일어나는 심리적인 변화들을 차분히 바라보라고 권했습니다.

"처음 일주일 동안은 거의 마비된 것 같았어요. '내가 계획한 여행이 실패하면 어쩌지?', '남편이 내 선택을 마음에 들어 하지 않으면 어쩌지?' 이런 불안과 두려움이 가득했거든요. 그런데 조금씩 여행지를 알아보고, 아이들에게 의견을 묻다 보니 이상한 변화가 느껴졌어요. 가슴이 두근거렸어요. 두려움이 아니라 순수한 설렘 때문이었어요. 15년 만에 처음으로 내가 정말 가고 싶은 곳을 고르는 그 과정이 이렇게 짜릿할 줄은 상상도 못 했어요."

은진 씨는 이 과정을 통해 자신이 사실은 새로운 경험을 즐기는 사람이라는 것을 새롭게 발견했고, 그 설렘과 즐거움을 가족들과 나누고 싶은 마음이 컸다는 것도 깨닫게 되었습니다.

"여행 자체보다 더 중요한 건 내가 주체적으로 무언가를 결정하고 책임지는 과정에서 느꼈던 자유로움과 흥분이었어요. 잊고 지낸 지 오래된, 15년 전 활기 넘치고 자신감 있었던 '그 은진'을 다시 만난 것 같았죠. 계획을 세우다가 우연히 인터넷에서 지역 농장의 체험 프로그램을 발견했어요. 여행사의 패키지이거나 남편이 여행 계획을 짠다면 결코 선택하지 않았을 활동이었죠. 아이들을 데리고 갔을 때 큰아이가 제게 말했어요. '엄마, 어떻게 이런 곳을 알았어? 우리 학교 친구들 중에는 아무도 와 본 적 없는데!' 아이는 그 말을 하며 눈을 초롱초롱하게 빛냈어요. 작은아이 역시 평소 같았으면 스마트폰에서 눈을 떼지 않았을 텐데, 직접 딴 블루베리를 들고는 제게 달려와 소리쳤어요. '엄마, 이거 진짜 달다! 최고야!' 그 순간 왠지 모를 뿌듯함이 차올랐어요. 남편은 슬쩍 다가와 말했어요. '당신이 찾은 곳 참 괜찮네.' 그 무심한 한마디가 어떤 화려한 칭찬보다 제겐 더 값졌어요."

은진 씨의 이야기는 가족 여행 계획하기 이상의 의미를 지닙니다. 선택의 순간이 한 사람의 정체성과 자존감에 얼마나 깊고도 아름다운 영향을 미칠 수 있는지를 보여 주는 좋은 사례입니다.

때로 선택의 결과가 기대와 다를 수 있습니다. 하지만 선택의 과정 자체는 결코 실패일 수 없습니다. 그 순간, 우리는 가장 선명하고 온전한 나 자신을 경험했기 때문입니다. 제가 환자분들에게 자주 하는 말이 있습니다.

"선택의 순간에 느꼈던 선명한 존재감을 기억하세요. 바로 그 느낌이 당신이 진정으로 원했던 자유입니다."

지금 이 순간, 이 글을 읽고 있는 당신도 어쩌면 무언가 중요한 선택 앞에 서 있을지도 모릅니다. 작든 크든 그 선택의 순간이 당신에게 특별한 자유와 자신을 만나는 소중한 기회를 줄 수 있음을 꼭 기억해 주셨으면 합니다. 결과가 어떻든 선택하는 찰나의 경험은 다시 한번 진정한 나로 돌아가는 강렬한 순간이 될 것입니다. 이것이 바로 선택이 만들어 내는 자유, 우리 모두가 일상에서 충분히 누릴 수 있는 가장 아름답고 귀한 선물입니다.

빌려 온 말이 아닌
나의 언어로

    아이를 재우고 조용히 앉아 오랫동안 써 온 육아 일기를 펼쳐 보았습니다. 한 장 한 장 천천히 넘기며 내가 적어 온 문장들을 다시 읽기 시작했습니다. 분명 내가 쓴 글인데 낯설고 어색한 느낌이 들었습니다. 내 손으로 직접 써 내려간 것이 맞는데도, 어디에도 진정한 내 목소리는 없었습니다.

    "발달심리학자 ○○○에 따르면 이 시기의 아이는…", "육아 커뮤니티에서 추천하는 방식대로 오늘…", "○○이네 엄마가 말해 준 대로 해 보니…"

    일기장 속 빽빽이 적힌 글자들은 분명 나의 필체였지만, 그 속에 담긴 건 내 진심이 아니라 누군가에게 빌려 온 말들이었습니다. 마치 다른 사람이 써 준 대사를 그대로 외워 연기하는 배우처럼 내 삶이 아닌 남들의 말로 채워져 있었습니다.

이 사실을 깨달으니, 마치 차가운 물을 끼얹은 듯 정신이 번쩍 들었습니다. 그토록 정성껏 써 온 내 일기가 사실은 타인의 생각과 말들을 조각조각 이어 붙인 콜라주였다니. 대체 얼마나 오랫동안 나는 빌려 온 말에 의지하며 살아왔던 걸까요?

자존감 낮은 사람들의 말버릇

자존감이 낮은 사람들에게는 공통된 말버릇이 있습니다. "잘 모르겠어요.", "글쎄요, 제 생각은 별로 중요한 것 같지 않은데…", "남들도 다 이렇게 하니까요." 진료실에서 만난 많은 엄마들 역시 비슷한 말을 자주 합니다. 더욱 안타까운 것은, 아주 단순한 질문에도 제대로 답하지 못한다는 사실입니다.

"당신은 어떤 사람인가요?"
"당신이 진정 좋아하는 것은 무엇인가요?"
"당신이 진짜 원하는 건 어떤 것인가요?"

이런 질문에 자신 있게 대답하지 못하는 이유는 단순합니다. 그동안 자신의 언어가 아니라 남의 언어로 살아왔기 때문입니다. 남들이 정해 놓은 기준과 남들이 던져 놓은 표현들 속에서 본연의 자신을 잃어버렸기 때문입니다.

심리학자 댄 맥아담스Dan McAdams는 '서사적 정체성 이론Narrative Identity Theory'을 통해 우리가 자신에 관해 이야기하는 방식이 우리의 정체성을 만든다고 설명합니다. 즉, 내가 나 자신에게 어떤 이야기를 들려주느냐에 따라 내가 누구인지를 규정하게 된다는 것입니다. 우리는 자신의 이야기를 어떻게 쓰고 말하느냐에 따라 삶의 의미와 방향을 결정하고, 그것이 우리의 자존감의 뿌리가 됩니다. 그런데 문제는 많은 엄마들이 자신의 진짜 이야기가 아니라, 사회가 기대하고 요구하는 엄마라는 역할의 각본을 그저 충실히 따르고 있다는 점입니다.

"아이를 위해서 엄마는 희생해야지.", "좋은 엄마라면 아이에게 화를 내면 안 돼.", "엄마가 뭐가 중요해? 아이가 최우선이지."

이런 말들로 가득 찬 내면에서 우리는 점점 진짜 나를 잃어 갑니다. 그리고 그만큼 우리의 자존감도 서서히 무너져 내립니다.

미술심리치료에서 보라색은 특별한 의미가 있습니다. 빨강과 파랑이 만나 만들어진 색으로, 두 세계의 경계 위에 서 있는 색입니다. 정확히 자주색인지 남보라색인지 구분하기 어려운 이 미묘한 모호함이 오히려 더 깊은 의미를 담고 있지죠.

언어는 단순히 표현 수단이 아니라 내면 세계를 비추는 거울이며 삶의 방향을 알려 주는 지도입니다. 우리의 진짜 언어 역시 보라색처럼 때로는 명확히 정의하기 어렵습니다. 사회가 정해 놓은 깔끔한 틀 안에 꼭 맞지 않을 수 있고, 모호하고 불완전하다고 느껴질지도 모릅니다. 하지만 바로 그 불완전함 속에서 가장 나다운 진실을 발견할 수 있지 않을까요?

"나는 아이가 물감을 바닥에 쏟으면 정말 화가 나."

"하루 종일 아이와 있으면 솔직히 지루하게 느껴질 때가 있어."

"완벽한 엄마보다는 그저 평범하게 살아가고 싶어."

이런 솔직한 표현들은 어쩌면 사회가 요구하는 좋은 엄마의 이미지와 거리가 멀지도 모릅니다. 하지만 이렇게 보라색처럼 명확하지 않은, 경계를 넘나드는 표현이 오히려 가장 진실된 나의 언어가 아닐까요?

35세 김효정 씨는 전문직에 종사했지만, 아이를 낳고 육아에 전념하며 점점 자신감을 잃어 갔습니다. 처음 진료실에서 만났을 때 효정 씨는 모든 질문에 습관처럼 "전문가들이 그렇게 말하더라고요"라며 말끝을 흐렸습니다.

"아이의 발달에 대해 어떻게 생각하세요?"라고 물으면, "○○ 박사님 책에서는…"이라고 말했고, "어떤 육아 방식을 좋아하세요?"라는 질문엔 "요즘 유행하는 방식은…"이라고만 대답했습니다.

그런 그녀에게 "지금 당신이 느끼는 건 무엇인가요?"라고 묻자, 효정 씨는 한동안 아무 말도 하지 못했습니다. 침묵이 흐른 뒤 작은 목소리로 겨우 입을 열었습니다.

"사실… 잘 모르겠어요. 제 느낌을 제대로 생각해 본 적이 없었던 것 같아요."

진료실에서 우리는 효정 씨가 자신만의 언어를 찾아가는 여정을 함께했습니다. 처음에는 아주 작은 일부터 시작했습니다. 매일 저녁, 그날 있었던 일을 떠올리며 한 문장을 쓰되 반드시 '내가 느끼기에…'로 시작하는 것이었습니다.

물론 쉽지는 않았습니다. 이런 생각이 맞는 건지 확신이 없어 인터넷 검색부터 하는 습관을 버리기 어려웠기 때문입니다. 하지만 조금씩 자신의 느낌에 귀 기울이며 문장들을 써 내려가기 시작했습니다.

"내가 느끼기에, 오늘 아이가 그림을 그릴 때 평소보다 더 집중하는 것 같았어."

"내가 느끼기에, 나는 오늘 좀 지쳤지만 잘 견디려고 노력했어."

이런 작은 표현들을 통해 효정 씨는 천천히 자신의 목소리를 되찾았습니다. 놀랍게도 그녀가 자기만의 언어를 찾아갈수록 아이와의 관계도 더욱 자연스러워졌습니다. 타인의 기준이 아닌 나와 내 아이 사이의 관계에서 육아를 바라보게 되었기 때문입니다.

내 안의 감정과 생각을 솔직하게 꺼내는 연습

처음으로 '내 말'을 시작한 지 6개월 후, 효정 씨의 달라진 모습이 기억납니다. 진료실에 들어설 때 그녀의 발걸음엔 자신감이 묻어났고 표정도 한결 편안해 보였습니다.

"이제는 제가 어떻게 느끼는지, 무엇을 원하는지 말할 수 있어요. 처음엔 어색했지만 지금은 내 말로 하루를 정리하는 시간이 가장 소중해요. 특히 아이에게 '엄마는 이렇게 생각해'라고 말하는 순간이 정말 좋아요. 그 순간만큼은 빌려 온 옷이 아닌, 진짜 나만의 옷을 입은 듯 온전히 저로 존재하는 느낌이 들거든요."

심리학자 제임스 페니베이커James Pennebaker는 '표현적 글쓰기Expressive Writing' 연구를 통해, 자신의 감정과 생각을 진실하게 글로 표현하는 것만으로도 심리적, 신체적 건강이 나아진다는 사실을 밝혀냈습니다. 중요한 것은 내 안의 감정과 생각을 그대로 꺼내어 적는 진솔함이었습니다.

저 역시 이런 효과를 몸소 체험했습니다. 정신과 의사이자 엄마라는 두 정체성 사이에서 저는 자주 혼란과 갈등을 겪었습니다. 전문가로서 아는 옳은 길과 실제 육아 속에서 마주하는 현실이 항상 일치하지는 않았기 때문입니다. 아이가 두 살이 되던 무렵, 저는 깊은 무력감과 지침 속에서 처음으로 솔직한 마음을 육아 일기에 적었습니다.

"오늘은 정말 지쳤다. 아이가 밥을 먹지 않는다고 짜증을 냈다. 의사인 내가, 아이의 발달을 잘 아는 내가 감정 조절조차 못하다니. 부끄럽다."

이렇게 감정을 숨김없이 드러낸 날, 저는 오히려 마음이 가볍게 풀리는 것을 느꼈습니다. 있는 그대로의 내 모습을 받아들이는 순간 예상치 못한 강한 힘이 내 안에서 솟아났습니다. 그 이후부터는 전문가의 옳은 말이 아닌 나의 말로 아이와 소통할 수 있게 되었습니다.

"엄마는 지금 좀 피곤해. 10분만 쉬었다가 놀자."

"엄마도 가끔 실수해. 미안해."

이렇게 꾸밈없이 털어놓는 표현들이 아이와 더 깊이 이어지는 다리가 되어 주었습니다. 완벽한 엄마나 전문가가 아니라 그저 한 사람으로 아이와 마주하게 된 것입니다.

엄마라는 역할은 나의 일부이지, 내 존재의 전부가 아닙니다. 누군가가 규정한 좋은 엄마라는 정의에서 벗어나 자신만의 언어로 나를 새롭게 정의할 때 비로소 엄마로서의 자존감이 회복됩니다. 그 회복된 자존감은 아이에게 더 건강한 양육 환경을 만들어 줍니다.

빌려 온 언어가 아닌 나만의 언어로 말하기 시작하면, 말하는 방식뿐 아니라 삶의 방식 자체가 바뀝니다. 물론 처음에는 어색하고 불편할 수 있습니다. 내 말이 틀리진 않을까, 혹시 이상하게 들리진 않을까 두려울 수 있습니다. 하지만 그런 불완전함과 취약함을 인정하는 것 또한 자존감 회복의 시작입니다.

오늘부터 해 볼 수 있는 작은 실천으로, 매일 단 하나의 문장이라도 "내가 느끼기에…"로 시작하는 문장을 적어 보기를 권합니다. 꼭 명확하지 않아도 됩니다. 남들의 기준과 다르거나 모호해도 괜찮습니다. 정의 내리기 어려운 보라색처럼, 분명하지 않아도 괜찮습니다. 중요한 것은 그 말이 진정으로 '내 것'이라는 사실입니다.

"내가 느끼기에, 오늘 아이와의 시간은 조금 지루했다."

"내가 느끼기에, 아이의 질문에 답하는 순간이 가장 행복하다."

"내가 느끼기에, 나는 충분히 좋은 엄마가 되기 위해 애쓰고 있다."

이렇게 한 문장씩 쌓아 가다 보면 어느새 당신만의 이야기가 만들어지고, 그 이야기 속에서 당신은 삶의 주인공 자리를 되찾게 될 것입니다.

　오늘 당신만의 빛깔을 가진 보라색 물감을 종이에 조심스럽게 펼쳐 보세요. 처음엔 희미하고 번질 수 있지만, 결국 빨강도 파랑도 아닌 오직 당신만의 독특한 색이 드러날 것입니다. 두 세계의 경계에서 자신만의 존재감을 드러내는 보라색처럼, 당신의 언어 또한 그렇게 자신만의 소리를 찾아갈 것입니다. 이렇게 진실된 언어를 한 문장씩 쌓아 갈 때 당신의 자존감은 더욱 견고해질 것입니다.

누구도 침범할 수 없는
나만의 공간

당신이 마지막으로 온전히 혼자만의 시간과 공간을 가져 본 때는 언제였나요? 아이를 재운 뒤 늦은 밤에 마시는 차 한 잔, 화장실에서의 짧은 휴식, 혹은 출퇴근 길에 이어폰을 꽂고 듣는 음악. 우리 삶엔 이런 파편 같은 순간들뿐일지도 모릅니다. 사실 우리는 나만의 공간이 조금씩 침식되어 가는 것을 느끼면서도 그 중요성을 간과하거나 사치라고 치부해 버리곤 합니다.

진료실에서 만난 35세 유혜리 씨는 다섯 살, 세 살 난 두 아이의 엄마이자 IT 기업의 프로젝트 매니저입니다. 코로나19 팬데믹 이후 그녀의 회사가 하이브리드 근무 체제로 전환되면서, 혜리 씨는 일주일 중 3일을 재택으로 일하게 되었습니다. 남편과 두 아이, 그리고 육아를 도와주시는 시어머니까지 함께 사는 33평 아파트에서 이 변화는 그녀에게 예상보다 훨씬 큰 도전이 되었습니다.

"처음에는 재택근무가 반가웠어요. 출퇴근 시간도 아끼고 아이들도 자주 볼 수 있으니까요. 그런데 곧 문제가 생겼죠. 집에는 제가 집중해서 일할 별도의 공간이 전혀 없거든요. 주방 식탁에서 일하려고 해도 TV 소리, 아이들 떠드는 소리, 시어머니의 요리 소리…. 모든 게 방해가 되었어요."

다음 시간에 혜리 씨는 이렇게 말했습니다.

"어제는 중요한 화상회의가 있었는데, 그때만큼은 아이 방해 없이 회의에 집중해야 했거든요. 남편은 회사에 출근했고, 아이들은 거실 소파에서 시어머니와 놀고 있었죠. 결국 화장실에 들어가 변기 뚜껑에 앉아 회의를 했어요. 근데 회의 중에 아이가 문을 두드리는데, 얼마나 당황스럽던지…. 이게 지금 제 현실이에요."

이 사연은 단순히 일할 공간이 부족하다는 불편을 넘어, 개인의 경계와 영역이 계속 침해되는 상황에서 느끼는 근본적 불안과 정체성의 흔들림을 보여 줍니다. 화장실조차 온전한 나만의 공간으로 지키지 못하는 현실은 많은 엄마들이 처한 문제이기도 합니다.

나만의 공간이 반드시 필요한 이유

나만의 공간은 단순한 물리적 장소가 아닙니다. 그것은 타인의 간섭이나 요구로부터 자유로우며, 오롯이 내 의지와 선택으로 채울 수 있는 시간과 장소를 의미합니다. 왜 이런 공간이 그토록 소중한 걸까요?

환경심리학자 레이첼 카플란Rachel Kaplan과 스티븐 카플란Stephen Kaplan은 회복 환경 이론Attention Restoration Theory에서 중요한 단서를 제시합니다. 일상에서 우리는 이메일을 확인하고 회의에 참석하며 아이의 요구에 반응하는 등 끊임없이 '지향적 주의력directed attention'을 사용하게 되고, 그 결과 정신적 피로가 누적됩니다.

이 피로를 회복하기 위해서는 네 가지 조건을 갖춘 회복 환경restorative environment이 필요합니다. 첫째, 일상과 다른 감각을 느낄 수 있는 '일상에서 벗어난 느낌being away', 둘째, 공간이 크지 않아도 마음이 확 트이는 듯한 '확장된 공간감extent', 셋째, 자연 풍경이나 잔잔한 음악처럼 부드럽게 주의를 끌어 주어 마음을 편안하게 만드는 '자연스러운 매력soft fascination', 그리고 넷째, 내 취향과 목적이 잘 맞아 자연스럽게 편안해지는 '개인과 환경 간의 호환성compatibility'이 핵심입니다.

이처럼 자기만의 공간은 일상에서 잠시 물러나 내면을 들여다보고 재충전할 수 있는 회복 환경 역할을 합니다. 특히 가족과 주변으로부터 끊임없이 돌봄과 배려를 요구받는 엄마들에게는, 이런 공간이야말로 소진되지 않고 지속적으로 사랑을 베풀기 위한 근원입니다.

넷플릭스 드라마 〈더 글로리〉의 주인공 문동은을 떠올려 보면, 그녀가 힘든 순간마다 자신만의 작은 텐트 속으로 들어가 숨는 모습이 인상적으로 그려집니다. 외부의 상처와 고통으로부터 자신을 보호하는 작은 요새와도 같은 그 텐트는, 비록 물리적으로는 작지만 그녀에게 심리적 안전과 회복의 공간을 제공했습니다. 우리 모두에게는 이처럼 온전히 자신만의 것이라고 느낄 수 있는 공간, 타인의 기대와 요구로부터 자유로운 곳이 필요합니다.

42세 이정희 씨는 중학생 자녀를 둔 전업주부로서, 자기만의 시간과 공간이 완전히 사라져 버린 경험을 털어놓았습니다.

"아침부터 밤까지 모든 스케줄이 가족에게 맞춰져 있어요. 아이 등하교, 학원 스케줄, 남편 식사 시간까지…. 제 하루는 타인을 위한 시간으로 조각조각 나뉘어 있더라고요. 어느 날 문득, '마지막으로 아무 일정 없이 보내 본 시간이 언제였지?' 생각하니 전혀 기억이 안 났어요."

그러다 보니 정희 씨는 자신이 무엇을 좋아하고, 무엇에 가치를 두는지도 잘 떠올리지 못하게 됐습니다. 매일 남의 필요에만 맞춰 살다 보니 '나는 누구지?'라는 근본적 질문이 불쑥 솟아오른 것이지요.

마침내 그녀는 가족들과 대화를 시도했습니다. 처음에는 "다른 여자들도 다 이렇게 사는데 왜 굳이?"라는 남편의 반응이 거슬렸고, 사춘기에 접어든 아이도 엄마가 자기 시간을 요구하자 심드렁한 태도를 보였죠. 그래도 정희 씨는 포기하지 않고 구체적 계획을 세웠습니다.

"화요일, 금요일 저녁 8시부터 10시까지는 제 시간으로 쓰기로 했어요. 남편에게는 미리 저녁 식사를 준비해 두겠다고 했고, 아이에게도 이 시간에는 공부하라고 말했죠. 처음 두 달은 정말 힘들었어요. 전화가 오고, 가족들은 '잠깐만'이라며 계속 문을 두드렸어요. 하지만 저는 단호했습니다. 이 시간만큼은 절대 양보하지 않겠다고요."

6개월 후, 놀라운 변화가 생겼습니다. 가족들이 오히려 이 시간을 먼저 챙겨 주었고, 정희는 그 시간에 오랫동안 손 놓았던 수채화를 다시 시작했습니다. 작은 스케치북과 물감으로 시작한 취미가 서서히 자기표현의 중요한 매개체가 된 것이죠.

"일주일 중 딱 4시간(화요일, 금요일 각각 2시간)인데, 이 시간이 제 삶에서 가장 소중해졌어요. 놀라운 건, 이렇게 제 시간을 갖게 되니 오히려 다른 날엔 마음이 더 여유롭다는 거예요. 짜증도 덜 내고 가족들에게도 더 잘해 줄 수 있더라고요."

나만의 공간이 주는 가치는 크게 세 가지로 요약할 수 있습니다.

첫째, 스스로를 회복하는 장소가 됩니다. 카플란 부부가 말한 '일상에서 벗어난 느낌'과 '자연스러운 매력'을 경험하며 지친 에너지를 충전할 수 있습니다. 조용히 혼자만의 시간을 갖지 못한다면 우리는 끊임없이 외부 자극에만 반응하는 삶을 살게 됩니다.

둘째, 자기 정체성을 확인하는 공간입니다. 환경심리학자 해럴드 프로샨스키Harold Proshansky의 '장소 정체성Place Identity' 이론에 따르면, 특정 장소와 맺는 관계가 '나는 누구인가'를 결정하는 데 큰 영향을 미칩니다. 그래서 다른 이의 간섭 없이 온전히 나로 존재할 수 있는 곳에서 우리는 진짜 나를 마주하고 탐색할 수 있습니다.

셋째, 창의성과 자기표현의 원천입니다. 엄마로서, 아내로서, 직장인으로서가 아닌 '나 자신'으로 돌아올 때, 우리 안의 새로운 아이디어와 영감이 솟아납니다. 정희 씨가 수채화를 통해 느낀 만족감이 이를 잘 보여 주지요.

그럼에도 현실적으로 나만의 공간을 확보하는 일은 쉽지 않습니다. 특히 한국 사회에서는 희생하는 어머니 이미지가 여성에게 강력한 압박이 됩니다. 자신만의 시간이나 공간을 요구하는 걸 이기적인 행동으로 보는 시선도 여전하니까요.

하지만 혜리 씨는 용기를 냈습니다. 재택근무를 해야 하는 그녀는 가족들과 내 공간 확보를 놓고 진지한 협상을 시작했죠.

"집에서 일할 별도의 공간이 필요하다고 구체적으로 설명했어요. 그러면 저는 업무 시간을 훨씬 효율적으로 쓸 수 있고, 일에 치이지 않는 만큼 가족과의 시간에도 집중할 수 있다고요. 처음엔 반발이 있었지만 결국 방법을 찾았죠."

혜리 씨는 33평 아파트의 구조를 최대한 활용해 안방에 딸린 작은 드레스룸을 홈 오피스로 바꿨습니다. 안방, 안방 화장실, 드레스룸이 이어지는 구조에서, 드레스룸에 있던 옷들은 붙박이장이나 작은방으로 옮기고 드레스룸 안을 작은 책상, 의자, 책장으로 꾸몄습니다. 문 대신 작은 커튼을 달아 시각적으로 분리하고, "커튼이 처져 있을 땐 중요한 업무 중"이라고 가족과 신호로 약속했습니다.

"처음으로 온전히 '이건 내 공간이야'라는 기분이 들었을 때 정말 큰 해방감을 느꼈어요. 커튼 뒤쪽의 작고 소박한 공간이지만, 그곳에서는 오롯이 제가 주인이고 제 선택이 존중받는다는 느낌이 들었거든요."

이 공간은 단 몇 평이지만, 카플란 부부가 말한 회복 환경의 요소를 갖추고 있었습니다. 커튼을 치는 순간 일상에서 벗어난 느낌이 생겼고, 책장과 소품들을 통해 확장된 공간감을 얻을 수 있었으며, 가벼운 음악이나 아늑한 조명으로 자연스러운 매력을 만들었고, 자신이 좋아하는 스타일로 꾸며 놨기에 자신과 공간의 호환성도 충분했습니다.

공간을 소유하는 것은 자기 권위를 되찾는 일

나만의 공간을 마련하는 것은 결코 사치가 아닙니다. 그것은 온전한 내 존재 가치를 인정하고, 내 필요도 가족의 필요만큼 존중받아야 한다는 메시지를 담고 있습니다. 오히려 자기 돌봄과 경계 세우기는 돌봄을 지속할 힘과 가족에게 주는 에너지도 훨씬 건강하게 유지됩니다.

프로샨스키의 '장소 통제감Place Control Sense' 개념에 따르면, 우리는 특정 공간을 소유하고 통제한다고 느낄 때 심리적 안정감을 누립니다. 공간을 내 취향으로 채우고 나만의 이야기를 담을 때 자존감은 탄탄해지지요.

가장 어려운 건 가족과 나누는 대화일 겁니다. 왜 내게 이런 공간이 필요한지, 이게 결국 가족 전체에 어떤 이득이 될지도 분명히 말해야 합니다. 물론 저항은 있을 수 있지만, 꾸준하게 의사를 표현하고 일관되게 실천한다면 결국 가족들 역시 이 변화를 받아들이고 존중하게 됩니다.

제가 수많은 엄마들을 진료실에서 만나며 깨달은 사실은, 엄마가 자신의 공간을 갖고 자신에게 집중할 기회를 마련하는 것이 결코 이기적이지 않다는 겁니다. 오히려 그것은 아이와 가족에게도 더 건강한 엄마가 되는 길입니다. 혜리 씨와 정희 씨의 사례가 잘 보여 주듯, 작은 물리적 공간과 시간의 여백만으로도 우리는 한 사람으로서의 정체성을 지키고 가족들에게는 더 풍부한 애정과 여유를 전할 수 있습니다.

당신에게 묻고 싶습니다. 마지막으로 온전히 '나'로 존재했던 시간은 언제였나요? 혹시 그 공간이 사라진 지 오래되진 않았나요? 물리적인 방 한 칸이든 짧은 시간의 여백이든, 어떤 형태로든 나만의 공간을 마련하고 지키려 애써 보면 어떨까요?

마침내 내가
주인공이 되는 순간

    당신의 삶을 한 편의 이야기라고 가정해 봅시다. 이 이야기의 주인공은 과연 누구인가요? 스스로를 당당히 주인공이라 말할 수 있나요, 아니면 잠시 멈칫하며 아이, 배우자, 부모님 같은 다른 누군가의 얼굴이 먼저 떠오르나요?

    많은 여성, 특히 엄마가 된 여성들이 어느 순간부터 자기 삶의 이야기에서 주인공의 자리를 남에게 내어 주고 자신은 조연처럼 물러나 있다는 걸 발견합니다. 마치 자신은 무대 뒤에서 누군가의 이야기가 잘 진행되도록 돕는 스태프 같은 느낌이지요. 그리고 문득 이런 생각이 스치기도 합니다.

    '이건 내 삶인데, 왜 이 이야기 속에서 나는 배경처럼 희미해져 있을까?'

"우리는 우리가 말하는 이야기가 된다"

앞서 말했듯, 심리학자 댄 맥아담스는 우리가 스스로를 설명하는 이야기가 바로 우리의 정체성을 만든다고 말합니다. 그의 서사적 정체성 이론에 따르면, 자아란 고정된 것이 아니라 우리가 끊임없이 다시 써 나가는 이야기입니다. 우리는 어떤 이야기로 자신을 설명하느냐에 따라 스스로를 이해하고 세상과 관계 맺게 된다는 뜻입니다.

맥아담스는 이를 두고 "우리는 우리가 말하는 이야기가 됩니다We become the stories we tell"라고 강조합니다. 만약 "나는 아이와 가족을 위해 기꺼이 희생하는 조연이야"라는 이야기를 계속 되뇌면, 그 문장은 단순한 묘사가 아니라 실제 우리의 정체성과 행동 양식을 좌우하게 된다는 것입니다.

39세 임소연 씨의 사례는 이런 변화의 가능성을 생생하게 보여 줍니다. 초등학교 선생님이자 열네 살, 열한 살 두 아이를 둔 엄마인 그녀는 잦은 출장으로 사실상 아이들을 혼자 키웠고, 시부모님과 친정 부모님까지 챙기는 삶을 살았습니다.

"되돌아보니 적어도 15년간은 제 삶이 아니었어요. 아침부터 잠들기 전까지 전부 아이와 가족을 위한 시간이었죠. 저는 그저 주변 사람들의 이야기를 만들어 주는 조력자였다고나 할까요."

하지만 어느 날 뜻밖의 전환점이 찾아왔습니다. 유방암 2기라는 진단이 내려진 것입니다. 의사는 수술과 항암 치료가 필요하다고 설명했지만, 그 순간 소연 씨의 마음에는 강렬한 깨달음이 번개같이 스쳤습니다.

"암 진단과 치료 계획을 듣는 순간, 제가 정말 하고 싶던 일들을 얼마만큼이나 미뤄왔는지가 머리를 스쳐 갔어요. '내 인생에서 정말 나로 산 시간이 있긴 했나?' 하면서…. 사실 하나도 없었더라고요."

소연 씨는 대학 시절부터 작가가 되고 싶었습니다. 국어국문과를 졸업한 후에도 틈틈이 단편소설을 써 왔지만, 결혼과 출산 이후 그 꿈은 서랍 속에 넣어 두었습니다. 이제 그녀는 오래된 취미를 다시 시작하는 차원을 넘어, 자기 삶의 이야기에서 사라진 주인공 자리를 되찾기로 결심했습니다.

"항암 치료 중에도 저는 소설을 썼습니다. 처음엔 너무 두렵고 막막했죠. '내가 이걸 할 수 있을까?' 하는 불안감이 컸으니까요. 그래도 주말마다 집을 벗어나 근처 스터디 카페에서 두세 시간씩 글을 썼어요. 남편에게 말했어요. '난 죽기 전에 내 이름으로 된 책을 내고 싶어. 이건 협상 대상이 아니야.' 처음엔 가족들이 반대했지만, 제가 글을 쓰면서 얼굴에 생기가 도는 걸 보더니 차차 지지해 주기 시작했어요. 몇 달 후 정기 검진에서 의사가 '요즘 뭔가 달라 보이네요. 컨디션이 많이 좋아졌어요'라고 말했을 때, 제 선택이 옳았다는 확신을 가졌습니다."

여기서 주목할 점은 그녀가 단순히 새로운 생활을 시작한 것이 아니라 자기 삶의 이야기를 재구성했다는 사실입니다. 더 흥미로운 건 과거의 경험을 부정하지 않았다는 점이지요. 오히려 교사로서, 엄마로서, 며느리로서 살아온 시간을 자신의 이야기에 새로운 의미로 엮어 냈습니다.

"처음엔 '지금까지의 내 삶은 내가 원하던 게 아니었어'라고 생각했어요. 그런데 소설을 쓰면서 깨달았죠. 아이들을 키우며 겪은 희로애락, 학교 선생님으로 수많은 학생들을 만나며 느낀 점, 시부모님과의 갈등 같은 게 다 제가 쓰는 소설의 너무나 소중한 재료가 된다는 걸요. 그때 깨달았어요. 제가 그 시간을 남의 이야기로만 여겼지, 사실은 전부 다 내 이야기 안에 들어 있었던 거구나 하고요."

이는 이야기 치료Narrative Therapy의 핵심 원리와도 일맥상통합니다. 1980년대 뉴질랜드 심리치료사 마이클 화이트Michael White와 호주의 사회복지사 데이비드 엡스턴David Epston이 발전시킨 이야기 치료는, 우리 삶의 문제는 우리가 자신에 대해 말하는 이야기의 문제라고 봅니다. 그들의 유명한 문구 "사람이 문제가 아니라, 문제가 문제다The person is not the problem; the problem is the problem"는, 문제를 자신과 분리해 객관적으로 바라보도록 돕습니다. 그렇게 '외재화externalization' 과정을 거치면, 우리는 마치 이야기 편집자처럼 삶을 새롭게 해석하고 의미를 발견할 수 있게 됩니다.

이야기 치료 관점에서 소연 씨는, '조연 서사supporting character narrative'라는 지배적인 이야기에서 벗어나 '주인공 서사protagonist narrative'라는 새로운 이야기를 만들어 가는 과정을 거쳤습니다. 더 나아가 과거 경험에 새로운 해석을 부여하고, 이를 통해 과거-현재-미래를 하나의 일관된 이야기로 묶어 냈지요.

자신의 이야기를 다시 쓰는 과정

소연 씨의 경험에서 배울 수 있는 핵심은, 우리가 자신의 이야기를 어떻게 다시 쓸 수 있느냐 하는 것입니다. 이야기 치료에서 흔히 '재저작Re-authoring'이라고 부르는 이 단계는 다음과 같은 과정을 거칩니다.

첫째는, 지배적인 조연 서사를 알아차리는 것입니다. 당신의 삶의 이야기에서 반복되는 주제는 무엇인가요? 희생, 포기, 미루기의 패턴이 있나요? "난 늘 가족을 위해 모든 걸 희생해 왔어"라거나 "내 삶은 내가 선택한 게 아니야" 같은 문장으로 나타날 수 있습니다. 이런 서사가 당신을 어떻게 가두는지 적어 보세요.

소연 씨는 이렇게 회상합니다. "일기장에 '나는 언제나 남을 먼저 배려하는 사람'이라고 적었던 기억이 나요. 그 문장이 얼마나 저를 가두고 있었는지 치료 중에 깨달았죠. 좋은 의미 같지만 사실은 '나는 내 욕구를 무시해도 괜찮은 사람'이라는 함정이었어요."

둘째는, 대안적 이야기의 조각들을 발견하는 것입니다. 이야기 치료에서는 이를 '예외 찾기unique outcomes'라고 부릅니다. 과거에 당신이 주도적으로 선택하고 행동했던 예외적 순간들이 분명히 있을 것입니다. 아주 작은 결정일지라도 그것이 당신의 주체성을 보여 주는 증거입니다. 이런 순간들을 찾아 기록해 보세요.

"대학 신문에 단편소설을 투고했던 경험, 첫 아이를 낳고 육아 방식에 대해 시어머니와 의견 충돌이 있었을 때 제 방식을 고수했던 것, 학교 독서 동아리에서 학생들과 함께 시 창작 프로젝트를 이끌었던 순간…. 이런 기억들을 모으다 보니, 사실 주인공다운 순간이 제 삶에 더 많았다는 걸 알게 됐어요." 소연 씨의 말입니다.

셋째는, 이런 조각들을 모아 새로운 이야기를 짜는 것입니다. 이 과정이 바로 이야기 치료에서 말하는 재저작입니다. 과거의 경험에 새로운 의미를 부여하고, 현재의 선택과 행동을 새로운 주인공 서사의 일부로 연결해 보세요. 이 과정에서 실제로 글을 써 보는 것이 큰 도움이 됩니다.

소연 씨는 이 단계에서 흥미로운 작업을 했습니다.

"저는 제 인생을 소설의 챕터처럼 나눠 봤어요. '문학에 빠져 글쓰기 대회에서 상을 받던 고등학생 시절', '밤새 단편소설을 쓰며 작가의 꿈을 키우던 대학 시절', '학생들에게 문학의 아름다움을 가르치던 열정적인 국어 교사 시절', '육아와 가사에 지쳐 나를 잃어 가던 엄마의 시절', 그리고 지금 '글쓰기를 통해 나를 되찾는 시절'까지요.

처음에는 엄마의 시절을 실패나 좌절의 시간으로 여겼어요. 하지만 이렇게 시간 순서대로 정리해 보니 제 인생에 흥미로운 패턴이 보였어요. 제가 글을 사랑했던 소녀였고, 작가를 꿈꾸던 대학생이었고, 문학의 가치를 전하던 교사였다는 사실은 이미 제 정체성의 중요한 부분이었던 거죠. 심지어 육아에 묻혀 있던 시기도 지금 제가 쓰는 소설 속 주인공의 심리를 더 깊이 이해하게 해 주는 귀중한 경험이었어요. 이 깨달음은 저에게 큰 해방감을 주었어요. 제가 인생의 주인공 자리에서 밀려난 것이 아니라, 더 풍요로운 이야기를 준비하고 있었던 거죠. 모든 챕터가 지금의 저를 만든 필수적인 과정이었던 거예요."

이처럼 삶의 이야기를 재구성하는 작업은 단순히 긍정적으로 생각하기가 아닙니다. 자신의 경험과 선택에 새로운 의미를 부여하고, 과거-현재-미래를 일관된 서사로 연결하는 깊은 통합의 과정입니다. 이것은 정체성의 변화를 가져오고, 우리가 실제로 어떻게 행동하고 선택하는지에도 영향을 미칩니다.

이야기 치료에서 강조하듯, 우리는 경험 자체를 바꿀 순 없지만 그 경험에 부여하는 의미는 바꿀 수 있습니다. 어떤 일을 겪었는지보다 그 일을 어떻게 해석하고 재구성하는지가 우리의 정체성과 미래를 결정한다고 볼 수 있지요.

소연 씨는 유방암 치료에 성공한 뒤, 투병 3년 만에 중년 여성의 자기 발견을 다룬 소설을 출간했습니다. 건강을 회복하는 첫해는 몸을 돌보는 데 집중했고, 이후 2년간 틈틈이 써 둔 글들을 정리해 작품을 완성했습니다. 더 흥미로운 것은 그녀의 가족 관계에도 긍정적 변화가 찾아왔다는 사실입니다.

"아이들이 한 말이 특히 기억에 남아요. "예전 엄마는 늘 피곤해 보였는데, 이제는 진짜 살아 있는 것 같아"라고요. 남편도 초기에는 제 변화를 받아들이기 힘들어했는데, 지금은 제 원고를 가장 먼저 읽는 든든한 독자가 되어 줬죠. 내가 진짜 나로 살기 시작하니까 가족들도 나를 임소연으로 대하기 시작하는 느낌이에요."

당신의 삶 또한 아직 완성되지 않은 한 권의 책입니다. 주인공이 된다는 건 과거를 무시하거나 부정하자는 이야기가 결코 아닙니다. 오히려 과거에 새로운 의미를 부여하고, 앞으로의 페이지를 적극적으로 채워 나가는 것입니다. 당신이 배경이 아니라 주인공으로 자리 잡을 때, 모든 경험, 심지어 고통스러운 순간들마저 한층 풍요로운 이야기의 일부가 될 수 있습니다.

이제는 당신 차례입니다. 삶의 이야기를 다시 써 보세요. "나는 어떤 사람인가?", "나의 삶에서 정말로 중요한 건 무엇인가?", "앞으로 어떤 이야기를 살아가고 싶은가?"라는 질문으로 시작해 봅시다. 그리고 기억하세요. 인생의 모든 순간은 당신 이야기의 소중한 페이지라는 사실을요. 당신의 이야기가 더 깊어지고 더 폭넓어지는 데 필요한 거름이라는 사실을요.

주인공이 되는 것은 무대의 스포트라이트를 독차지한다는 뜻이 아니라 내 삶을 내가 이끌어가는 것을 의미합니다. 조연에 머물던 과거를 뒤로하고, 지금 이 순간부터 내러티브의 중심에 자신을 세워 보세요. 당신의 이야기는 아직 끝나지 않았고, 당신만이 쓸 수 있는 페이지들은 앞으로도 무궁무진합니다.

엄마의 자존감을 되찾는 연습 3

나만의 세계를 만들기

이번 연습은 나만의 세계를 찾고 만들어 가는 과정을 통해 엄마로서뿐만 아니라 한 개인으로서의 자존감을 회복하는 데 도움을 주기 위해 설계되었습니다. 타인의 기준이나 사회적 기대에 맞추기보다는 자신의 내면에서 우러나오는 가치관과 취향을 발견하고, 그것을 토대로 자신의 영역을 구축해 보는 여정입니다. 진솔한 자기 탐색을 통해 오롯이 '나'로 살아가는 기쁨을 되찾아 보세요.

● 나의 세계 점검하기 체크리스트

최근 일상에서 다음과 같은 경험이 있었는지 체크해 보세요.

- ☐ "이건 내가 좋아서가 아니라, 다들 이렇게 하니까 따라 하는 거야."
- ☐ "내 취향보다는 아이(또는 가족)에게 좋을 것 같아서 선택했어."
- ☐ "나는 어떤 사람인지, 무엇을 좋아하는지 잘 모르겠어."
- ☐ "나만의 시간이나 공간을 요구하는 것이 이기적으로 느껴져."
- ☐ "내 생각보다는 다른 사람(배우자, 부모님, 주변 엄마들)의 의견이 더 맞을 거야."

체크한 항목이 많을수록, 자신만의 세계를 되찾아야 할 필요성이 높습니다.

● 나의 세계 지도 그리기

당신에게 의미 있는 것들을 영역별로 적어 보세요.

영역	현재 상태	내가 진정 원하는 모습	첫 번째 작은 실천
지적 성장 (책, 지식)	육아 관련 정보만 읽음	철학, 역사에 관심이 있음	주 1회 관심 분야 책 30분 읽기
문화적 취향 (예술, 음악)	아이와 늘 보는 애니메이션만 봄	예술영화 감상	월 1회 혼자 영화관 가기
지적 성장 (책, 지식)			
문화적 취향 (예술, 음악)			
창조적 활동 (취미, 창작)			
관계의 질 (대화, 친밀감)			
신체적 활동 (운동, 휴식)			

● 나를 채워 주는 것들 찾기

1. 내가 진정으로 즐기는 활동은 무엇인가요? (어릴 적 좋아했던 것들도 포함해서)

   예시 그림 그리기, 음악 감상, 글쓰기, 요리, 도보 여행 등

   _____
   _____
   _____
   _____

2. 나를 설레게 하는 주제나 대화는 무엇인가요?

   예시 심리학, 미술사, 여행 이야기, 인생의 의미에 대한 토론 등

   _____
   _____
   _____
   _____

3. 어떤 환경이나 공간에 있을 때 가장 편안하고 나답다고 느끼나요?

   예시 조용한 카페, 숲속, 바다가 보이는 곳, 책으로 가득한 서재 등

   _____
   _____
   _____
   _____

4. 당신이 소중히 여기는 가치는 무엇인가요?

> **예시** 정직함, 창의성, 자유, 연결감, 아름다움, 지적 호기심 등

_____

_____

_____

● 나만의 세계 계획하기

1. 나만의 시간 확보하기

일주일에 최소한 _____ 시간은 온전히 나를 위한 시간으로 정해 보세요.

- 언제: _____
- 어디서: _____
- 무엇을: _____
- 방해 요소 제거 방법: _____

2. 나만의 공간 만들기

집 안에서 작은 공간이라도 나만의 영역으로 지정해 보세요.

- 위치: _____
- 꾸미는 방식: _____
- 필요한 물건: _____
- 이 공간에서의 규칙: _____

3. 나만의 취향 발견하기

타인의 기준이 아닌, 내가 진정으로 좋아하는 것을 찾아보세요.

- 시도해 보고 싶은 새로운 경험 3가지:
  _____
  _____
  _____

- 다시 연결하고 싶은 옛 취미 2가지:
  _____
  _____

● 일주일 실천 계획표

시간	월	화	수	목	금	토	일
아침	출근 전 10분 명상	좋아하는 차 천천히 마시기	출근 전 10분 명상	스트레칭하며 음악 듣기	거울 보며 오늘 나를 위해 할 일 하나 정하기	1시간 일찍 일어나 일기 쓰기 - 나는 어떤 사람인가	"내가 진짜 원하는 것" 3가지 적어 보기
틈새 시간	점심시간 혼자 산책하며 음악 듣기	서점 10분 구경하기	카페에서 혼자 차 마시기	점심시간 혼자 산책하며 음악 듣기	오늘 내가 "NO"라고 말한 것 하나 기록하기	미술관이나 전시회 혼자 가기	공원에서 《늑대와 함께 달리는 여인들》 읽기
저녁	그림 교실 2시간	목욕하며 음악 듣기	일기 10분 쓰기	좋아하는 드라마 보기	가족이 자고 난 후 욕조에 15분간 몸담그기	2시간 온전히 나만의 시간 갖기	다음 주에 꼭 지킬 나만의 시간 하나 정하기 (10분)

● 일주일간의 '나의 세계' 일지 작성하기

날짜	나를 위한 시간	느낀 감정과 생각	발견한 것
9/1	서점 10분 구경	짧은 시간이었지만 육아서가 아닌 시집 코너에 갔다. 10분이라 아쉬웠지만, 그래도 오롯이 내 취향대로 책을 구경했다는 게 신선했다. 다음엔 더 여유 있게 와야겠다.	작은 시작도 의미가 있다. 엄마의 시간이 아닌 '나'의 시간을 갖는 것 자체가 선택이고 변화의 시작이다.
9/2	미술관 혼자 가기 (2시간)	처음엔 혼자 가는 게 어색했다. 하지만 작품을 내 속도로 감상하니 완전히 다른 경험이었다. 특히 추상화 앞에서 30분을 서 있었는데, 누구 눈치도 안 보고 내 감정에 집중할 수 있었다.	혼자 있을 때 진짜 내 취향을 발견할 수 있다. 나는 추상화를 좋아하는 사람이었구나. 타인의 시선 없이 온전히 나로 존재하는 시간의 소중함을 깨달았다.

● 일주일 후 돌아보기

1. **나만의 세계에 머무는 시간 동안 가장 인상적이었던 순간은 언제였나요?**

   예시 오랜만에 좋아하던 음악을 크게 틀어 놓고 춤을 추었을 때, 혼자만의 생각에 잠길 수 있어서 행복했다.

2. 나만의 세계를 만들면서 마주한 어려움은 무엇이었나요?

   > **예시** 아이가 갑자기 아플 때 계획을 취소해야 했고, 죄책감이 들었다.

   _____
   _____
   _____
   _____
   _____

3. 나만의 세계를 만드는 과정에서 가족 관계에 어떤 변화가 있었나요?

   > **예시** 처음에는 남편이 의아해했지만, 내가 더 활기찬 모습을 보이자 오히려 응원해 주기 시작했다.

   _____
   _____
   _____
   _____
   _____

4. 이 경험이 나의 자존감에 어떤 영향을 주었나요?

   > **예시** 내 선택과 취향을 존중하는 시간을 가지니, 다른 사람의 시선에 덜 신경 쓰게 되었다.

   _____
   _____
   _____
   _____
   _____

5. 앞으로 나만의 세계를 더 풍요롭게 만들기 위한 계획이 있다면 무엇인가요?

   예시 월 1회 혼자만의 여행을 떠나 볼 계획이다. 처음은 당일치기로 시작해서 점차 확장해 볼 것이다.

   _____
   _____
   _____
   _____

● 나를 사랑하는 연습하기

1. **진짜 나를 표현하기**

   일주일에 한 번, 타인의 기대나 평가를 의식하지 않고 온전히 나의 취향과 선호에 따라 옷을 입거나 음식을 선택하거나 활동을 해 보세요.

2. **'NO'라고 말하기**

   이번 주에 최소 한 번, 당신의 시간과 에너지를 소모하는 부탁이나 요청에 정중하게 "아니요"라고 말해 보세요.

3. **나만의 버킷리스트 만들기**

   당신이 엄마, 아내, 직장인 등의 역할이 아닌 한 사람으로서 이루고 싶은 꿈 20가지를 적어 보세요. 크고 작은 꿈 모두 소중합니다.

4. 내면의 목소리 일기 쓰기

하루 5분, 그 누구의 검열도 없이 내 마음속 진짜 생각과 감정을 솔직하게 써 보세요. 이 일기는 온전히 당신만을 위한 것입니다.

당신은 엄마이면서 동시에 고유한 꿈과 욕망, 취향을 가진 한 사람입니다. 나만의 세계를 만들어 가는 것은 이기적인 행동이 아니라 더 건강하고 온전한 자신으로 살아가기 위한 필수적인 과정입니다. 당신이 진정한 자신으로 빛날 때 가족에게도 더 풍요로운 사랑과 에너지를 나눌 수 있을 것입니다. 이번 연습이 당신만의 유일무이한 세계를 발견하고 확장하는 여정에 작은 도움이 되길 바랍니다.

4장

마음이 단단한 엄마로 성장하기

작은 실패에
무너지지 않는다

"중학교 때는 그렇게 잘하더니…. 이번 시험은 무슨 일이 있었던 거니?"

46세 정혜영 씨는 아들의 첫 고등학교 중간고사 성적표를 마주하고 당혹감을 감추지 못했습니다. 중학교 시절 내내 상위권이었던 아들은 이 지역에서 우수한 학생들만 입학하는 명문 인문계 고등학교에 들어간 후, 첫 시험에서 중위권 이하로 성적이 급락했습니다. 늘 80점 이상을 유지하던 영어는 62점, 수학은 58점이었습니다.

"이런 점수로는 SKY는커녕 인서울 대학도 쉽지 않겠다. 다른 집 애들은 다 잘하는데 너만 이러면 어떡하니?"

그날 이후 혜영 씨의 집에는 이전과는 다른 긴장감이 감돌기 시작했습니다. 주말에 다니는 학원은 두 곳이 더 늘었고, 아들이 좋아하던 축구 동아리 활동도 제한되었지요. 국어, 영어, 수학 과외 선생님들이 번갈아 집을 드나들기 시작했습니다. 저녁에는 야간 자율 학습, 귀가 후에는 인터넷 강의까지 빡빡한 일정으로 하루가 꽉 찼지요.

하지만 그럼에도 아들의 성적은 더 떨어지고 말았습니다. 2학기 중간고사에서는 모든 과목이 하위권으로 내려갔고, 말수가 점점 줄어드는 아들은 방문을 굳게 닫고 나오지 않기도 했습니다. 마침내 학교 상담 교사에게서 우울증 검사를 권유받은 후에야 혜영 씨는 뒤늦게 자신의 대응이 어딘가 잘못됐음을 깨닫게 되었습니다.

어디서부터 이 상황이 꼬인 걸까요? 사실 문제의 시작점은 아들이 맞닥뜨린 실패 자체가 아니라, 혜영 씨가 그 실패에 반응했던 방식이었습니다. 아들의 첫 실패를 온전히 인정하지 못하고 아이의 성적과 존재 가치를 동일시한 결과, '공부를 못하면 가치 없는 사람'이라는 메시지가 아이에게 각인되었습니다. 그로 인해 아이의 자존감은 서서히 무너졌고 삶의 의미마저 잃어 가게 된 것입니다.

누구나 실패하며 성장한다

저 역시 아이를 키우면서 많은 실패를 겪었습니다. 특히 잊을 수 없는 실패는 아이의 일곱 살 생일 파티를 준비했을 때의 일이었습니다. 아이의 사진으로 초대장을 직접 만들어 유치원 친구 열 명에게 나눠 주었는데, 정작 당일엔 단 두 명만 참석했지요.

아이들끼리는 즐겁게 뛰놀았지만, 제 마음 한구석에는 '더 많은 친구들이 왔다면 아이가 더 신나 했을 텐데'라는 미련이 남았습니다. 나중에 알게 된 실수들은 여럿이었습니다. 교류가 없다 보니 유치원 엄마들은 저를 낯설어했고, 아이들이 다니는 원내 특별활동이나 학원 일정과 맞추지 못했으며, 집에서 갈비찜, 잡채 등을 준비했는데 아이들 취향은 피자, 치킨, 떡볶이였다는 사실도 간과했던 겁니다.

분명 반쯤 실패였지만 그 경험으로 저는 많은 것을 배웠습니다. 다음 해 초등학교에 입학해서 준비한 생일 파티 때는 부모님들께 미리 전화로 연락해 인사를 나누고, 아이들이 좋아하는 패밀리 레스토랑을 예약했지요. 귀가가 어려운 아이들은 제가 직접 태워 주었고, 결과적으로 모두 만족스러운 파티가 되었습니다.

이 경험이 제게 알려 준 건 '실패는 끝이 아니라 배움의 시작'이라는 진리였습니다. 만약 처음의 실패를 두고 '나는 엄마로서 무능하다'라고 스스로를 비난만 했다면 발전의 기회도 얻지 못했을 것입니다. 대신 무엇이 잘못됐고 어떻게 바꿀 수 있을지를 고민했기에 성장으로 이어질 수 있었습니다.

혜영 씨 아들이 겪은 첫 실패는 사실 대부분이 언젠가는 직면할 수 있는 일입니다. 중학교에서 전교 상위권이었던 학생이라도 명문 고등학교나 대학에 들어가면 비슷하게 뛰어난 학생들 속에서 자신의 위치를 재정비해야 합니다. 명문대를 나와 대기업에 입사해도 우수한 인재들 사이에서 자신이 결코 최고가 아님을 깨닫게 되는 순간이 오지요. 이는 피할 수 없는 삶의 과정입니다.

특히 한국 사회에서는 이런 상대적 좌절이 더 심각하게 다가옵니다. 체면을 중시하는 문화, 학벌과 성적으로 대표되는 외적 지표가 개인의 가치를 결정하는 듯 보이기 때문이지요. 문제는 "어떻게 하면 실패를 안 할까?"가 아니라, "실패가 왔을 때 어떻게 일어설 수 있을까?"입니다.

혜영 씨는 아들에게 "너 자체가 소중하다"라는 메시지를 주지 못하고, "성적이 곧 너의 가치"라는 파괴적 메시지를 반복했습니다. 그 결과, 아이는 자존감과 회복탄력성resilience이 크게 손상되었습니다.

회복탄력성이란 역경이나 실패를 겪어도 다시 일어나 도전하고 성장하는 능력입니다. 이 능력이 높은 사람은 실패를 맞닥뜨렸을 때 그것을 자신의 가치와 분리하여 바라볼 수 있습니다. "내가 실패했다"가 아니라 "내 시도가 실패했다"라고 인식하는 것이죠.

실패는 우리 뇌에 즉각적 위협으로 인식되어 스트레스 호르몬이 분비되고, '투쟁-도피-얼어붙음 반응fight-flight-freeze response'이 작동합니다. 그중 '얼어붙음' 상태에 빠지면 전전두엽 기능이 저하되어 합리적 사고가 어려워지고 자기 비난이나 과도한 일반화에 빠지기 쉽습니다. "이번 시험 망쳤어"가 아닌 "나는 항상 망하는 실패자"라는 극단적 결론에 도달하기 쉽습니다.

회복탄력성이 높은 사람은 이런 자동적인 반응에서 한발 물러나 상황을 객관적으로 바라볼 수 있습니다. 그들은 실패를 개인적 결함이 아닌 특정 상황에서의 결과로 보고, 배울 거리를 찾습니다.

아이의 실패에 부모는 어떻게 반응해야 할까?

회복탄력성은 선천적으로 타고나는 특성이 아니라 부모의 적절한 반응과 지도를 통해 발달할 수 있습니다. 그렇다면 아이가 실패했을 때, 우리는 어떻게 행동해야 할까요?

자녀가 실패했을 때 부모가 보여 줄 수 있는 현명한 태도는 다음과 같습니다.

1. 실패와 가치를 분리하기

"이번에 시험을 잘 못 봤구나"라고 말하는 것과 "너는 가치 없는 사람이다"라고 말하는 것은 전혀 다른 문제입니다. 자녀의 잘못된 행동이나 결과를 지적할 순 있어도 아이의 존재 자체를 부정해선 안 됩니다.

2. 실패를 배움의 계기로 삼기

"이번 실패에서 무엇을 배웠니?"라는 질문을 통해 아이가 실패를 성장의 발판으로 활용하도록 이끌어 보세요.

3. 부모의 실패 경험을 나누기

부모가 과거 실패를 어떻게 극복했는지 이야기하면, 아이는 실패가 인생의 자연스러운 부분임을 이해하게 됩니다.

4. 과정을 칭찬하기

결과보다 과정을 칭찬하면 아이가 노력을 통한 성장의 가치를 깨닫게 됩니다. "열심히 준비했구나"라는 말은 "1등 했구나"라는 말보다 훨씬 건강한 자기 확신을 심어 주지요.

의학 분야에서 실패와 그로부터의 배움이 얼마나 중요한지는 〈중증외상센터〉라는 의학 드라마에서 잘 드러납니다. 극 중 교수 백강혁은 처음에 항문외과 전임의 양재원을 비꼬며 '항문'이라고 불렀습니다. 그런데 양재원은 수많은 실수와 실패를 겪으며 성장해 나갑니다. 백강혁의 혹독한 훈련과 지도 아래 그는 '노예 1호'라는 별명까지 얻게 되지만, 좌절하지 않고 계속해서 도전합니다. 실패할 때마다 다시 일어서는 양재원의 모습을 지켜보며 백강혁도 점차 그를 인정하게 되고, 결국 그를 '양재원 선생'이라고 부르며 동료로 존중하게 되지요.

제 실제 경험도 이와 비슷합니다. 인턴 시절, 마취과를 돌던 중 처음으로 기관 삽관(환자의 기도를 확보하는 시술)을 시도했던 날을 선명히 기억합니다. 처음 시도는 실패였습니다. 후두경으로 성대를 제대로 보지 못했고, 시간이 지체되자 환자의 산소 포화도가 떨어지기 시작했습니다. 결국 선배 전공의가 대신 시행했고 저는 좌절감을 느꼈습니다. 하지만 그 선배는 "첫 시도에 성공하는 사람은 거의 없어. 다음에 다시 해 보자"라고 격려해 주었습니다. 그 격려 덕에 다른 환자에게 재시도할 용기를 낼 수 있었고 성공적으로 해냈습니다. 바로 이런 과정을 통해 전문인으로서의 능력과 자존감이 함께 성장하는 것이지요. 의사 수련 과정에서 실패는 자연스러운 일이고, 그것을 통해 배우고 성장하는 것이 의사 되기의 필수 과정입니다. "실패를 두려워하는 의사는 결코 좋은 의사가 될 수 없다"라는 말처럼, 실패의 두려움 때문에 도전을 회피했다면 결코 충분한 경험과 기술을 쌓을 수 없었을 것입니다.

우리 사회의 성공 공식은 지나치게 분명합니다. 좋은 성적, 명문대, 대기업, 결혼, 내 집 마련. 이 경로에서 벗어나면 실패처럼 여겨지는 분위기가 농후하지요. 하지만 정해진 길이 아닌 각자에게 맞는 다양한 행복과 성장의 경로가 존재합니다.

그럼에도 부모들은 '우리 아이가 실패하면 다른 사람들에게 어떻게 보일까?' 하는 두려움에 사로잡히곤 합니다. 이런 체면 문화 속에서 실패를 자연스럽게 받아들이기란 쉽지 않습니다. 하지만 자녀의 진정한 행복과 성장을 바란다면, 실패를 막기 위해 무리수를 두는 대신 실패를 통해 배우고 다시 일어설 회복탄력성을 길러 주는 게 훨씬 더 중요합니다.

우리가 아이의 실패에 어떻게 대응하는지는, 아이가 훗날 어떤 어른이 되는지를 결정짓는 중요한 문제입니다. 다음 질문들을 스스로에게 던져 보면 어떨까요?

- 당신는 자녀에게 무엇을 가르치고 싶은가요? 단지 시험에서 높은 점수를 받는 법만을 알려 주고 싶은 건가요, 아니면 삶의 전반적인 영역에서 균형 잡힌

사람으로 성장하는 법을 알려 주고 싶은 건가요?
- 우리의 자녀들은 언젠가 실패를 경험할 것입니다. 그때 무너지지 않고 다시 일어설 수 있는 내적 힘을 길러 주는 일이 고작 시험 점수보다 더 중요하지 않을까요?
- 혹시 우리 자신이 이루지 못한 꿈의 그림자가 자녀에게 드리워지고 있지는 않은지, 조용히 마음속을 들여다보면 어떨까요? 내가 못 이룬 꿈을 아이에게 이루라고 강요하고 있지는 않은가요?
- 내 자존감은 과연 어떤 상태일까요? 내가 실패하고 넘어질 때 스스로를 어떻게 대하고 있나요?

제가 말하고자 하는 핵심은 아이의 자존감과 함께 엄마의 자존감도 매우 중요하다는 점입니다. 아이들은 우리가 말로 하는 것보다 실제로 보여 주는 태도를 통해 더 크게 배웁니다. 부모가 자신의 부족함을 인정하고 실패를 통해 배움과 성장을 이뤄 나가며 그럼에도 자신을 사랑할 수 있다면, 아이도 그런 건강한 자존감을 닮아 갈 가능성이 높습니다.

혜영 씨의 사례는 수많은 한국 부모들이 공감할 만한 이야기입니다. 자녀의 실패를 지나치게 두려워하고 실패는 곧 가치가 없음을 증명하는 일이라 여기는 태도는 아이의 자존감을 파괴하기 쉽습니다. 성적표 한 장이 아이 인생의 전부를 결정할 수 없는데도 우리는 자주 그렇게 믿으려 하죠.

자녀가 좌절을 맞닥뜨렸을 때 "너는 여전히 소중한 존재야"라고 말해 주고 다시 일어설 힘을 길러 주는 것이 부모의 역할입니다. 그러려면 우리의 자존감부터 단단해야 합니다. 부모의 불안을 아이에게 투사하기보다 나 자신부터 실패를 담담히 받아들이고 재도전하는 모습을 보여 줄 때 비로소 우리는 아이의 실패도 온전히 받아들이고 함께 성장할 수 있을 것입니다.

나의 불완전함마저
끌어안는다는 것

아침부터 몸도 마음도 바쁘게 움직입니다. 7시에 일어나 아이의 도시락을 준비하고 잠든 아이를 깨워 등교시키고 다시 분주히 출근 준비를 합니다. 자정을 향해 쉴 새 없이 흐르는 하루가 또 시작되었습니다. 문득 마주한 거울 속, 퀭한 눈 밑이 어제의 긴 밤을 고스란히 드러내고 있습니다. 어젯밤 회사의 보고서를 마무리하다가 또 늦게 잠들었기 때문입니다. 그 순간 스쳐 가는 생각이 마음을 흔듭니다.

'나는 왜 이렇게 매번 실수할까? 왜 완벽하게 해내지 못할까?'

어제는 급하게 저녁을 준비하느라 국이 넘쳐 가스레인지가 엉망이 되었고, 아이의 숙제 확인도 그만 잊어버리고 말았습니다. 이런 날들이 반복될 때마다 마음 한쪽에는 자꾸만 자책이 차곡차곡 쌓입니다. 다른 엄마들은 다들 완벽해 보이는데 나만 이런 흠을 가진 것 같아 마음이 초라하고 창피해집니다.

정신과 의사로 진료실에서 수많은 여성들의 비슷한 고민을 마주했습니다. 그리고 나 역시 한 아이의 엄마로 살아가기에 그들의 마음이 사무치게 이해됩니다. 우리는 왜 자신의 부족함과 흠결에 이렇게도 부끄러워할까요? 왜 꼭 항상 완벽해야만 한다고 생각하게 된 걸까요?

SNS를 열어 보면 마치 아무런 결점 없는 듯 완벽한 일상이 끊임없이 쏟아져 나옵니다. 깨끗하게 정리된 집 안, 정성이 듬뿍 담긴 영양 만점 도시락, 밝고 사랑스러운 표정의 아이 모습까지. 그 이면에 감춰진 수많은 실패와 좌절은 보이지 않습니다. 우리는 그런 완벽한 모습에 압도당해 자신의 부족함과 흠을 더욱 예민하게 바라보며 자꾸만 부끄러워합니다.

'난 이래야만 해.', '저건 저래야만 해.', '엄마라면 당연히 이 정도는 해야지.' 우리의 마음속은 수많은 당연함과 해야만 함으로 가득합니다. 엄마라면, 직장인이라면, 아내라면…. 이처럼 각자의 역할에 대한 기대치가 높아질수록 우리는 작은 실패와 결점조차 민감하게 받아들이고 상처받습니다. 우리는 사소한 흠집 하나에도 자신을 송두리째 부정하게 됩니다.

깨진 흔적을 드러낼 때 비로소 완성되는 아름다움

33세 이윤아 씨의 이야기는 많은 엄마들의 현실과 닮아 있습니다. 그녀는 첫아이를 키우는 전업주부였고 언제나 완벽한 육아를 꿈꾸고 있었습니다. 특히 아이에게 주는 이유식에는 정성을 가득 담았습니다. 유기농 재료로 꼼꼼히 영양 균형을 맞추어 만든 이유식이었지만, 아이는 종종 이유식을 거부하곤 했습니다. 조금 짜게 되기도 하고, 때로는 아이 입맛에 맞지 않는 질감이 되기도 했습니다. 어느 날은 이유식을 끓이다가 잠깐 전화를 받은 사이 태워 버린 적도 있었습니다.

"그날 이유식이 탄 냄새가 집 안 가득히 퍼졌어요. 타 버린 이유식을 쓰레기통에 버리는데 정말이지 자괴감이 들었어요. 인터넷에 올라온 다른 엄마들의 완벽한 이유식 사진을 보면서 '왜 나만 이런 실수를 할까?' 하는 생각에 너무 괴로웠죠."

더욱이 아이가 편식하는 습관이 심해질수록 윤아 씨는 자신의 능력을 끊임없이 의심하게 되었습니다. 육아 카페에서는 "이유식만 잘 먹여도 평생 편식 없는 아이로 자란다"라는 글이 끊임없이 올라왔습니다. 그런 글들을 볼 때마다 그녀의 마음은 불안과 초조함으로 가득 찼습니다. 혹여나 자신의 작은 결점 하나가 아이의 미래까지 망쳐 버리는 건 아닐까 두려웠던 것입니다.

남편은 "너무 완벽하려 하지 마"라고 말하지만, 그런 위로가 오히려 나를 더욱 초조하게 합니다. 모든 엄마들이 다 잘하는 것 같은데,

유독 나만 실수하는 것 같은 기분을 지울 수 없습니다.

　여기서 우리는 하나의 아름답고 특별한 개념을 만날 수 있습니다. 바로 15세기 일본에서 시작된 전통 기법인 '킨츠기金継ぎ'입니다. 킨츠기는 깨진 도자기를 버리지 않고, 금이나 은, 백금으로 균열을 섬세하게 메워 복원하는 기술입니다. 이 과정에서 우리가 주목할 점은, 깨진 흔적을 결코 숨기지 않고 오히려 더 뚜렷하게 드러낸다는 사실입니다. 금으로 이어 붙인 균열이 만들어 내는 불규칙한 무늬는 도자기를 전혀 새로운 아름다움의 경지로 끌어올립니다.

　킨츠기 기법으로 복원된 도자기는 오히려 원래 상태보다 더욱 귀하고 가치 있게 여겨집니다. 왜 그럴까요? 그것은 복원된 도자기가 완벽해서가 아니라 지나온 시간과 경험, 치유의 흔적까지 담고 있기 때문입니다. 이 균열들은 부끄러워해야 할 흠이 아니라 도자기가 지나온 세월을 증명하는 고귀한 흔적이며, 그것이야말로 도자기를 독특하고 아름답게 만드는 가장 중요한 요소입니다.

　정신과 의사로 살아온 저는 이 킨츠기의 철학이 인간의 심리에 주는 깊고 아름다운 통찰에 오랫동안 매료되었습니다. 결점이 있는 자신을 받아들이지 못하고 부정하는 환자들을 진료할 때마다, 저는 그들의 균열과 흠집이 오히려 그 사람만의 독특한 가치를 드러내는 아름다운 무늬라고 이야기해 줍니다.

　우리가 가진 실수와 결점, 상처와 실패는 단순한 흠에 그치지 않습니다. 그것은 우리를 가장 우리답게 만들어 주는 고유한 문양입니다. 모든 사람들이 똑같이 완벽한 모습으로 살아가는 것보다 각자가 가진 균열과 이음새가 서로 다른 독특한 패턴을 이룰 때 우리는 더 진솔하고 진정한 존재로 빚어지는 것입니다.

실제로 제가 만난 47세 김은주 씨의 이야기가 떠오릅니다. 그녀는 오랫동안 대기업에서 중역의 자리에 있었지만, 갑작스러운 인사 발령으로 인해 회사를 떠나게 되었습니다. 화려했던 커리어가 한순간에 무너지자 그녀는 극심한 우울감과 자신이 무가치하다는 깊은 좌절감을 느끼게 되었습니다. 진료 과정에서 그녀는 이렇게 고백했습니다.

"경력이 흠집나면서 제 삶은 완전히 망가졌어요. 20년 동안 힘들게 쌓아 올린 모든 것이 한순간에 무너진 것 같아서요."

그녀는 처음 몇 달 동안 정체성의 혼란 속에서 힘들어했습니다. 하지만 1년여의 시간이 지나 다시 만난 그녀는 전혀 다른 사람처럼 밝은 모습이었습니다. 오랫동안 마음속에 품고 있던 꿈이었던 요리학교에 등록했고, 이전 직장에서 얻은 경영 노하우를 바탕으로 작은 케이터링 사업을 시작했다고 말했습니다.

"그 실패가 없었다면 저는 여전히 행복하지 않은 일을 하며 살고 있었을 거예요. 그때의 상처 덕분에 진짜 제가 원하는 길을 발견하게 됐어요."

그녀의 얼굴에서 이전에는 찾아볼 수 없었던 활기가 빛나고 있었습니다. 경력에 생긴 균열이 오히려 그녀만의 독특하고 아름다운 인생길을 만들어 준 것입니다.

윤아 씨의 이야기로 다시 돌아가 봅니다. 그녀는 어느 날 SNS에 자신의 실패한 이유식 사진을 올렸습니다. 딱딱하게 굳어 버린 고구마 이유식이었습니다. 그런데 놀랍게도 아이는 그 실패한 이유식을 맛보더니 오히려 웃으면서 더 달라고 했다고 합니다. 윤아 씨는 그 순간을 우연한 성공이라며 웃어넘기고자 하는 마음으로 SNS에 글을 올렸습니다. 그런데 그녀가 예상하지 못한 반응이 돌아왔습니다.

"저도 그런 적 있어요! 한번은 이유식에 소금 대신 설탕을 넣었다니까요!"

"지난주에 저는 이유식을 냄비째로 태워 버렸어요. 남편한테 한 소리 듣고 말았죠."

수많은 공감의 댓글과 비슷한 경험을 공유하는 이야기들이 쏟아졌습니다. 사람들은 익명성 덕분에 오히려 자신의 실패를 진솔하게 드러냈고 더 깊은 유대감이 형성되었습니다. 결점을 애써 감추기보다는 자연스럽게 드러냈을 때 오히려 진정성 있는 관계가 만들어졌습니다.

"그때 문득 깨달았어요. 제 결점을 숨기느라 쓸데없이 소모하던 에너지를 더 좋은 곳에 쓸 수 있겠구나, 그리고 내 흠을 인정했을 때 오히려 마음이 편안해지는구나 하고요."

윤아 씨는 완벽한 엄마가 되어야 한다는 압박감에서 조금씩 벗어나기 시작했습니다. 그녀는 자신의 실패를 더 이상 숨기지 않고 자신만의 경험으로 받아들이게 되었습니다. 실패한 이유식에서도 배울 점을 찾아냈고, 아이가 편식한다고 해서 불안해하는 대신 좀 더 유연한 접근법을 시도하게 되었습니다.

이러한 현상은 우리 주변에서도 쉽게 찾아볼 수 있습니다. 특히 한국의 '덕질' 문화를 들여다보면 더욱 뚜렷이 나타납니다. 'BTS'나 '뉴진스'와 같은 인기 아이돌의 팬들은 완벽한 무대 위의 모습보다, 오히려 무대 뒤나 예능 프로그램에서 우연히 드러나는 서툴고 어설픈 모습, 즉 허당기에 더 깊은 애정을 품습니다. BTS 멤버 중 RM은 여러 방송과 공연에서 물건을 실수로 망가뜨려 '파괴신'이라는 애정 어린 별명을 얻게 되었고, 진이 게임에 질 때 너무 진지하게 화를 내는 모습에서 붙은 '뚱진'이라는 애칭은 팬들 사이에서 '떡밥(팬들이 좋아하는 콘텐츠)'이 되어 더욱 특별한 사랑을 받았습니다.

팬들은 이런 순간을 담은 영상과 사진을 찾아 SNS에 짤(짧은 이미지나 움짤)로 공유하며 "사랑스러워서 눈물 나" 같은 식의 반응을 보입니다. 이렇게 아이돌의 인간적인 모습을 유쾌하게 과장하여 표현하는 것을 주접(과한 애정 표현)이라고 부르는데, 팬들은 이런 주접떨기를 통해 자신이 좋아하는 아이돌과 더욱 강한 친밀감과 유대감을 형성합니다. 물론 완벽한 안무를 보여 주는 모습도 멋있지만, 안무를 틀려서 당황하는 모습이나 멤버들과 장난을 치다 실수하는 모습이 오히려 더 매력적입니다. 이런 허당 같은 모습들이 '아, 이 사람도 나와 다름없는 인간이구나!'라는 공감을 불러일으켜 더 깊은 유대감을 만들어 내는 것입니다.

이것이 바로 킨츠기가 우리에게 전하는 지혜입니다. 우리의 흠과 결점은 결코 우리를 불완전한 존재로 만드는 요소가 아닙니다. 오히려 그것들은 우리 각자가 지닌 고유한 무늬와 독특한 패턴을 만들어 내는 소중한 재료입니다. 윤아 씨가 이유식을 실패한 경험은 다른 엄마들과의 공감대를 형성하는 연결점이 되었습니다. 또한 그녀의 아이가 편식을 하는 문제는 그녀를 더 창의적이고 인내심 있는 엄마로 성장시키는 계기가 되었습니다.

킨츠기의 철학은 우리에게 완벽함과 온전함의 차이를 명확히 보여 줍니다. 흔히 말하는 완벽함은 결점이 전혀 없는 이상적 상태를 의미하지만, 사실 그런 상태는 현실 속에서 존재하지 않습니다. 오히려 진정한 온전함이란 우리 안에 존재하는 모든 측면, 다시 말해 강점과 약점, 성공과 실패, 기쁨과 슬픔 등 그 모두를 있는 그대로 인정하고 받아들일 때 찾아옵니다.

정신과 의사로서 저는 자존감 문제로 진료실을 찾는 환자들에게 종종 이런 질문을 던집니다.

"만약 당신이 사랑하는 사람이 실수를 한다면, 그 사람의 가치가 떨어진다고 생각하시나요?"

대부분의 사람들은 이 질문에 곧바로 "아니요"라고 답합니다. 그러면 저는 다시 묻습니다.

"그렇다면 어째서 스스로에게는 그토록 가혹하게 대하시나요?"

킨츠기 기법으로 아름답게 복원된 도자기처럼, 우리 안에 존재하는 균열과 상처, 깨진 부분은 결코 부끄러워하거나 숨겨야 할 대상이 아닙니다. 그것들은 우리가 살아오며 시도하고 때로는 실패했지만 결국 다시 일어섰다는 명백한 증거입니다. 금빛으로 빛나는 균열은 우리가 삶의 경험 속에서 배우고 성장했다는 아름다운 흔적입니다.

"이제 저는 실수를 할 때마다 '이것 역시 내 인생의 무늬 중 하나가 되겠지'라고 생각하게 되었어요."

윤아 씨가 미소 지으며 말했습니다.

"완벽하지 않아도 지금의 제 모습 그대로 충분히 가치가 있다는 것을 깨달았어요."

우리가 실패라고 여기는 것들이 나를 빛내는 순간

매일 아침 거울 앞에 설 때마다 우리는 선택의 기로에 서게 됩니다. 퀭한 눈 밑에 어둡게 드리워진 다크서클, 피곤에 지친 표정, 어제의 크고 작은 실수들을 그저 부족함으로 여기며 자책할 것인가, 아니면 그것을 자신만의 고유하고 아름다운 무늬로 바라볼 것인가 하는 선택입니다.

인류 역사상 가장 위대한 발명품들 중 상당수는 의외로 실패의 산물입니다. 페니실린과 포스트잇, 심지어 초콜릿 칩 쿠키까지, 이 모든 것들은 원래 계획에 없었던 실수를 통해 탄생했습니다. 인생 역시 다르지 않습니다. 우리가 실패라고 여기는 순간들은 때때로 예상치 못한 보물과 가능성을 품고 있습니다.

완벽함이라는 무거운 갑옷을 벗어 던지고 당신만의 금빛 균열을 자랑스럽게 드러내 보세요. 그 균열 사이로 비치는 빛은 세상에 하나뿐인, 당신만이 지닌 고유한 아름다움입니다. 흠집을 감추느라 소모했던 에너지를 이제 성장과 연결, 새로운 창조에 사용할 수 있습니다.

"난 이렇게 실수투성이지만 그래도 괜찮아"라는 자기 수용은 단순히 자신을 위로하는 차원을 넘어섭니다. 오히려 이는 다른 이들에게도 자신의 불완전함을 당당히 인정할 수 있는 용기를 선물하는 행위입니다. 바로 그 용기 있는 한 걸음이 우리 사회를 더 건강하고 진실된 방향으로 나아가게 합니다. 불완전함을 자연스럽게 인정하는 문화가 확산될수록 완벽해 보이려는 사회적 압박과 소모되는 에너지는 줄어들고, 우리 모두의 정신적 건강 또한 눈에 띄게 개선될 것입니다.

오늘부터 당신의 흠집을 바라보는 시선을 조금만 달리해 보세요. 당신의 모든 균열과 상처, 실패와 좌절이 어우러져 만드는 복잡하고 아름다운 패턴, 바로 그것이 온전한 당신의 모습입니다.

이를 실천하는 방법은 생각보다 간단합니다. 오늘 하루 동안, 자신의 실수나 부족함을 발견할 때마다 이렇게 생각해 보세요.

'이것도 나의 일부구나. 나의 고유한 무늬가 또 하나 생겼네.'

그리고 다른 사람의 실수를 보았을 때에도 평소보다 더 따뜻하고 이해 어린 시선을 보내 보세요. 이런 작은 연습들이 하나둘 쌓이면 삶은 조금씩 변화하기 시작할 것입니다.

우리는 사실 타인에게 완벽함을 기대하지 않습니다. 오히려 결점을 가진 사람에게 더욱 깊은 연민과 공감, 이해를 느끼곤 합니다. 오늘부터는 스스로에게도 바로 그런 따뜻한 시선을 보내 주세요. 당신이 가진 모든 흠집과 균열이 빛나는 금빛 선으로 아름답게 메워질 때, 세상에 단 하나뿐인 걸작, 바로 당신 자신이 온전하고 찬란하게 완성될 테니까요.

감정 사전
새로 쓰기

"오늘 하루 어땠어?"

아이를 재우고 겨우 소파에 앉자 남편이 물었습니다. 머릿속으로 수많은 일들이 필름처럼 빠르게 지나갔지만 입술을 떠난 말은 단 한 마디였습니다.

"그냥… 힘들었어."

그렇게 말을 멈추고 말았습니다. 왜 힘들었는지, 어떤 감정이었는지 설명하려 애써 봤지만 딱 맞는 단어가 떠오르지 않았습니다. 사실 오늘 하루를 '힘들다'라는 단어 하나에 담기엔 너무나도 많은 감정이 뒤섞여 있었습니다. 아침에 아이가 등원을 거부하며 느꼈던 당혹스러움, 병원 업무 마감 시간이 다가와 밀린 일 때문에 조바심을 내며 초조했던 순간들, 아이의 선생님과 전화 통화를 하며 밀려온 부담감, 집에 돌아와 혼자 저녁을 준비하면서 느꼈던 짙은 외로

움까지…. 하지만 이 모든 감정은 결국 '힘들다'라는 말 하나로 뭉뚱그려졌습니다.

자존감이 낮을수록 부정적인 감정에 민감한 이유

정신과 의사로서, 저는 비슷한 상황에 놓인 엄마들을 참 많이 만났습니다. 특히 자존감이 낮은 엄마들은 자신의 감정을 세밀하게 인식하거나 정확히 표현하는 능력, 즉 '감정 문해력Emotional Literacy'이 부족한 경우가 많습니다. 이들은 대개 짜증, 힘듦, 속상함 같은 몇 가지 단어에 의존해 자신의 복잡한 감정을 표현하곤 합니다. 마치 풍부한 어휘가 담긴 두꺼운 사전 대신 몇 장짜리 얇은 단어장만 가지고 있는 사람들처럼 말입니다.

진료실에서 만난 38세 한나영 씨는 매일 같이 아이의 작은 실수에도 과민 반응을 보이는 자신이 너무 싫다고 털어놓았습니다.

"아이가 우유를 조금 쏟았을 뿐인데 저도 모르게 소리를 지르고 말았어요. 그리고는 곧바로 후회가 밀려왔죠. 저도 이해할 수가 없어요. 왜 이렇게 사소한 일에 과민하게 반응하는지 모르겠어요."

나영 씨와의 대화를 통해 제가 발견한 것이 있었습니다. 그녀는 자신의 감정 자체를 들여다보기보다는 상황을 마주할 때마다 자신에 대한 평가부터 앞세우고 있었습니다. 아이가 우유를 쏟은 사건은 단순히 짜증스러운 상황이 아니라, 즉시 '나는 좋은 엄마가 아니다', '아이를 제대로 키우지 못하고 있다'라는 자기 비난과 연결되어 버린 것이지요.

자존감이 낮은 사람들은 부정적인 감정에 유독 민감합니다. 어린 시절부터 타인의 부정적 반응만을 예민하게 감지하도록 학습된 탓입니다. 마치 위험 신호에만 울리도록 설정된 경보 시스템과도 같지요. 그래서 긍정적인 감정은 쉽게 놓치고 부정적인 감정에는 필요 이상으로 과민하게 반응하게 됩니다.

사회적 학습 이론 Social Learning Theory에 따르면, 우리는 환경과 끊임없이 상호작용하며 특정한 반응의 패턴을 몸과 마음에 익힙니다. 자존감이 낮은 엄마들은 과거 경험을 통해 부정적인 피드백과 비판, 차가운 시선에 유독 민감하게 반응하도록 학습되었습니다. 그리고 이런 반응 패턴은 어느새 자신도 모르게 감정을 인식하고 표현하는 방식에까지 깊은 흔적을 남깁니다.

"친구 어머니가 돌아가셔서 장례식에 갔어요. 뭐라고 위로해야 할지 몰라서 인터넷에서 조문 멘트를 검색했죠."

35세 김영주 씨가 담담히 꺼낸 이 말은 오랫동안 제 마음속에 깊은 인상을 남겼습니다. 그녀는 타인의 슬픔과 아픔을 진정으로 이해하거나 공감하기보다는, 그 순간에 적절한 반응을 보여 줘야 한다는 압박과 의무감에 사로잡혀 있었습니다. 이것은 자기 자신의 감정조차 제대로 읽고 이해하지 못하는 사람이 다른 이의 감정을 진정으로 헤아리고 공감하기가 얼마나 어려운지를 보여 주는 하나의 상징적인 사례였습니다.

심리학자 피터 샐러베이Peter Salovey와 존 메이어John Mayer는 '감정 지능Emotional Intelligence' 이론을 제안하며, 자신의 감정을 인식하고 이해하는 능력이 타인의 감정을 공감하고 그에 적절히 반응하는 능력의 기초라고 설명했습니다. 감정 문해력이 자신의 감정을 정확히 읽고 표현하는 가장 기본적인 능력이라면, 감정 지능은 여기에서 더 나아가 그 감정의 의미를 깊게 이해하고, 조절하고, 상황에 따라 유연하게 활용할 수 있는 고차원적 능력까지를 포함하는 개념입니다.

자존감이 낮은 사람들에게서 흔히 발견되는 특징 하나는 타인의 감정 그 자체보다 타인의 반응과 평가에 지나치게 민감하게 반응한다는 것입니다. 슬픔을 느껴야 할 장례식에서도 상대의 아픔을 진정으로 공감하기보다는, '내가 지금 어떻게 보일까?', '무슨 말을 해야 실수를 하지 않을까?' 하는 생각에만 몰두하게 됩니다.

이런 사람들은 겉으로 보면 흔히 눈치가 빠르거나 상황 판단이 뛰어난 사람처럼 보일 수 있습니다. 하지만 그 이면을 들여다보면 진정한 정서적 교류가 아니라 타인의 부정적인 반응만 예민하게 감지하도록 과도하게 발달된 일종의 생존 기술일 뿐입니다. 이들은 진정한 감정 언어에 익숙하지 않아 상황에 맞는 적절한 반응을 하는 데에만 급급한 상태로 살아갑니다.

자존감이 낮은 엄마들이 사용하는 감정 사전에는 몇 가지 두드러진 특징이 있습니다. 첫째로, 부정적인 감정 어휘가 대부분을 차지합니다. 자주 등장하는 단어는 짜증, 불안, 걱정, 우울함 등으로, 긍정적인 감정 표현을 찾아보기 어렵습니다. 둘째, 감정의 미묘한 차이나 깊이를 잘 구분하지 못합니다. 예를 들어, '화남'이라는 감정 안에는 짜증, 분노, 격노, 억울함, 불만, 실망처럼 다양한 감정들이 섬세하게 숨어 있습니다. 그러나 감정 어휘가 부족한 사람들은 이 모든 미묘한 결의 감정들을 단지 '화났다'라는 하나의 단어로 압축해서 표현합니다. 마치 제한된 색깔만으로 그림을 그리려는 화가처럼, 세상에 존재하는 다채로운 감정의 색채를 제대로 표현하지 못하는 것과 같습니다.

이렇게 빈약한 감정 어휘는 자신에 대한 이해를 가로막습니다. 내가 어떤 감정을 느끼는지 명확히 알지 못하니 그 감정의 원인을 찾기도, 적절히 대처하기도 쉽지 않습니다. 자신과의 연결이 단절된 만큼, 타인과의 정서적 교류 역시 제한됩니다. 내 감정을 제대로 표현하지 못하면 상대방의 섬세한 감정도 제대로 이해하기 어렵기 때문입니다.

감정에 이름 붙이기

36세 윤가영 씨는 매일 습관처럼 "짜증 난다"라는 한마디로 모든 감정을 표현하곤 했습니다. 어느 날, 저는 그녀에게 조심스럽게 제안했습니다.

"'짜증'이라는 말 대신, 지금 가영 씨가 느끼는 감정을 조금 더 세부적으로 표현해 볼 수 있을까요?"

처음엔 당황하고 어려워했던 가영 씨는 노력을 거듭하면서 차츰 자신의 내면에 귀를 기울이기 시작했습니다. 감정 일기를 적으면서 '짜증'이라는 단어 대신 더 정확하고 구체적인 단어를 찾아 나갔고, 몇 주 후 놀라운 변화를 보여 주었습니다.

"아이가 말을 듣지 않을 때는 '무시당하는 느낌'이에요."

"남편이 집안일을 돕지 않을 땐 '혼자라는 외로움'이 밀려와요."

"제가 무언가 완벽히 해내지 못할 때는 '스스로에 대한 실망감'이 들어요."

가영 씨는 점점 자신의 감정을 더 섬세하고 풍부하게 표현할 수 있게 되었습니다. 놀라운 것은 그렇게 감정에 정확한 이름을 붙이자, 감정의 무게가 이전처럼 버겁게 느껴지지 않게 되었다는 점입니다. 막연히 '짜증'이라는 한 단어로 뭉뚱그려지던 감정을 '무시당하는 느낌'과 같은 명확한 이름으로 마주할 때, 그녀는 감정을 어떻게 다뤄야 하는지 이해할 수 있게 되었습니다.

감정에 정확한 이름을 붙이는 것은 생각보다 훨씬 강력한 효과가 있습니다. 심리학 연구에서도 감정을 명확히 인식하고 표현할 때 뇌의 편도체, 즉 감정을 처리하는 영역의 활성화가 줄어들고, 이성적 사고를 담당하는 전전두피질prefrontal cortex의 활성화가 증가한다고 밝힌 바 있습니다. 다시 말해, 감정에 정확한 이름을 붙이는 것만으로도 감정 조절 능력이 현저히 향상된다는 것입니다.

감정 사전을 새로 쓰는 행위는 단순히 감정 표현의 단어를 늘리는 일이 아닙니다. 그것은 내면의 소리에 귀 기울이고, 스스로를 더 깊이 이해해 나가기 위한 훈련입니다. 자신의 감정을 정확히 인식하고 섬세하게 표현하는 사람은 타인의 기대와 평가에 쉽게 휘둘리지 않고 자신의 내적 경계를 든든히 지켜낼 수 있습니다.

수많은 임상 경험 속에서 저는 분명한 하나의 패턴을 발견했습니다. 자존감이 낮은 사람일수록 자신의 감정을 정확히 인식하고 표현하는 데 어려움을 겪는다는 것입니다. 그리고 이 능력이 회복될 때 자존감 또한 다시 건강하게 자라나는 모습을 목격할 수 있었습니다.

엄마가 된 후 우리는 종종 자신의 감정을 뒤로 미루고 가족의 필요에 먼저 응답합니다. 그러나 이렇게 자신의 감정을 외면하거나 꾹 눌러두는 것은 결코 건강한 희생이 아닙니다. 오히려 우리가 자신의 감정을 인지하고 소중히 여길 때 더 건강한 모습으로 사랑하는 사람들을 돌볼 수 있습니다.

감정을 제대로 표현하는 엄마의 모습은 아이들에게도 아주 소중한 본보기가 됩니다. 엄마가 자신의 마음을 살피고 솔직하게 표현하는 모습을 보며 아이들은 자연스럽게 자신의 감정을 다루는 법을 배워 갑니다. 이 과정은 아이들이 건강한 정서를 발달시키고 튼튼한 자존감을 키우는 데 필수적인 토양이 되어 줍니다.

오늘부터 작지만 의미 있는 실천을 시작해 보세요. 하루에 단 한 번이라도 무심코 "그냥 힘들었어"라고 말하는 대신, 그 순간에 느꼈던 감정의 진짜 이름을 찾아 붙여 보는 겁니다. 아이와 갈등을 겪은 뒤 내 마음에 남은 것이 '좌절감'인지, '심리적인 고갈감'인지, 아니면 '인정받고 싶은 마음'이었는지를 차분히 들여다보는 것입니다.

"그냥 힘들었어"라는 말은 어쩌면 서운함일 수도, 소외감이나 번아웃, 성취감 부족 혹은 인정받고 싶은 갈망일 수도 있습니다. 그렇게 하나하나 이름을 붙이는 순간, 그 감정은 더 이상 나를 압도하지 않습니다. 오히려 나 자신을 더 깊이 이해할 수 있는 소중한 열쇠가 되어 줄 것입니다.

자존감이 낮은 엄마에서 자신을 사랑하고 존중하는 엄마로 변해 가는 여정에서, 감정 사전을 다시 쓰는 일은 당신의 삶을 되찾고 잃어버렸던 마음의 언어를 다시 발견하는 과정입니다. 자신의 감정에 귀를 기울이고 그것을 존중하며 표현할 수 있을 때, 당신은 비로소 온전한 자신으로 단단히 서 있을 수 있게 될 것입니다.

통제 불가능한
세상과 화해하기

"이렇게 될 줄 알았으면 차라리 결혼하지 말 걸 그랬어요…."

진료실에서 마주 앉은 37세 김지연 씨가 깊은 한숨과 함께 힘겹게 내뱉은 말입니다. 그녀는 금융권에서 누구보다 능력을 인정받던 사람이었지만 결혼 이후 시댁과의 관계 속에서 전혀 예상하지 못했던 갈등을 겪고 있었습니다. 아무리 최선을 다해도 시어머니의 마음에는 닿지 않았고, 심한 입덧에도 명절 음식을 완벽하게 준비해야 한다는 부담감에 시달리고 있었지요.

"정말 저는 제가 할 수 있는 모든 걸 다 했어요. 시어머니가 좋아하는 요리도 배우고, 집안의 가풍이며 예절도 익히려고 애썼는데…. 아무리 노력해도 저는 '우리 며느리'라는 말을 들을 수 없는 것 같아요. 이젠 더 이상 무엇을 어떻게 해야 할지 모르겠어요."

많은 여성들이 결혼과 출산을 겪으며 통제 불가능한 세상과 마주

합니다. 남편은 내가 선택한 사람이지만 결국 나와는 다른 타인이며, 시댁은 애초부터 선택의 여지가 없는 관계입니다. 또한 아이는 어떤 성격과 기질을 타고날지 전혀 알 수 없는 존재이죠. 이렇게 계획하고 기대했던 일과는 전혀 다른 현실을 마주하면서 여성들은 내가 어찌할 수 없는 세상과 본격적으로 직면하게 됩니다.

삶은 최선을 다한 만큼 뜻대로만 흘러가지 않기에

한때 TV 프로그램에서는 '금쪽이'와 '금명이'라는 말이 자주 들려왔습니다. 금쪽이는 다양한 문제 행동을 보이는 아이이고, 금명이는 드라마에 나오는 주인공으로 공부 잘하는 모범생이고 똑똑하게 자기 앞가림도 잘하는 아이입니다. 흥미롭게도 같은 사랑과 정성을 기울여도 어떤 가정에는 금쪽이가 태어나고, 또 다른 가정에서는 금명이가 태어납니다.

하지만 우리가 놓치고 있는 사실이 하나 있습니다. 금명이처럼 똑똑하고 잘난 아이가 태어나면 부모는 마냥 좋을 것이라 여깁니다. 그러나 현실은 다릅니다. 오히려 또 다른 형태의 통제 불가능한 현실에 부딪히게 됩니다. 드라마 〈폭싹 속았수다〉에서도 그려졌듯, 잘난 자식을 제대로 뒷바라지할 수 없는 부모의 어려움과 그런 부모를 원망하는 금명이의 모습을 보며 씁쓸한 공감을 하게 됩니다.

사실 우리의 자녀들은 대부분 금쪽이와 금명이 사이, 그 어디 쯤에 있는 평범한 아이들입니다. 하지만 그럼에도 엄마라는 자리는 여전히 통제할 수 없는 상황에 놓일 수밖에 없습니다. 우리가 열심히 양육한다고 해서 아이가 꼭 우리의 기대대로 성장하지는 않고, 시댁과의 관계 역시 최선을 다한다고 해서 반드시 좋아지는 것도 아닙니다.

이렇듯 삶에는 인과율이 맞지 않는 영역이 생각보다 많습니다. 최선을 다해 노력해도 결과가 뜻대로 나오지 않고, 바라는 방향으로 흘러가지 않는 수많은 일들이 존재합니다. 그럼에도 현대 사회, 특히 우리 한국 사회는 이런 불확실성과 통제 불가능성을 인정하기보다 "노력하면 안 되는 게 없다", "의지만 강하면 무엇이든 이룰 수 있다"라는 신화를 강요하며 우리를 더욱 아프게 하고 있습니다.

42세 정민희 씨는 조용하고 내성적인 아들을 둔 엄마입니다. 그녀는 아들이 좀 더 활발하고 사람들과 잘 어울리기를 바라는 마음에 여러 가지 사회성 프로그램과 스피치 학원, 모임에 참여시켰지만, 아이는 여전히 구석에서 혼자 있는 모습을 보이곤 했습니다.

"다른 아이들은 다들 즐겁게 노는데 우리 아이만 혼자 구석에 있어요. 혹시 제가 뭔가 잘못한 건 아닌지…. 어떻게 더 노력해야 하는 건지 모르겠어요."

민희 씨의 고민에서 우리는 통제 욕구와 현실 사이의 괴리를 느낄 수 있습니다. 아이의 기질은 부모가 노력한다고 해서 바꿀 수 있는 것이 아닙니다. 내성적인 아이가 갑자기 외향적으로 변하는 건 쉽지 않고, 반드시 그렇게 바꿀 필요도 없습니다. 그러나 '내가 노력하면 아이가 달라질 거야'라는 믿음, 다시 말해 내가 무엇인가를 통제할 수 있다는 환상은 결국 그녀를 계속해서 자책과 무력감의 늪으로 빠뜨렸습니다.

우리는 왜 이렇게 통제하려는 욕구가 강할까요? 이는 바로 통제감이 주는 심리적인 안정감 때문입니다. 우리가 상황을 통제할 수 있다고 믿으면 미래가 예측 가능하고 안정적으로 느껴집니다. 반대로 내가 통제할 수 없다는 생각이 들면 불안과 무력감이 밀려오게 됩니다. 특히 불확실성을 견디기 어려운 한국 사회에서는 이런 통제 욕구가 더욱 두드러지게 나타나곤 합니다.

하지만 받아들이기 쉽지 않은 진실은, 우리 삶의 많은 부분이 본질적으로 통제 불가능하다는 것입니다. 아무리 철저하게 계획하고 준비해도 언제든 예상치 못한 변수들이 생기기 마련이며, 타인의 마음이나 행동, 사회적 환경, 심지어 우리 자신의 감정까지도 온전히 통제할 수는 없습니다.

통제의 환상에서 벗어나기

수용전념치료는 이런 통제 불가능한 상황을 대하는 새로운 관점을 제시합니다. 이 치료법은 우리가 통제할 수 없는 것들(감정, 생각, 타인의 행동, 과거의 사건)을 억지로 바꾸려 애쓰기보다는 있는 그대로 수용하고, 우리가 실제로 통제할 수 있는 부분, 즉 우리의 행동과 반응에 더 많은 에너지를 쏟을 것을 권합니다.

35세 이희선 씨의 이야기를 살펴보겠습니다. 그녀의 첫째 아이는 흔히 말하는 금쪽이였습니다. 과잉행동, 집중력 부족, 충동적인 행동 등으로 엄마로서는 감당하기 힘든 특징들을 갖고 있었죠. 희선 씨는 처음엔 자신의 양육 방식이 문제라 생각하고 수많은 육아서적을 읽으며 아이의 행동을 바로잡기 위해 여러 가지 규칙과 시스템을 도입했습니다. 그러나 상황은 점점 나빠지기만 했습니다.

"제가 더 엄격하게 규칙을 세우고 단호하게 훈육하면 나아질 거라고 생각했어요. 그런데 아이는 오히려 더 반항했고, 저는 지쳐만 갔어요. 정말 악순환이었죠."

희선 씨의 변화는 자신이 아이의 특성을 완벽히 통제할 수 없다는 사실을 인정하면서 시작되었습니다. 그녀는 아이를 무리하게 바꾸려는 대신 아이의 모습을 있는 그대로 받아들이기 시작했고 아이의 특성에 맞는 환경을 만들어 주는 데 힘을 쏟았습니다.

"아이를 바꾸려고 노력하는 대신 아이에게 맞는 환경을 조성해 줬더니 놀랍게도 상황이 점차 나아지기 시작했어요. 아이도 편안해졌고, 무엇보다 제 마음이 훨씬 더 가벼워졌어요."

이 사례를 통해 우리는 중요한 통찰을 얻을 수 있습니다. 우리가 통제할 수 없는 일들에 대한 통제를 내려놓을 때, 오히려 더 나은 결과와 심리적 평화를 얻을 수 있다는 점입니다. 이는 고대 스토아 철학자인 에픽테토스가 이야기한 '통제의 원Dichotomy of Control'과도 일맥상통합니다. 그는 우리의 행복이 우리가 통제할 수 있는 것에 집중하고 통제 불가능한 것에 대한 집착을 내려놓을 때 비로소 가능해진 다고 말했습니다.

통제 내려놓기는 단순한 포기나 체념이 아닙니다. 그것은 현실을 있는 그대로 직시하고 그 안에서 내가 할 수 있는 작은 선택들에 집중하는 지혜로운 태도입니다. 지연 씨의 경우, 시어머니의 마음을 얻기 위해 무리하게 노력하는 대신 자신의 한계를 인정하고 그 안에서 균형을 찾는 방향으로 마음을 정했습니다.

"시어머니의 마음까지 제가 통제할 수 없다는 걸 받아들이니 오히려 마음이 편안해졌어요. 이전에는 어떻게 하면 시어머니가 날 좋아할까만 생각했는데, 이제는 제가 할 수 있는 만큼 최선을 다하고 결과는 받아들이자고 생각하니까 훨씬 좋아졌어요."

통제 불가능한 세상과 화해하는 것은 삶의 불확실성을 받아들이고, 그 안에서도 우리가 할 수 있는 작은 선택들을 통해 의미와 아름다움을 발견해 가는 여정입니다. 아이는 저마다의 독특한 기질과 성향을 가지고 태어나며, 성장할수록 자신만의 선택과 결정을 내리게 됩니다. 부모로서 우리가 할 수 있는 일은 이런 상황 속에서도 아이를 믿고 지지하며, 때로는 실패하고 넘어지더라도 그것이 성장의 일부임을 인정하는 것입니다.

민희 씨는 결국 아들의 내향적 성격을 있는 그대로 받아들이기로 했습니다. 대신 아이가 자신의 방식으로 세상과 소통할 수 있는 길을 찾도록 도왔습니다.

"우리 아이는 조용하고 깊이 생각하는 아이예요. 더 이상 그걸 문제라고 생각하지 않아요. 오히려 그런 특성이 나중에 어떤 장점이 될지 기대가 돼요."

통제 불가능한 세상과 화해하는 과정은 결코 쉽지 않습니다. 그것은 기존의 기대와 환상을 내려놓고 때로는 상실과 좌절을 경험하는 과정이기도 합니다. 하지만 이러한 화해 과정을 통해 우리는 더 깊은 지혜와 유연성, 그리고 진정한 수용의 힘을 경험하게 됩니다.

우리의 자존감은 '내가 모든 것을 통제할 수 있다'라는 환상에 기대고 있을 때 가장 취약합니다. 왜냐하면 그런 환상은 필연적으로 깨질 수밖에 없고, 그때마다 우리는 자신을 무능하다고 판단하게 되기 때문입니다. 반면 통제 불가능한 것들을 인정하고 그 안에서 작은 선택들을 해 나갈 때, 역설적으로 우리의 자존감은 더 단단해질 수 있습니다.

이러한 수용의 자세를 기르기 위한 첫걸음은 통제할 수 있는 것과 통제할 수 없는 것을 구분하는 일입니다. 예를 들어, 우리는 타인의 감정과 반응, 외부 환경의 변화, 과거의 사건들은 통제할 수 없지만, 자신의 행동, 반응, 관점, 현재에 집중하는 능력은 통제할 수 있습니다.

"나는 세상의 모든 것을 통제할 수 없다. 하지만 그것은 내가 무능하다는 뜻이 아니라, 내가 불확실성 속에서 여러 가지의 가능성을 바라볼 수 있는 인간이라는 뜻이다." 이런 이해에서 비롯된 자존감은 외부 환경이나 타인의 평가에 좌우되지 않는, 보다 단단하고 지속 가능한 자산이 될 것입니다.

막연한 생각에서
구체적 계획으로

"언젠가는 내 공부도 다시 시작해 볼까?"

"주말에는 꼭 운동을 해야지."

"아이가 조금만 더 크면 나도 좋아하는 취미 생활 하나쯤은 시작할 거야."

하루가 끝나고 아이를 겨우 재운 후, 홀로 남겨진 조용한 시간에 이런 생각들이 슬그머니 찾아옵니다. 고단한 하루를 보낸 뒤에 꿈꾸는 잠깐의 상상은 소소하지만 소중한 위안이 되곤 합니다. 그런데 막상 무언가를 해 봐야겠다는 다짐을 해도 그 결심은 종종 희미하게 흐려져 버리고 맙니다. 다음 주가 되고 다음 달이 지나고 또 다음 해가 다가와도, 우리는 여전히 같은 생각만 되풀이하고 있습니다. 왜 그럴까요? 왜 머릿속의 수많은 계획을 실제 행동으로 옮기지 못하는 걸까요?

정신과 의사로 진료실에서 만난 엄마들은 하나같이 비슷한 고민을 털어놓습니다.

"마음은 분명 있는데 실천이 잘 안 돼요."

"항상 계획만 세워 두고 실제 행동을 못 하겠어요."

이렇게 말하는 분들은 대개 자신의 의지가 부족하다고, 또는 게으르다고 자책합니다. 그러나 이 문제는 단순히 의지력의 부족이 아니라 훨씬 더 섬세하고 복합적인 심리적 과정과 연결되어 있습니다.

생각을 실제 행동으로 옮기는 방법

사실 막연한 생각에만 머무는 것은 우리에게 일종의 심리적 안전지대 역할을 합니다. 실행하지 않는 이상 실패를 경험할 위험이 없기 때문입니다. "언젠가 반드시 할 거야"라는 막연한 기대는 그 자체로 당장의 불안감을 덜어 주는 작은 위안이 됩니다. 어느 정도의 심리적 보호막인 셈이지요. 하지만 이런 상태가 길어지면 마음은 점점 위축됩니다. 내가 나 자신에게 한 약속을 번번이 어기고 있기 때문입니다.

진료실에서 만난 37세 박윤경 씨가 떠오릅니다. 그녀는 출산 전에는 아동문학 잡지사에서 글을 쓰는 편집자였습니다. 아이가 태어난 후 육아에 집중하면서 경력이 단절되었고, 프리랜서 동화 작가로 전향하고 싶은 꿈을 1년 넘게 마음에만 담아 두고 있었습니다. 윤경 씨는 늘 이렇게 말했습니다.

"아이가 유치원에 들어가면 시작할 거예요."

"남편 야근이 줄어들면 해 봐야죠."

"집 이사하고 정리 다 끝나면 정말 제대로 해 볼 생각이에요."

그렇게 조건만 계속 추가하며 행동을 미루던 그녀가 어느 날 쓴 웃음을 지으며 이야기했습니다.

"정말 웃긴 건 제가 원래는 마감에 강한 사람이었다는 거예요. 회사에서는 어떤 기획도 척척 잘 해냈는데, 지금은 동화 한 편 쓰는 것도 무섭네요. 제가 쓴 원고가 출판사에서 거절당하면 어쩌나 싶고, 다시 일을 시작했다가 아이를 소홀히 하게 될까 걱정되고, 일과 육아 사이에서 다시금 지쳐 버릴까 봐 겁이 나요."

그녀의 말 속에서 저는 아주 중요한 실마리를 발견했습니다. 바로 '두려움'입니다. 우리는 막연한 상상을 구체적 계획으로 바꾸는 순간 현실이라는 벽과 마주치게 됩니다. 그 현실 속에는 다양한 제약과 무거운 책임, 실패할 가능성이라는 두려움이 숨어 있습니다. 바로 그 두려움이 우리를 상상의 단계라는 안전지대에 계속 머물도록 붙잡아 두고 있는 것입니다.

심리학자 피터 골위처Peter Gollwitzer는 이렇게 막연함에서 벗어나 구체적인 행동을 유도하는 방법으로 '실행 의도Implementation Intention'라는 개념을 제안했습니다. 그의 연구에 따르면, "언젠가는 운동을 시작해야겠다"와 같이 막연한 목표를 세우는 것보다, "내일 아침 7시에 일어나 10분 동안 스트레칭을 하겠다"처럼 구체적인 시간과 행동을 정한 계획을 세우는 편이 행동으로 이어질 확률을 훨씬 높인다고 합니다. 특히 '만약 X 상황이 오면, 나는 Y 행동을 할 것이다'와 같은 '만약에-할 것이다if-then' 방식의 계획은 단순히 목표만 설정한 경우보다 실제 행동으로 옮길 가능성을 2~3배 이상 높인다는 사실이 여러 후속 연구를 통해 입증되었습니다.

하지만 사실 우리가 정작 알아야 할 것은 이론을 이해하는 것이 아니라 그것을 내 삶에서 실천하는 일입니다. 진료실에서 만난 분들과 자주 나누는 대화 중 하나가 바로 "막연한 생각에서 어떻게 구체적인 행동으로 넘어갈 수 있을까요?"입니다. 이에 대해 몇 가지 생각을 나눠 봅니다.

첫 번째는 계획을 세우기 전에 이름 붙이기를 해 보는 것입니다. 내 마음속에서 자꾸 맴도는 꿈을 좀 더 선명하게 그려 보는 것이지요. "나는 정확히 무엇을 원하는 걸까?"라는 질문을 던지고 최대한 구체적인 답을 찾아가는 것입니다. 막연히 "자기 계발을 해야겠다"가 아니라 "일주일에 한 번, 한 시간짜리 온라인 강의를 듣겠다"처럼 명확한 행동으로 이름을 붙일 때 우리의 생각은 행동 가능한 계획이 됩니다.

두 번째로는 거창한 계획보다 아주 작고 사소한 행동으로 시작하는 것입니다. 저는 진료실에서 자주 이런 질문을 합니다.

"그 계획을 가장 작게 나눈다면 무엇이 될까요? 너무 작아서 거부할 수도 없을 만큼 작은 행동이요."

예컨대 "매일 30분씩 책을 읽겠다"가 아니라 "오늘 책장에서 읽고 싶은 책 한 권만 골라 꺼내 놓겠다"와 같이 아주 작고 쉬운 행동으로 시작하는 것이지요.

윤경 씨에게도 이런 방식으로 조언을 했던 적이 있습니다. 처음엔 그녀도 반신반의했지만 곧 실행에 옮겼습니다. 그녀가 세운 목표는 아이가 낮잠 자는 15분 동안 '동화 한 문장 쓰기'라는 아주 작은 행동이었습니다. 그녀의 계획은 간단한 조건문 형태였습니다.

"아이가 잠들면, 나는 노트북을 열고 단지 한 문장만 쓴다."

놀랍게도 이 작은 변화가 6개월 후 어린이 잡지에 짧은 동화를 연재하는 계약으로 이어졌습니다. 그녀는 이렇게 말했습니다.

"처음에는 하루에 한 문장이라는 게 솔직히 웃기고 말도 안 된다고 생각했어요. 그런데 신기하게도 이 작은 목표는 너무 작아서 오히려 거부할 명분이 없더라고요. 일단 노트북을 열면 한 문장이 금세 다섯 문장이 되었고, 그러다 보면 어느새 하나의 짧은 이야기가 만들어져 있었어요. 무엇보다 '나는 내가 정한 일을 해낼 수 있는 사람이구나' 하는 느낌을 다시 얻었어요. 그 느낌이 제가 다시 글을 쓸 수 있도록 만들어 준 것 같아요."

작은 실천이 큰 변화의 시작

윤경 씨의 경험은 작은 실천이 가져오는 심리적 변화를 선명히 보여 줍니다. 바로 '자기효능감'이라는 개념이 현실에서 어떻게 작동하는지 잘 보여 준 것이죠. 자기효능감이란 특정 상황에서 필요한 행동을 내가 성공적으로 할 수 있다고 믿는 개인의 신념입니다. "나는 할 수 있어"라는 믿음은 거창한 목표를 달성했을 때가 아니라, 작고 소소한 성공 경험들이 쌓일 때 가장 효과적으로 만들어집니다. 윤경 씨가 했던 것처럼 작은 약속을 하나씩 꾸준히 지켜 내는 바로 그 과정이 자기효능감을 형성하고 강화하는 출발점인 것입니다.

저 역시 제 삶을 돌아볼 때 이 법칙이 그대로 적용된 경험이 있습니다. 정신과 전공의 시절, 알코올 중독 환자의 재발 요인을 연구해 논문을 쓰겠다는 생각을 1년 넘게 반복하며 품고만 있었던 적이 있습니다. 늘 완벽한 연구 계획을 세우려 했지만 빡빡한 환자 진료 일정과 당직 근무에 지쳐 매번 중도에 포기하고 말았지요. 변화를 가져온 것은 거창한 계획이 아니라, 아주 작고 소박한 '만약에-할 것이다' 방식의 약속이었습니다.

"매일 밤 9시가 되면, 논문 관련 아이디어 단 한 줄이라도 메모하기."

그 작은 메모들은 매일 조금씩 쌓였고, 결국 하나의 논문으로 완성되어 학회지에 게재되었습니다.

이 과정에서 제가 얻은 가장 깊은 통찰은, 성취의 크기 자체가 아니라 내가 스스로 정한 일을 지켜 낸 경험이야말로 자존감을 회복하는 가장 중요한 요소라는 사실이었습니다. 우리는 대부분 큰 성공을 이루지 못해서 자존감이 떨어지는 게 아닙니다. 진짜 문제는 자신과의 약속을 번번이 어기는 경험이 반복되면서 내면의 신뢰가 무너지는 데 있습니다.

특히 엄마들은 아이를 위한 결정은 흔들림 없이 행동으로 옮기면서도 자신을 위한 일은 쉽게 뒤로 미루는 경향이 강합니다. 이런 불균형이 지속되면 내면에는 조용히 "나는 중요한 존재가 아니다"라는 부정적인 메시지가 쌓입니다. 그래서 저는 단순히 "자신을 위한 시간도 가져 보세요"라는 막연한 조언보다는 "너무 작아서 실패하기 어려운 아주 작은 약속부터 시작해 보세요"라는 구체적인 접근이 더 효과적이라는 것을 자주 경험합니다.

엄마로 살아가는 삶은 특히나 예측 불가능한 변수들로 가득 차 있습니다. 갑자기 아이가 아플 수도 있고, 가족 모임 같은 예상치 못한 일이 생길 수도 있으며, 피곤함이 쌓여 아무것도 할 수 없는 날도 있습니다. 그렇기에 완벽하고 화려한 계획보다 중요한 것은 지금 당장 할 수 있는 아주 작고 소중한 한 걸음입니다. 그 작고 쉬운 한 걸음들이 차곡차곡 쌓이면 조금씩 변화가 찾아오고 그 변화가 다시 우리의 자존감을 회복시키는 자양분이 됩니다.

이런 과정을 통해 제가 다시금 깨달은 점은, 막연한 상상에서 구체적인 계획으로 나아가는 길에서 완벽주의는 오히려 가장 큰 장애물이 된다는 사실입니다. 우리는 흔히 이상적인 계획을 세우느라 지쳐 버리고, 결국 아무것도 하지 않은 채 머릿속에서만 맴도는 함정에 빠지고 맙니다. 그러나 작지만 지금 바로 실행 가능한 계획 하나를 세우고 그것을 이루었을 때 찾아오는 만족감이야말로 진정한 변화의 시작점이라는 것을, 저는 삶과 진료실의 많은 이야기 속에서 거듭 경험했습니다.

이 글을 읽고 있는 당신께도 조심스럽게 질문을 건네고 싶습니다. 그동안 "언젠가는"이라는 말을 되뇌며 머릿속에만 고이 담아 둔 꿈이나 계획이 있으신가요? 그렇다면 지금 당신이 할 수 있는 가장 작고 소박한 첫걸음은 무엇일까요? 너무나 작고 소소해서 거부할 이유조차 찾기 힘든 바로 그 한 걸음 말입니다.

오늘 바로 이 순간, 당신의 꿈을 위해 딱 5분만 시간을 내어 보세요. 그 작은 5분이 앞으로 당신 삶의 중요한 변화를 만들어 낼 시작점이 될 수도 있습니다. 완벽한 계획은 세상에 없습니다. 생각과 계획으로만 가득 채워진 한 달보다, 작지만 구체적인 행동으로 채워진 오늘 하루가 훨씬 더 큰 변화를 만들어 냅니다. 막연한 꿈의 안전지대를 벗어나 구체적인 작은 한 걸음을 내디뎌 보세요. 당신에게는 충분히 그럴 자격이 있고, 또 그럴 힘이 있습니다.

갈등이 우리를
성장시킨다는 착각

"왜 이렇게 자주 부딪힐까요?"

이 질문은 진료실에서 수없이 듣는 말 중 하나입니다. 사실 부모와 자녀 사이에서는 하루에도 여러 번 의견 충돌이 일어납니다. 놀랍게도 이러한 갈등은 대개 똑같은 주제를 두고 반복됩니다.

"저는 아이를 키우는 게 아니라 매일 아이와 싸우려고 드는 것 같아요."

한 젊은 엄마가 눈물을 글썽이며 털어놓은 이 말은 마음 깊은 곳을 건드립니다. 그녀는 곧이어 이렇게 덧붙였습니다.

"아이도 지지 않으려 들고, 저도 져 주기 싫어서 매일이 전쟁터예요."

이 고백은 많은 관계의 핵심을 정확히 짚고 있습니다. 우리는 종종 자녀를 양육하거나 배우자와 소통하기보다는 싸워서 이겨야 하는 전투에 빠져듭니다. 〈결혼 지옥〉이나 〈이혼 숙려 캠프〉 같은 TV 프로그램에서는 이런 갈등의 장면이 더욱 생생히 드러납니다. 사람들은 상대방의 잘못을 비난하는 데만 집중할 뿐 스스로를 돌아보는 일은 거의 없습니다.

부부 상담을 찾아오는 이들 중 상당수는 상대방의 문제점을 전문가가 확실히 지적해 주길 기대합니다. 스스로의 변화를 위한 것이 아니라 상대를 뜯어고치려는 마음으로 오는 것입니다. 이들은 흔히 갈등은 성장의 기회라는 말을 위안 삼지만, 저는 정신과 의사로서 때로 그런 말이 오히려 더 깊은 상처를 남길 수 있다는 것을 잘 알고 있습니다.

갈등은 우리의 에너지 도둑

수많은 환자들을 만나면서 제가 깨달은 한 가지 중요한 진실이 있습니다. 자존감이 진정으로 높은 사람들은 갈등을 통해 성장하지 않습니다. 그들은 오히려 갈등이 발생하지 않도록 예방하고 관리합니다.

지금 우리 사회는 가치관의 격변기를 지나고 있습니다. 개인주의와 집단주의, 가부장적 사고와 평등 지향적 가치관이 세대를 넘나들며 복잡하게 얽혀 충돌합니다. 30대 워킹맘과 60대 시어머니의 갈등은 단순한 오해가 아니라 서로 다른 시대를 살아온 두 사람이 가진 근본적인 가치관의 충돌입니다. 이런 차이는 결코 쉽게 좁혀지지 않아 지속적이고 만성적인 갈등을 만들어 냅니다.

더욱 깊숙이 들여다보면, 자존감이 낮은 사람들이 보여 주는 미숙한 의사소통 방식이 문제의 중심에 놓여 있습니다. 그들은 주로 두 가지 극단적인 반응을 나타냅니다.

- **참아 내기**: "이 정도는 참고 넘어가야지."
- **폭발하기**: "더 이상 참을 수 없어!", "당신 때문에 내가 이렇게 됐어!"

사실 이 두 가지 극단 사이에는 다양한 감정 표현의 스펙트럼이 존재합니다. 하지만 자존감이 낮은 사람들은 이런 중간 지대를 제대로 활용하지 못합니다. 그들은 자신의 감정을 세련되고 솔직하게 표현하는 방법을 배우지 못했고, 무엇보다 "싸워서 반드시 이겨야 한다"라는 생각에 깊이 사로잡혀 있기 때문입니다.

진료실에서 만난 37세의 김주미 씨는 대기업 인사팀에서 일하는 워킹맘입니다. 그녀는 남편과의 반복적인 갈등 때문에 깊은 고통을 겪고 있었습니다.

"저는 괜찮은 척 참고 또 참아요. 그러다 어느 순간 갑자기 폭발해 버리죠. 그러면 남편은 당황스러워하며 '별일도 아닌데 왜 갑자기 그러느냐'고 되묻는데, 사실 저도 제가 왜 그랬는지 잘 모르겠어요. 그냥 마음이 꽉 차서 터지기 직전까지는 저 자신도 괜찮은 줄 알았거든요."

주미 씨에게 부족했던 것은 감정을 섬세하게 알아차리는 힘이었습니다. 그녀의 감정 사전이 빈약했기에, 그 불편함의 근원을 정확히 인지하거나 표현하지 못했습니다. 불편함을 참고 참다가 갈등의 순간이 오면 그동안에 참았던 분노와 억울함을 모아서 터트립니다. 당하는 남편 입장에서는 상황에 안 맞는 과하고 부정적인 감정의 소나기를 뒤집어쓰게 됩니다. 동시에 주미 씨는 누가 더 옳은지를 증명하는 데 모든 힘을 쏟았습니다. 그러다 보니 두 사람의 대화는 어느새 마음을 나누는 장이 아니라 서로를 공격하는 논쟁의 장으로 변해 있었습니다.

갈등은 우리의 정신적, 감정적 에너지를 심각하게 소진시킵니다. 연구에 따르면, 한 번의 심각한 부부 싸움이 벌어진 뒤 우리가 정서적으로 회복하는 데에는 평균 5시간에서 많게는 20시간이 소모된다고 합니다. 이 긴 시간은 적어도 책 한 권을 읽고 새로운 기술을 배우며 사랑하는 아이와 의미 있는 순간을 나눌 수도 있는 그 무엇과도 바꿀 수 없는 소중한 시간입니다.

갈등 상황에서 우리 뇌는 즉각적인 스트레스 모드로 전환됩니다. 이때 분비되는 코르티솔과 아드레날린 같은 스트레스 호르몬들은 우리의 창의적 사고와 문제 해결 능력을 급격히 저하시킬 뿐 아니라, 상대방을 이해하고 배려하는 공감 능력까지도 앗아갑니다. 결국 갈등은 성장의 촉매가 아니라 성장을 막아 버리는 커다란 장애물이 되는 것입니다.

42세 한정연 씨는 소설가입니다. 그녀는 남편과 지속적으로 갈등을 겪으면서 창작의 흐름이 심각하게 막혀 버렸습니다.

"남편과 싸우고 나면 온몸의 에너지가 빠져나가는 것 같아요. 누군가 내 안에 있던 창의력을 모조리 훔쳐 간 느낌이죠. 심지어 화해를 하고 난 뒤에도 며칠 동안 아무것도 할 수 없어요. 지난 6개월 동안 소설 마감을 세 번이나 미뤘고, 그나마 쓴 원고도 마음에 들지 않았습니다. 집중이 잘 되지 않고 내 이야기에 깊이 빠져드는 게 어려워졌어요."

정연 씨의 사례는 갈등이 우리의 내면에서 얼마나 많은 것을 앗아가는지를 고스란히 보여 줍니다. 갈등은 그야말로 진정한 에너지 도둑이며, 우리가 가지고 있는 잠재력과 창의력이라는 귀한 자원을 통째로 빼앗아 갑니다.

갈등이 일으키는 부정적 영향은 개인에게서 끝나지 않습니다. 부모가 갈등에 지쳐 있을 때, 그 피로와 스트레스는 고스란히 아이들에게도 전해집니다. 부모의 갈등을 자주 목격한 아이들은 스트레스 수치가 높아지고 정서적 안정감이 약해지며 학습 능력까지도 저하될 수 있습니다. 결국 갈등은 개인의 영역을 넘어 가족 전체의 성장과 행복을 위태롭게 만듭니다.

갈등을 피하려면 자존감을 높여야 한다

자존감이 진정으로 단단한 사람들은 사실 갈등의 해결보다는 예방에 능숙합니다. 그들은 무언가 불편함을 느꼈을 때, 그것이 아주 작고 미미한 10퍼센트 정도의 감정이라 해도 이를 놓치지 않고 세심하게 알아차립니다. 불편함이 점점 쌓여서 감정이 폭발하기를 기다리지 않고, 조기에 이를 부드럽고 분명하게 표현합니다. 또한 그들은 자신의 경계를 선명히 하며 말합니다. "이건 괜찮아요. 하지만 저건 불편합니다." 하고 담담히, 그러나 명확하게 전달합니다. 이렇게 자신과 상대방에게 경계를 미리 알림으로써 불필요한 오해와 갈등을 줄이는 것입니다.

더불어 자존감이 높은 사람들은 타인의 관점을 수용할 줄 아는 유연성을 가지고 있습니다. 자신의 의견을 고집스럽게 내세우기보다는 상대방의 시각과 느낌에도 귀를 기울이고 존중합니다. 서로의 입장이 다를 수 있다는 것을 자연스럽게 인정하며 받아들입니다. 그리고 그들은 갈등 상황에서 이기는 것에 집착하지 않습니다. 관계의 목표는 누가 옳고 그른지를 증명하는 것이 아니라 서로의 필요를 채워가는 과정이라는 것을 잘 알고 있습니다.

마셜 로젠버그Marshall Rosenberg의 '비폭력 대화Nonviolent Communication'는 이러한 접근법을 잘 설명합니다. 그는 "갈등은 결국 우리가 충족되지 않은 욕구를 표현하는 비극적인 방식일 뿐"이라고 말합니다. 그래서 갈등을 피하기 위해서는 각자의 욕구를 미리 이해하고 건강한 방법으로 소통하는 것이 필수입니다.

제가 진료실에서 만나는 자존감 높은 환자들은 이러한 표현들을 일상에서 자연스럽게 사용합니다.

"아이와 보내는 시간도 소중하지만, 저에게도 30분 정도 혼자만의 휴식 시간이 필요해요."

"당신이 말씀하신 부분을 충분히 이해해요. 다만 저는 조금 다른 생각이 들어요."

"그렇게 말씀하시니 제가 좀 소외된 느낌이에요. 제 의견도 함께 들어주시면 감사하겠습니다."

이러한 솔직하고도 사려 깊은 표현들은 갈등을 예방하고 건강한 관계를 지속할 수 있게 돕습니다. 그들에게는 싸워서 이기는 것이 아니라 함께 성장하고 나아가는 것이 무엇보다 중요합니다.

우리는 흔히 "갈등을 통해 성장한다"라는 말을 쉽게 꺼냅니다. 그러나 곰곰이 생각해 보면, 진정한 성장은 갈등이 터지고 난 후가 아니라 갈등이 생기기 전에 이미 시작되고 있는지도 모릅니다. 자기 자신과 마주하며 감정을 세심히 들여다보고 다른 사람과 마음을 나누는 법을 배우며 갈등이 커지기 전에 미리 막는 힘을 키우는 과정 속에서 진정한 성장은 자연스레 이루어집니다.

갈등이 없다고 해서 완벽한 관계라고 말할 수는 없지요. 오히려 진짜 건강한 관계는 크고 작은 갈등을 현명하게 예방하는 관계입니다. 좋은 관계를 유지하는 부부나 안정적인 부모-자녀 사이에는 갈등의 빈도가 눈에 띄게 적습니다. 서로가 가진 경계를 존중하고, 작은 불편함이라도 커지기 전에 먼저 말을 꺼내어 풀어 내기 때문입니다.

진료실에서 만난 32세 백지윤 씨는 최근 시작한 연애에 대해 밝게 이야기했습니다.

"예전에는 연애가 늘 힘겨웠어요. 마치 로미오와 줄리엣처럼 많은 장애물과 갈등을 이겨내는 게 사랑이라고 믿었거든요. 하지만 지금의 연애는 달라요. 의견이 다를 때도 싸우기보다는 차분하게 대화를 나누게 되었어요. 그렇게 하다 보니 서로를 더 깊이 알아가는 시간이 자연스럽게 많아지더라고요. 예전에는 다투고 화해하고 다시 다투느라 감정의 소모가 컸어요. 그런데 이제는 함께 책을 읽거나 여행을 가거나 서로의 꿈을 이야기하는 데 더 많은 시간을 보냅니다. 이전에는 느껴 보지 못한 깊은 친밀감을 경험하고 있어요."

사실 창의적이고 혁신적인 일을 하는 사람들도 가장 빛나는 순간은 내면이 고요하고 주변에 평화가 깃들어 있을 때입니다. 마음속이 복잡하고 혼란스러운 상태에서는 깊은 통찰과 창의력을 발휘하기 어렵습니다. 이들의 내면은 혼돈보다는 명료한 정돈과 평화로움으로 가득 차 있습니다.

제가 만난 자존감이 건강한 사람들에게는 하나의 공통된 능력이 있습니다. 바로 자기 자신을 들여다보는 자기 성찰의 힘이 뛰어나다는 것입니다. 갈등의 씨앗이 움트기 전에 이미 자신의 감정과 행동을 차분히 점검합니다. '왜 이런 감정이 생기는 걸까?', '지금 내 마음이 진짜 원하는 건 무엇이지?' 하고 스스로에게 물으며 답을 찾아가는 습관을 지니고 있습니다. 바로 이런 자기 성찰의 시간이 진정한 성장을 만들어 내는 든든한 밑바탕이 됩니다.

그리고 또 한 가지, 상대방을 변화시키기 전에 내가 먼저 나를 돌아보는 것이 진정한 성장의 출발점입니다. 수많은 사람들과 만나면서 제가 목격한 가장 깊은 변화는 언제나 한 사람의 조용한 자기 성찰에서 시작되었습니다. 우리는 상대방을 원하는 대로 변화시킬 수 없지만 내 안의 반응과 태도는 얼마든지 다르게 선택할 수 있습니다. 이것이 바로 진정한 자존감의 출발점입니다.

"갈등을 피하려면 자존감을 높여라"라는 말은 단순한 격언이 아닙니다. 그것은 우리가 깊이 새겨 둘 만한 삶의 지혜입니다. 자존감이 높아질수록 우리는 관계 속에서 나의 가치를 애써 증명하려는 불안에서 벗어나게 됩니다. 방어적이거나 공격적인 태도 없이 있는 그대로의 나를 차분하게 드러낼 수 있게 되죠.

갈등을 성장의 다른 이름으로 부르는 것도 이제 멈추었으면 좋겠습니다. 사실 갈등은 우리가 가진 귀한 성장의 에너지를 가만히 훔쳐 가는 도둑에 가깝습니다. 갈등이 생기기 전에 나 자신을 들여다보고 명확히 표현하며 의사소통할 때, 그 에너지를 진정한 성장과 창조에 활용할 수 있게 됩니다.

오랜 시간 진료실에서 깨달은 중요한 통찰이 하나 있습니다. 그것은 바로 우리의 감정 표현이 참는 것과 터져 버리는 것 단 두 가지로만 나뉘지 않는다는 점입니다. 흑과 백 사이에 무수히 많은 회색빛이 존재하듯 우리의 감정에도 아주 미묘하고 다양한 톤이 존재합니다. 자존감이 높은 사람들은 이 감정 표현의 다채로운 팔레트를 아름답게 사용할 줄 압니다. 침묵과 분노 사이에서 자신의 감정을 정확하고도 온전한 빛깔로 표현할 수 있는 능력, 이것이야말로 진정한 의사소통의 예술입니다.

지금부터 천천히 연습해 보세요. 마음의 불편함이 100퍼센트가 될 때까지 참고 견디기보다 불편함의 첫 신호가 느껴질 때 "나는 지금 이런 마음이 들어요" 하고 작은 목소리로라도 표현해 보는 것입니다. 이 작은 시작이 여러분의 자존감을 높이고 갈등을 자연스럽게 줄이는 첫걸음이 되어 줄 것입니다. 그리고 그 사소한 변화가 여러분의 관계와 삶에 따뜻하고 안온한 평화를 선물할 것입니다.

오늘도 성장 중인
나에게

아이가 잠든 후 육아 일기를 열어 보니 오늘도 어제와 비슷한 내용들이 빼곡했습니다.

"우리 아이가 오늘 8조각 퍼즐을 혼자 완성했다. 지난주엔 5조각도 힘들어했는데 대단함! 발달 책에서 본 것보다 빠른 속도인 듯."

문득 깨달았습니다. 아이의 자잘한 성장들은 이렇게 꼼꼼히 기록하면서, 정작 나 스스로의 변화와 성장은 전혀 알아차리지 못했다는 사실을요. 혹시 어제와 다른 오늘을 살고 있는 건 아이만이 아닐 수도 있지 않을까요? 매일 똑같아 보이는 일상 속에서도 어쩌면 나는 조금씩 달라지고 있을지도 모릅니다.

38세 오현영 씨도 마찬가지였습니다. 아이 육아 일기를 덮고 나서야 이런 생각을 처음으로 떠올렸습니다. 그러곤 일기장 뒷면의 빈칸에 조그마한 메모를 남겼지요.

"오늘 나의 달라진 점: 아이가 퍼즐을 맞추는 동안, 곁에서 참견하지 않고 기다려 줬다."

사소해 보이는 이 한 줄이 그녀의 삶에 미묘한 변화를 가져왔습니다. 생존 모드에 빠져 있던 엄마들처럼 현영 씨도 하루하루를 버티는 데만 온 정신을 쏟았습니다. "언제까지 이렇게 살아야 하나" 하는 무력감이 그녀의 일상을 지배하곤 했습니다. 하지만 자신의 작은 변화를 기록하기 시작하면서부터 서서히 새로운 국면이 열리고 있었습니다.

엄마에게도 '성장 마인드셋'이 필요하다

심리학자 캐롤 드웩Carol Dweck은 우리의 지능과 능력이 타고나 고정된 것이 아니라, 노력과 학습을 통해 발전할 수 있다고 믿는 태도를 '성장 마인드셋Growth Mindset'이라 불렀습니다. 늘 완벽하진 않아도 조금씩 나아지려는 마음가짐이야말로 엄마들에게 특히 중요한 사고방식이라 할 수 있습니다.

그러나 우리는 종종 아이에게는 "조금씩 더 잘할 수 있어"라고 격려하면서, 자신에게는 "나는 왜 항상 이럴까?"라는 고정된 시각을 적용하곤 합니다. 현영 씨가 육아 일기 뒷면에 쓴 짧은 메모들은 자기 자신에게도 성장 마인드셋을 허락하는 출발점이었습니다.

"오늘 나의 달라진 점: 저녁 준비하다 아이가 방해했을 때 짜증

내지 않고 심호흡을 했다."

"오늘 나의 달라진 점: 남편의 잔소리에 반사적으로 받아치지 않고 한 번 더 생각했다."

"오늘 나의 달라진 점: 아이가 잠든 후 10분만이라도 나를 위한 독서를 했다."

한 달 뒤, 일기장 뒷면에 가득해진 메모들을 다시 읽어 보며 현영 씨는 깜짝 놀랐습니다. 평소엔 하루가 별반 다르지 않게 느껴졌지만 사실 그녀는 조금씩 변하고 있었습니다.

경영학자 테레사 아마빌레Teresa Amabile와 스티븐 크레이머Steven Kramer가 한 연구에 따르면, 사람들은 어떤 큰 성취보다도 일상에서의 작은 진전을 경험할 때 더 큰 동기와 만족감을 느낀다고 합니다. 이것을 '진보 원칙Progress Principle'이라 부르는데, 눈에 잘 띄지 않는 육아나 가사 영역에서도 똑같이 적용할 수 있습니다. "오늘 아이에게 좀 더 인내심을 보였다", "오늘은 청소를 미루지 않고 했다" 같은 작은 변화만 알아차려도 자존감과 삶의 만족도가 꽤 달라질 수 있다는 이야기입니다.

정신과 의사인 저 역시 이 원리를 깨닫기까지 시간이 걸렸습니다. 진료실에서는 환자들의 작은 변화를 소중히 여기면서, 집에서는 내 아이나 나 스스로의 작은 변화를 잘 챙기지 못했으니까요. 완벽한 엄마가 되지 못한다는 좌절감에 빠져 있던 어느 날, 작은 시도를 해 보기로 마음먹었습니다.

"오늘은 설거지를 하다가 아이가 이것저것 얘기하면, 그냥 '응,

응'으로 대충 들으며 계속 손을 놀리는 대신, 잠시 멈추고 아이 눈을 마주쳐 보자."

생각보다 쉽지 않았습니다. 설거지를 중단하면 저녁 뒷정리가 더 늦어질 테니까요. 하지만 의도적으로 손을 멈추고 아이의 눈을 보며 이야기를 들으니, 아이의 표정이 환해지며 "엄마, 또 이야기해도 돼?"라고 물어보았습니다. 그 순간 제 마음도 뭔가 말랑말랑하게 녹아내리는 기분이 들었습니다.

환자들의 작은 변화를 그렇게 소중히 여기던 제가, 왜 가족에게는 그러지 못했을까 반성했지요. 전문가로서 머리로만 아는 지식과 실제 엄마로서의 실천 사이의 간극을 메우는 과정, 바로 그게 제게도 큰 성장의 순간이었습니다.

34세 이슬기 씨는 또 다른 방식으로 작은 변화를 시작했습니다. 맨날 똑같은 식사 준비에 진절머리가 났다는 그녀는 어느 날 아주 사소한 일부터 달리해 봤습니다.

"늘 같은 재료로 국을 끓이기만 하다가, 오늘은 냉장고에서 자투리 야채들을 꺼내 컬러풀 비빔밥을 만들었어요. 별 기술도 필요 없이 그저 재료를 모아 비볐을 뿐인데… 아이가 '우와, 무지개 밥이다!' 하면서 좋아하더라고요. 밥 먹는 내내 대화도 많아지고 아이도 평소보다 더 잘 먹었고요."

이 작은 일이 그녀에게 작은 자신감을 불어넣었지만, 항상 긍정적인 반응만 있던 건 아니었습니다. 다음 날 김치볶음밥 위에 달걀로 웃는 얼굴 모양을 그려 줬을 때, 아이가 "이렇게 해 놓은 건 싫어요!" 하며 거부하기도 했지요. 실망스러웠지만 슬기 씨는 "완벽한 반응을 기대하기보다 '오늘은 어제보다 조금만 다르게 해 보겠다'라고 생각하니 훨씬 마음이 편해졌다"라고 말했습니다.

개인적으로 저 역시 이런 사소한 변화를 발견하는 순간이, 단지 버티는 삶이 아니라 의미 있게 살아가는 삶으로 전환된다는 걸 절감했습니다. 성장이라는 건 거창하거나 한 방에 이뤄지는 업적이 아니라 아주 작은 시도와 변화가 쌓여 만들어지는 것이기 때문입니다.

육아는 완벽하게 할 수 있는 무언가가 아닙니다. 오히려 실수와 시행착오, 좌절과 도전이 계속되는 상황에서 조금씩 더 나은 방향으로 나아가는 과정에 가깝습니다. 그래서 좋은 엄마가 되는 길도 크게 다르지 않습니다. 완벽한 시작점 따위는 없고 매일의 자잘한 걸음이 결국 모이고 쌓여서 만들어진다고 할까요.

또 똑같은 하루가 아니라 오늘만의 특별한 순간

제가 오랜 세월 환자들과 만나는 동안 깨달은 한 가지가 있습니다. 사람들은 자신이 이뤄 낸 작은 변화들을 대개 놓쳐 버린다는 점입니다. 특히 엄마들은 더욱 그렇습니다. 아이의 성장을 열심히 축하하고 기록하면서, 정작 자기 자신의 사소한 발전은 너무나 쉽게 간과해 버립니다. 마치 돋보기로 아이를 들여다보면서 자기 자신은 망원경 반대편으로 보는 듯한 느낌이랄까요.

그래서 저는 제 진료실을 찾아오는 엄마들에게 꼭 물어봅니다.

"아이의 새로운 성취를 발견하실 때 얼마나 기쁘신가요?"

그러면 대부분 환하게 웃으며 답합니다. 그럼 다시 질문합니다.

"그렇다면 어머니 자신이 새롭게 해낸 것은 어떻게 기뻐하고 축하하시나요?"

이때는 어색하게 웃거나 머뭇거리시는 분들이 많습니다.

그렇지만 아이에게 진정한 성장 마인드셋을 심어 주려면, 우리 자신도 자신을 향해 성장 마인드셋을 펼치는 모습을 보여야 합니다. 아이들은 부모가 말하는 교훈보다 부모가 어떻게 행동하는지에서 더 많은 것을 체득하니까요.

"오늘도 나는 여전히 부족하고, 실수도 하고, 힘겨워집니다. 하지만 어제보다 조금이라도 발전한 나에게 '좋았어!'라고 말해 주는 것. 이게 바로 오늘도 성장 중인 나를 위한 최고의 선물이 될 겁니다."

물론 성장의 길이 언제나 순탄할 수는 없습니다. 어떤 날은 두 걸음 나갔다가 세 걸음 뒤로 물러서는 기분을 느낄 수도 있겠지요. 그럼에도 작게라도 변화를 시도하고 그 변화를 스스로 깨닫는 습관을 들이면 우리의 자존감은 좀 더 단단해집니다.

한 달 뒤 육아 일기 뒷면에 빼곡히 채운 '나의 작은 성장 기록'을 다시 들여다본 현영 씨가 놀랐던 것처럼요. 평범해 보이는 하루하루였지만 사실은 꽤 많은 것이 달라져 있었습니다. 그녀는 말합니다.

"처음엔 제멋대로라며 억지로 써 내려갔는데, 지금은 하루 중 제 자신의 달라진 점을 발견하는 게 작은 즐거움이 되었어요. 그리고 모아 놓은 기록들을 읽어보니 제가 엄청 변해 왔다는 걸 알 수 있더라고요."

성장은 큰 도약이 아니라 차근차근 쌓이는 작은 도전과 시도들의 합입니다. 어제는 상상도 못 했던 사소한 일, "이게 어제보다 나아졌네" 하고 자각하는 순간들이 모여서 완성되는 것입니다.

육아와 가사의 반복 속에서도 이런 소소한 성장을 인식하는 눈을 기르면 하루가 달라집니다. '또 똑같은 하루'가 아니라 '오늘만의 특별한 순간'을 발견하게 되니까요. 그리고 이 성장을 발견하는 행위는 버티기 모드였던 삶을 성장과 의미의 여정으로 전환해 주는 마법이 됩니다.

오늘도 성장 중인 당신, 사실 당신에겐 아직 보지 못한 변화들이 무수히 많습니다. 어제보다 조금 나아진 오늘의 자신에게 작게나마 "잘했어"를 건네 보세요. 내일의 당신은 좀 더 단단하고 아름다운 모습으로 피어날 것입니다. 때론 성장 과정이 아프기도 하겠지만 그 또한 당신 삶의 소중한 한 페이지가 될 거라 믿습니다.

성장통도 내 삶의
한 페이지

"이게 다 성장 과정이라고? 너무 가혹한 거 아냐?"

아이가 밤새 열로 고생할 때 작은 이마에 차가운 물수건을 대어 주며 마음속으로 중얼거렸습니다. 간신히 잠이 들었나 싶으면 다시 깨어 우는 아이를 달래느라, 몸도 마음도 한계에 다다르는 것 같았습니다. 이때 누군가가 "이 고통도 결국 당신을 성장시킬 거예요"라고 말한다면, 아마 순간적으로 화가 치밀었을지도 모르겠습니다.

성장이라니. 지금 난 그저 살아남기 위해 몸부림치는 중인데.

그러나 시간이 흐른 뒤 돌아보면, 이런 고통스러운 순간들이 우리를 더 깊고 단단한 곳으로 데려다 줬음을 깨닫게 되곤 합니다. 꼭 봄이 오기 전 추위에 떨면서도 뿌리를 더 깊이 내리는 나무처럼, 우리 내면 또한 힘든 시간을 통과하며 조금씩 굳건해집니다.

심리학자 리처드 테데스키Richard Tedeschi와 로렌스 칼훈Lawrence

Calhoun은 이를 '외상 후 성장Post-Traumatic Growth'이라고 부릅니다. 큰 어려움이나 트라우마를 겪은 뒤, 이전보다 훨씬 성장한 자기 자신을 발견한다는 것이지요. 이는 마치 다친 뼈가 회복 과정에서 더 견고해질 수 있는 것처럼 우리의 심리적 근육 또한 깊은 상처를 통해 강해질 수 있다는 관찰에서 비롯되었습니다.

육아는 시행착오를 거치며 떠나는 불완전한 여정

35세 성지안 씨는 처음 제 진료실을 찾았을 때 기진맥진한 모습이었습니다. 세 살배기 아들이 심각한 중증 아토피 피부염 판정을 받은 후로 그녀의 일상은 완전히 달라졌기 때문입니다. 밤낮으로 아이의 증상을 살피고 식단을 철저히 관리하며 갑작스러운 가려움과 염증 발작을 대비해야 했습니다.

"처음엔 '왜 하필 우리 아이지?' 하는 억울함만 들었어요. 전국 방방곡곡의 아토피로 유명하다는 피부과를 찾아다니며 하루하루 버틴 거죠. 매일 아침 아이 이불에 떨어진 각질을 볼 때마다 마음이 찢어졌고, 스테로이드에 대한 의사들 의견이 제각각이라 혼란스러웠어요. 제 삶이란 건 없고 그저 살아남기만 하자는 생각뿐이었죠."

증상이 심해질 때는 아이의 피부가 갈라지고 피가 날 만큼 악화되어 입원하기도 했습니다. 그 시절은 지안 씨에게 끝이 안 보이는 터널 같았습니다.

1년여 후, 다시 진료실에 온 지안 씨는 조금 달라진 기색이었습니다. "여전히 힘들긴 해요. 하지만 이 과정을 거치면서 제가 변하고 있다는 게 느껴져요. 병원에서 만난 다른 부모님들과 소통하며 새로운 연대감을 얻었고, '무엇이 정말 중요하지?'라는 생각에 우선순위가 달라졌어요. 전에 몰랐던 인내심과 강인함이 제 안에 있었다는 것도 깨달았고요."

지안 씨의 이야기는 "고통을 긍정적으로 받아들이면 다 괜찮아진다"라는 식의 말랑한 성공담이 아닙니다. 그녀는 여전히 아이의 질환으로 힘들어하고 있지만, 그 과정에서 몰랐던 내면의 힘과 인간관계의 의미를 발견한 것입니다.

수용전념치료에서 말하는 핵심 중 하나가 "고통을 없애려고 싸우는 대신 그것을 삶의 일부로 받아들이되 자신이 진정 중요하게 여기는 가치에 집중해 나아간다"라는 개념입니다. 고통을 좋아한다거나 감수한다는 뜻이 아니라 거기에 불필요하게 매달려 더 큰 에너지를 소모하지 않는다는 이야기이지요.

저 자신도 아이를 키우면서, 전문가인 나와 엄마인 나 사이에서 큰 괴리를 느낀 적이 있습니다. 환자에게는 "고통도 성장의 과정"이라 조언하면서, 막상 우리 아이가 유치원 적응 문제로 어려움을 겪을 때는 그 어떤 심리학적 지식도 별 도움이 되지 않았습니다.

사실 어렸을 때 저는 선택적 함구증을 겪었습니다. 가족 외 사람들 앞에서는 말 한마디 못 하고, 불안감에 사로잡히면 손톱을 물어뜯곤 했지요. 우리 아이가 유치원을 처음 다니기 시작한 2~3주 동안 울고 떼를 쓰는 모습을 보며, 제 불안이 아이에게 영향을 미친 것은 아닐까 하는 죄책감까지 들었습니다.

매일 아침 출근 전, 울며 매달리는 아이를 두고 나와야 하는 일이 너무 괴로웠습니다. 진료실에 앉아 있어도 아이 생각에 집중하기 어려웠고, '정신과 의사인 내가 내 아이의 불안도 달래지 못하는구나'라는 자괴감마저 들었습니다.

그 시간들은 분명 고통이었습니다. 그러나 지금 되돌아보면, 그 경험이 저를 더 진솔하고 유연한 사람으로 만들어 줬음을 깨닫습니다. 환상 속 완벽한 엄마 이미지 대신, 아이와 함께 시행착오를 거치며 천천히 성장하는 불완전한 여정을 수용하게 됐거든요. 아이가 겪는 어려움을 보며, 다른 엄마들의 고충도 더 현실적으로 이해하게 되었습니다.

성장통은 이렇게 여러 모습으로 우리 앞에 찾아옵니다. 때론 아이의 심각한 질환처럼 드라마틱하게, 때론 매일 사소한 갈등 속에서 서서히 우리를 변화시킵니다.

38세 유현지 씨는 네 살 딸의 반항기에 당혹감을 느꼈습니다.

"뭘 말해도 '싫어!'라는 말만 듣게 돼요. 밥 먹는 것, 옷 입는 것 하나하나가 전쟁이고, 예전엔 정말 사랑스럽던 아이가 요즘은 저를 무시하고 반항하는 모습에 상처받았어요."

현지 씨는 처음에는 충격과 화가 동시에 밀려왔지만, 시간이 지나면서 이것이 아이가 자율성과 개성을 발달시키는 자연스러운 과정임을 알게 되었습니다. 동시에, 아이의 반항을 통해 내면의 과도

한 통제 욕구를 들여다보게 된 거지요.

"모든 걸 제가 원하는 대로 하고 싶었던 것 같아요. 아이가 '싫어!'라고 외치면 처음엔 성질이 났지만, 그 말이 '엄마, 나도 하나의 독립된 인간이야'라고 말하는 걸로 들리기 시작했어요. 아이의 'No'를 조금씩 존중해 주면서 저 자신도 조금 더 자유로워진 느낌이에요."

성장통은 말 그대로 통증입니다. 그러나 그 자체가 전부 나쁘다거나 꼭 피해야 할 것은 아닙니다. 나비가 되려면 번데기 속에서 사투를 치러야 하듯, 인간에게도 불편함과 아픔이 수반되는 변화가 필요할 때가 있는 것이지요.

그렇다고 "고통이 있어야만 성장한다"라거나 "고통을 즐겨라" 같은 식의 메시지는 전혀 아닙니다. "이미 우리가 겪고 있는 고통 속에서도 의미를 발견할 수 있다"라는 것이 핵심이니까요. 회복탄력성 연구에서도 보이듯, 인간은 역경 속에서도 다시 일어나 적응하고 나름의 성장을 이뤄 낼 수 있는 놀라운 힘을 가지고 있습니다.

"엄마는 강하다"라는 말이 있습니다. 하지만 그런 강인함은 처음부터 주어진 것이 아닙니다. 수없이 많이 깨어 있는 밤, 수없이 많은 걱정과 씨름하며 "이것도 어떻게든 넘겨 보자" 하고 자신의 한계를 계속해서 시험하는 중에 조금씩 단련된 힘일 뿐입니다.

엄마들은 이렇게 말하곤 합니다.

"이제껏 몰랐는데, 내게 이렇게 참을성이 있을 줄은 상상도 못 했어요."

"전에는 상상도 못했던 용기를 내게 되더라고요."

"결국 내 안에 이런 힘이 있었다는 걸 알게 됐어요."

이것이 성장통이 주는 중요한 가르침입니다. 한계상황에서 우리는 전에 몰랐던 내면의 힘과 마주하게 되고, 이전에는 몰랐던 자신을 새롭게 발견하게 됩니다.

하지만 성장통이 느껴지는 와중에는 그 가치를 잘 깨닫기 어렵습니다. 시간이 한참 흐른 뒤에야 '아, 그 시절이 나를 이렇게 만들어 줬구나'라고 느낄 때가 있는 것이지요. 퍼즐의 한 조각처럼, 그 순간에는 의미를 모르지만 나중에 전체 그림 속 제자리를 찾는 것입니다.

실수를 통해 더욱 단단해지는 엄마들

조개가 모래 알갱이라는 이물질을 감싸 아름다운 진주로 만들어 내듯, 우리도 삶의 고통과 어려움을 안아 결국 더 깊고 풍요로운 자신으로 성장해 갑니다. 이 과정이 성장통인 것입니다.

정신분석가 도널드 위니컷이 말한 '충분히 좋은 엄마' 역시 이런 맥락에서 이해할 수 있습니다. 엄마가 완벽할 필요는 없습니다. 실수도 하고 좌절도 하면서 어설픈 걸음으로 계속 나아가는 엄마가 오히려 아이에게 가장 건강한 표본이 됩니다. 그런 엄마를 통해 아이는 실제 삶에서의 실패와 좌절을 어떻게 대처하는지 배울 수 있기 때문입니다.

어느 시점이든 우리는 성장통과 마주할 것입니다. 그게 아이의 문제든 내 자신의 문제든 아니면 가족 모두의 갈등이든 말입니다. 힘든 시간을 겪으면 '왜 나만 이런 일을 겪어야 하지?' 하는 생각이 들며 혼자만이 이런 고통을 겪고 있다고 느낍니다. 하지만 사실 많은 엄마들이 각자만의 성장통을 겪고 있습니다. 겉으론 잘 드러나지 않을 뿐입니다.

이제는 이런 고통스러운 순간들도 언젠가 내 삶의 한 페이지로 이어질 수 있음을 기억해야 합니다. 분명 한창 힘들 때는 전혀 위안이 되지 않는 이야기처럼 들릴 수 있습니다. '언제 끝날지도 모르는 이 터널 속에서 내가 뭘 더 배운다는 거지?' 하고 의문이 들기도 하겠지요. 그러나 시간이 흐르고 나면 그 길고 어두운 터널이 내 인생에서 중요한 전환점이었음을 문득 알게 되는 날이 올지도 모릅니다.

성장통이 싹 사라지는 날이 오지는 않을 것입니다. 아이는 계속 자라고, 삶은 계속 우리에게 새로운 과제를 내니까요. 하지만 이런 성장통을 몇 번씩 통과하면서 우리도 조금씩 더 지혜롭고 튼튼해집니다. 예전 같으면 무너졌을 상황도 이젠 "그럴 수도 있지" 하고 넘길 수 있게 됩니다.

성장통은 결코 쉽게 지나가지 않습니다. 때로는 '이게 언제 끝날까'라는 절망감에 휩싸이기도 합니다. 하지만 이 고통스러운 시간들도 결국은 우리를 더 깊은 깨달음으로 이끕니다. 마치 가파른 산길을 오르는 등산객이 정상에서 비로소 넓은 세상을 바라보듯, 우리도 성장통을 지나고 나서야 더 확장된 시야와 더 깊은 지혜를 얻게 됩니다. 아프고 싫은 고통이라도 결국 더 깊은 깨달음으로 안내해 주는 문일 수 있습니다. 곤두박질치는 순간마다, 낯선 문턱을 넘는 과정마다, 우리는 버티는 데서 끝나지 않고 그 너머로 나아가는 법을 배우니까요. 그리고 그게 곧 우리가 말하는 성장통의 의미입니다.

> 엄마의 자존감을 되찾는 연습 4

감정에 이름 붙이기

이번 연습은 자신의 감정을 더 섬세하고 정확하게 인식하고 표현하는 능력을 키워 건강한 자존감을 회복하는 데 도움을 주기 위해 설계되었습니다. "그냥 짜증 나", "힘들어"와 같은 단순한 표현을 넘어, 더 풍부하고 다양한 감정 어휘를 사용함으로써 자신의 내면을 더 깊이 이해하고 타인과의 관계도 개선할 수 있을 것입니다. 진솔한 자기 탐색을 통해 감정에 이름을 붙이고 감정을 있는 그대로 받아들이는 여정을 시작해 보세요.

● **나의 감정 표현 방식 체크리스트**

최근 일주일 동안, 다음과 같은 경험이 있었는지 체크해 보세요.

- ☐ 내 감정을 물었을 때 "그냥 괜찮아" 또는 "별거 아니야"라고 대답했다.
- ☐ 여러 감정이 뒤섞여 있을 때 그것을 분별하기 어려웠다.
- ☐ 복잡한 감정을 표현할 때 "짜증 나", "힘들어", "화나"와 같은 단어만 주로 사용했다.
- ☐ 내 감정보다 타인의 감정이나 기대에 더 민감하게 반응했다.
- ☐ 감정을 표현하려다가 말을 멈추게 되었다.

☐ 감정을 말로 표현하기보다 행동으로 보여 주었다. (예: 짜증 날 때 문 세게 닫기)

체크한 항목이 많을수록, 감정을 인식하고 표현하는 데 어려움을 느끼고 있을 수 있습니다. 이 연습을 통해 당신만의 풍부한 감정 사전을 만들어 보세요.

● 나의 현재 감정 어휘 살펴보기

1. 일상에서 자신의 감정을 표현할 때 가장 자주 사용하는 단어 3개를 적어 보세요.

2. 위에서 적은 각 감정 단어에 대해, 비슷하지만 더 섬세한 차이를 가진 다른 감정 단어들을 찾아보세요.

내가 자주 쓰는 단어	비슷하지만 더 섬세한 표현들
짜증 나다	불쾌하다, 답답하다, 억울하다, 귀찮다, 곤혹스럽다
힘들다	지치다, 버겁다, 벅차다, 고되다, 녹초가 되다, 기진맥진하다, 소진되다

● 감정의 다양한 표현 알아보기

1. 다음은 기본 감정의 다양한 표현들입니다. 당신이 자주 느끼는 감정에 동그라미 표시를 해 보세요.
   - 기쁨의 다양한 표현: 행복, 즐거움, 만족, 황홀, 흥분, 설렘, 뿌듯함, 자랑스러움, 안도, 편안함, 평온, 감동, 고마움, 애정, 사랑 등.
   - 슬픔의 다양한 표현: 우울, 상실감, 그리움, 외로움, 허탈, 서운함, 실망, 후회, 미안함, 죄책감, 공허함, 쓸쓸함, 처량함 등.
   - 분노의 다양한 표현: 짜증, 화, 격노, 분개, 억울함, 불만, 원망, 질투, 시기, 불쾌함, 답답함, 초조함, 언짢음 등.
   - 두려움의 다양한 표현: 불안, 걱정, 긴장, 조바심, 당혹감, 놀람, 무서움, 공포, 압도감, 부담감, 수치심, 열등감 등.

2. 위의 감정 중에서 내가 잘 인식하거나 표현하지 못하는 감정들은 무엇인가요? 왜 그런 것 같나요?
   - 잘 표현하지 못하는 감정들: _____
   - 그 이유: _____
   - 앞으로 더 표현하고 싶은 감정들: _____

● "내가 느끼기에…" 문장 연습

"그냥 짜증 나", "너무 힘들어"라고 말하는 대신, "내가 느끼기에…"로 시작하는 문장을 만들어 감정을 더 구체적으로 표현해 보세요.

1. 일상 상황에서의 감정 표현 바꾸기

단순한 감정 표현	"내가 느끼기에…" 문장으로 바꾸기
짜증 나	내가 느끼기에, 아이가 계속 물어볼 때 내 시간이 방해받는 것 같아 초조해져.
불안해	내가 느끼기에, 아이의 미래에 내 선택이 영향을 미칠까 봐 책임감에 눌려 있어.
화가 나	내가 느끼기에, 내 의견이 존중받지 못해서 무시당한 것 같아 서운해.

2. 나만의 "내가 느끼기에…" 문장 만들기

　자주 경험하는 감정과 상황을 떠올려 보고, "내가 느끼기에…" 문장으로 표현해 보세요.

● 감정 일기 작성하기

일주일 동안, 매일 아래 형식으로 감정 일기를 작성해 보세요. 특히 '내가 느낀 감정' 란에는 가능한 한 구체적이고 다양한 감정 단어를 사용해 보세요.

날짜	상황	내가 느낀 감정 (구체적으로)	그 감정이 내 몸에서 어떻게 느껴졌는지
9/15	아이가 유치원 등원을 30분간 거부하며 울었다. 회사의 중요한 회의 시간이 다가오고 있었다.	초급함과 무력감이 교차했다. 아이에 대한 미안함과 '왜 하필 오늘' 하는 원망이 동시에 들었다. 엄마로서의 죄책감과 직장인으로서의 책임감 사이에서 찢어지는 느낌.	심장이 빨리 뛰고 손바닥에 땀이 났다. 목 뒤가 뻣뻣해지고 이마에 열이 올랐다. 숨이 얕고 빨라졌다.
9/16	점심시간에 혼자 동네 카페에서 30분간 책을 읽었다. 오랜만에 엄마가 아닌 나로 있는 시간.	고요한 해방감과 충만함. 동시에 '이러고 있어도 되나' 하는 미세한 불안감. 하지만 그보다는 나를 되찾는 듯한 편안함이 더 컸다.	등과 어깨의 긴장이 스르르 풀렸다. 숨을 깊고 천천히 쉴 수 있었다. 입꼬리가 자연스럽게 올라갔고, 동시에 가슴 한편에 약간의 조이는 느낌.

● 감정의 신호 알아차리기

우리의 감정은 종종 몸의 감각으로 먼저 드러납니다. 아래 감정들을 느낄 때 당신의 몸은 어떤 신호를 보내나요?

- 불안할 때: _____
- 화가 날 때: _____
- 행복할 때: _____
- 서운할 때: _____

● 감정 대화 연습하기

1. 다음 구조를 사용해 감정을 효과적으로 전달하는 연습을 해 보세요.
    - 관찰: "~한 상황에서"
    - 감정: "나는 ~하게 느꼈어."
    - 필요: "왜냐하면 내게는 ~가 필요하기 때문이야."
    - 요청: "앞으로는 ~했으면 좋겠어."

2. 연습해 보고 싶은 실제 상황을 선택하여 위의 구조로 대화를 작성해 보세요.
    - 상황: _____
    - 관찰: _____
    - 감정: _____
    - 필요: _____
    - 요청: _____

● **나의 감정 사전을 새로 쓰는 연습하기**

1. **감정 단어장 만들기**

    작은 수첩이나 스마트폰 메모장에 새롭게 알게 된 감정 단어들을 모아 보세요. 일상에서 그 단어를 적극적으로 사용해 보세요.

2. **감정 공유 시간 갖기**

    가족과 함께 저녁 식사 시간이나 취침 전에 오늘 느낀 감정을 나누는 시간을 가져 보세요. "오늘 나는 ~을 느꼈어. 너는 어땠니?"

3. **감정에 대한 독서와 학습**

    감정 지능이나 비폭력 대화법에 관한 책을 읽고 감정 어휘와 표현 방식을 더욱 풍부하게 해 보세요.

4. **감정 일기 계속 쓰기**

    일주일을 넘어 한 달, 혹은 더 오랜 기간 감정 일기를 이어가며 자신의 감정 패턴을 발견해 보세요.

● **일주일 동안의 감정 표현 실천하기**

1. 이번 주 동안 실천해 볼 감정 표현 활동들을 선택해 보세요.

    ☐ 하루에 한 번 "내가 느끼기에…"로 시작하는 문장으로 감정 표현하기

    ☐ 아이에게 "짜증 난다"가 아닌 더 구체적인 감정 단어 사용하기

- ☐ 저녁 식사 시간에 가족과 오늘의 감정 나누기
- ☐ 감정 일기 매일 작성하기
- ☐ 거울을 보며 감정 대화 연습하기
- ☐ 내 몸의 감정 신호 하루에 한 번 알아차리기

2. 실천한 활동들을 기록해 보세요.

날짜	떠올린 문장	그때의 느낌
10/4	아이가 우유를 쏟았을 때 "짜증 난다" 대신 "엄마가 지금 좀 당황스럽네"라고 표현했다.	아이가 덜 위축되는 모습을 보니 내 표현이 아이에게 미치는 영향을 실감했다.
10/6	남편과의 대화에서 "그냥 힘들어"가 아닌 "오늘은 체력적으로 소진되었고 누군가의 인정이 필요해"라고 구체적으로 말했다.	남편이 평소보다 더 공감해 주고 집안일을 도와주려 했다. 구체적 표현의 힘을 느꼈다.

4장. 마음이 단단한 엄마로 성장하기

● **일주일 후 돌아보기**

1. 감정을 더 구체적으로, 다양하게 표현하게 된 후 어떤 변화를 느꼈나요?

2. 가장 표현하기 어려웠던 감정은 무엇이었나요? 왜 그랬을까요?

3. 감정을 더 풍부하게 표현하면서 자신과 타인과의 관계에 어떤 변화가 생겼나요?

4. 앞으로 계속 실천하고 싶은 감정 표현 방식은 무엇인가요?

_____
_____
_____
_____

감정에 이름을 붙이는 것은 단순히 표현력을 높이는 것 이상의 의미가 있습니다. 그것은 내 안의 소리에 귀 기울이고 나 자신을 더 깊이 이해하며 내 존재를 온전히 인정하는 과정입니다. 막연하게 '짜증'이라고만 느끼던 감정이 사실은 '무시당함', '불안', '압박감'이라는 것을 알아차릴 때, 우리는 그 감정을 더 지혜롭게 다룰 수 있게 됩니다. 자신의 감정을 섬세하게 인식하고 표현할 수 있는 사람은 타인의 감정도 더 깊이 이해하고 공감할 수 있습니다. 오늘부터 당신만의 풍부한 감정 사전을 만들어 가는 여정을 시작해 보세요.

5장

엄마의 자존감을 먹고 자라나는 아이들

너의 우주, 나의 우주, 그리고 우리의 만남

"당신은 자녀에게 어떤 사람으로 기억되고 싶으신가요?"

진료실에서 이 질문을 던지면, 대부분의 부모님들은 잠시 말을 잇지 못합니다. 누구나 좋은 부모가 되고 싶지만 정작 자녀의 눈에 비친 자신을 떠올려 보는 일은 드물기 때문이지요. 우리는 아이를 위해 무엇을 더 해 줄 수 있을지 밤낮없이 고민하면서도, 정작 내 삶이 아이에게 어떤 모델이 되는지에 대해서는 미처 생각하지 못합니다.

우리는 모두 저마다의 우주를 품고 살아갑니다. 각자의 우주는 고유한 생각과 감정, 살아온 경험과 꿈으로 채워진 독립적인 세계입니다. 이 우주는 우리의 정체성이자 세상을 바라보는 나만의 렌즈이며 나만의 색으로 채색된 인생의 지도입니다. 하지만 엄마와 자녀라는 관계에서는 이 독립된 우주의 존재를 종종 잊게 됩니다. 엄마라는 역할 속에서 자신의 우주를 접어 두고 아이의 우주에만 집중하거나, 두 우주가 같다고 무의식적으로 착각할 때도 있습니다.

"내 아이니까 엄마인 내가 제일 잘 알아."

"엄마가 너를 위해 이렇게 희생하는데…."

"내가 이루지 못한 꿈을 자식인 네가 대신 이뤄 줘야지."

이런 생각들이 두 개의 독립된 우주 사이에 놓여 있어야 할 경계를 흐릿하게 만들곤 합니다.

'해 주는 관계'와 '존재하는 관계'

부모와 자녀 관계는 '해 주는 관계'와 '존재하는 관계'로 나눌 수 있습니다. '해 주는 관계'에서는 부모가 자녀에게 무엇을 주고 어떤 희생을 하는지가 중심이 되지요. 반면에 '존재하는 관계'는 부모와 자녀가 각자 온전한 사람으로서 서로의 존재를 인정하고 존중합니다. 진정한 자존감은 바로 이 존재하는 관계에서 비롯됩니다.

미국의 발달심리학자 다니엘 스턴Daniel Stern은 이를 '상호주관성intersubjectivity'이라는 개념으로 설명합니다. 상호주관성은 두 사람이 서로를 독립된 존재로 인정하고 존중하며 소통하는 상태를 뜻합니다. 스턴은 영아와 양육자 사이의 상호작용을 연구하며, 서로의 마음과 경험을 공유하는 과정이 건강한 발달의 핵심이라 강조했습니다. 서로의 마음을 온전히 인정하고 공감할 때 비로소 진정한 애착과 안정감이 싹트기 때문입니다.

정신분석학자 제시카 벤자민Jessica Benjamin은 상호주관성의 개념을 더 확장해 '상호인정mutual recognition'이라는 용어를 제시했습니다. 벤자민에 따르면, 건강한 관계란 서로가 각자의 독립된 주체임을 진심으로 인정하는 데서 출발합니다. 상호주관성이 서로 다른 두 마음의 존재를 인지하는 것이라면, 상호인정은 이를 바탕으로 적극적인 존중과 수용으로 나아가는 과정입니다. 부모가 자녀를 자신의 일부나 욕구를 충족시키는 수단으로 여긴다면 진정한 의미의 상호인정은 불가능합니다.

한국 사회에서 유독 눈에 띄는 모습 중 하나는 부모가 이루지 못한 꿈을 자녀에게 투영하는 현상입니다. 부모 자신이 명문대를 가지 못했기에 자녀만큼은 꼭 명문대에 보내겠다며 온 힘을 다해 노력하는 모습은 이제는 너무나 익숙한 풍경이 되었습니다. 그 마음 이면에는 "내가 이루지 못한 꿈을 네가 대신 이루어 준다면 내 삶도 의미가 있을 거야"라는 무언의 메시지가 담겨 있습니다. 하지만 이처럼 부모의 기대를 자녀에게 투사하는 방식은, 자녀를 독립적이고 고유한 존재로 인정하지 않고 마치 부모의 꿈을 대신 이뤄 줄 도구로 여기는 오류로 이어질 수 있습니다.

제가 진료실에서 만났던 중년의 여성분이 있습니다. 그녀는 20년 넘도록 폭언과 무시, 때로는 폭력까지 일삼는 남편과 함께 살아왔습니다. 그녀가 이혼을 결심하지 못했던 가장 큰 이유는 아이들 때문이라고 말했습니다.

"아이들에게 아빠가 필요하잖아요. 저만 참으면 되니까요…."

하지만 대학생이 된 그녀의 딸은 어느 날 저에게 전혀 다른 속마음을 털어놓았습니다.

"사실… 엄마가 그런 아빠와 살면서 매일 싸우고 힘들게 사는 모습을 보는 게 제게는 너무나 큰 상처였어요. 지금이라도 이혼하라고 엄마에게 말하지만, 엄마는 여전히 저희 때문에 이혼하지 않겠다고만 해요. 저는 엄마 아빠의 모습을 보면서 절대 결혼하지 않겠다고 다짐했어요."

딸의 이야기를 듣고서 저는 깊은 깨달음을 얻었습니다. 우리가 미처 깨닫지 못하는 강력한 교육은, 우리가 아이에게 무엇을 말하는가가 아니라 어떻게 살아가는가에서 비롯된다는 것이었습니다. "꿈을 포기하지 마라"라고 말하면서 정작 본인의 꿈은 일찍 접어 버린 부모, "당당하게 살아라"라고 말하면서도 부당한 상황 앞에서 늘 묵묵히 견디는 부모의 모습은 자녀에게 과연 어떤 메시지를 주게 될까요?

"제가 얼마나 아이들을 위해 희생했는지 아무도 몰라요. 남편이 술에 취해 폭언을 퍼부을 때도, 심지어 외도를 했을 때조차 저는 아이들을 위해 참았어요. 온전한 가정을 주고 싶었으니까요. 그런데 이제 성인이 된 아이들은 오히려 '왜 진작 이혼하지 않았냐'라고 물어요. 제 마음을 도무지 이해하지 못해요."

이 어머니의 고백은 우리 사회 많은 부모들의 모습을 비추는 듯합니다. 자녀를 위한다는 명분으로 자신의 삶을 희생했지만, 정작 그 희생의 결과는 자녀들에게 무거운 죄책감과 부담감으로 돌아오게 됩니다. 아이들은 '엄마가 나 때문에 불행했어'라는 무거운 생각에 오랫동안 짓눌릴 수밖에 없습니다.

아이들에게 진정으로 필요한 것은 모든 것을 희생한 불쌍한 엄마가 아닙니다. 아이들이 진정으로 원하는 엄마의 모습은 자신의 삶을 소중하게 여기고 행복과 가치 있는 삶을 추구하는 한 인간으로서의 엄마입니다. 그런 엄마의 모습이야말로 아이들에게 "너도 너 자신을 소중히 여기고 네 행복을 찾아 살아도 괜찮다"라는 따뜻한 허락이자 가장 아름다운 삶의 모델이 될 것입니다.

서로의 우주를 함께 걷는 일

가끔 우리는 아이를 평가하는 위치에 서곤 합니다. 마치 모든 것을 알고 있는 절대자처럼, 자신이 옳고 그름을 결정해야 하는 존재처럼 행동하지요. 그러나 진정한 만남이란 서로가 나란히 걸음을 맞추고 함께 나아갈 때 비로소 시작됩니다. 이는 미술치료에서 중요하게 여기는 원리와도 맥이 닿아 있습니다. 미술치료에서 강조하는 것은 내담자의 작품이나 과정을 객관적으로 판단하는 평가evaluation가 아니라, 그 길을 함께 걷는 동행assessment입니다. 이 동행은 그저 옆에 서 있는 것이 아니라 서로의 존재를 온전히 인정하고 존중하면서 함께 성장하는 의미 깊은 여정입니다. 내담자와 치료사 각자의 우주를 지키면서도 서로가 깊이 연결되는 경험을 하게 되지요. 부모와 자녀 관계에서도 마찬가지입니다. 서로의 우주를 판단하거나 평가하는 대신, 함께 걸으며 서로를 이해하려는 동행의 태도가 필요합니다.

이런 시선에서 39세 김다현 씨의 이야기는 따뜻한 희망을 줍니다. 열네 살 딸과의 갈등 문제로 상담실을 찾았던 다현 씨는 처음에는 딸의 반항적인 태도와 공부에 무관심한 모습을 걱정하고 있었습니다.

"저는 어려운 환경에서 자라 대학을 못 갔어요. 그래서 더 딸만큼은 좋은 대학에 꼭 보내고 싶어요."

면담 중 저는 조용히 물었습니다.

"혹시 다현 씨는 지금 무언가 배우거나 도전하고 계신 것이 있나요?"

그녀는 놀란 듯 천천히 고개를 저으며 대답했습니다. "제가요? 저는 그런 시간을 가질 여유가 없어요. 딸아이 뒷바라지하기에도 바쁜걸요."

몇 주 후 진료 시간에 다현 씨는 조심스럽게 자신의 변화된 마음을 이야기했습니다.

"선생님 말씀 듣고 계속 생각했어요. 제가 딸에게는 꿈을 가지라고 말하면서, 정작 저 자신은 제 꿈을 잊고 살고 있더라고요. 그래서 큰맘 먹고 사이버 대학에 등록해서 공부를 시작했어요."

물론 처음부터 극적인 변화가 생긴 것은 아닙니다. 딸은 여전히 반항적이었고, 다현 씨도 자신의 학업과 가사와 딸의 양육 사이에서 균형을 잡기 어려워했습니다. 그러나 서서히, 아주 조금씩 두 사람 사이에 변화가 나타나기 시작했습니다.

"지난주에 딸이 제가 공부하는 모습을 물끄러미 보더니, 갑자기 '엄마, 대단하다'라고 해 줬어요. 정말 오랜만에 들은 따뜻한 말이었어요. 물론 아직 우리 관계가 완전히 좋아졌다고 말할 수는 없지만, 그래도 뭔가 새로운 가능성, 희망 같은 게 보이기 시작한 것 같아요."

다현 씨의 이야기에서 가장 의미 있는 변화는 엄마가 자신의 삶을 되찾고 새롭게 걸음을 시작했다는 것입니다. 그녀는 딸에게 말로만 무언가를 강조하는 데 그치지 않고, 자신의 삶 속에서 직접 행동으로 보여 주기 시작했습니다. 아이를 위한 희생이 아니라 본보기가 되었을 때 비로소 두 사람의 독립된 우주가 진정으로 만나게 되는 출발점이 마련된 것입니다.

우리는 종종 아이의 세계가 나의 세계와 부딪힐 때 막연한 불안과 당황스러움을 느끼곤 합니다. 하지만 이 충돌은 피할 수 없는 자연스러운 현상입니다. 두 개의 각기 다른 우주가 만나 서로 영향을 주고받는 과정에서 발생하는 아름답고도 역동적인 에너지이지요. 중요한 건 그 충돌을 억지로 억누르거나 조절하려 하기보다, 이 과정을 통해 서로의 세계를 보다 깊숙이 들여다보고 이해할 수 있는 기회로 삼는 것입니다.

잠시 마음을 고요히 하고 자신에게 물어보세요. 지금 아이의 눈에 비친 당신은 과연 어떤 사람일까요? 자신의 꿈과 행복을 당당히 지키며 살아가는, 그런 독립적이고도 당찬 존재일까요? 아니면 모든 것을 아이를 위해 내려놓고 희생하며 살아가는 안타깝고 불쌍한 모습일까요?

"나는 너를 위해 내 삶을 모두 희생했어." 이 말이 입 밖으로 나오지 않아도, 마음으로 전해지는 그 무거운 메시지는 아이에게 때론 감당하기 버거운 짐이 됩니다. 그러나 "나는 나 자신의 삶을 충만히 살아 내면서도 너의 여정을 진심으로 응원하고 있어"라는 따스한 메시지는 아이에게 자유로움과 책임감을 동시에 안겨 줍니다.

서로가 각자의 우주를 존중하고 인정할 때, 비로소 우리는 '우리'라는 새로운 차원을 열게 됩니다. 그곳은 소유나 희생, 통제가 아닌 각자 있는 그대로의 존재를 바라보고 함께 나란히 성장하는 공간입니다. 오늘 하루, 당신은 아이의 세계를 얼마나 진지한 호기심과 애정으로 바라보셨나요? 그리고 당신 자신의 우주 또한 얼마나 소중하고 충실하게 가꾸셨나요? 아이에게 줄 수 있는 가장 값진 선물은 바로 당신 자신이 당당하고 행복하게 살아가는 모습일 것입니다. 이런 모습이야말로 두 개의 별이 만나 만들어 내는 가장 아름다운 풍경일 것입니다.

엄마의 자존감 위에 세워지는
단단하고 따뜻한 권위

"엄마가 뭘 알아?"

중학교 2학년 연서의 입에서 이 말이 튀어나온 건 어제저녁, 아이돌 굿즈를 사느라 엄마 카드로 몰래 20만 원을 결제한 사실이 들통났을 때였습니다. 42세 이미란 씨는 "도대체 이게 무슨 짓이냐"라며 분노했습니다. 연서는 엄마를 향해 대뜸 이렇게 받아쳤습니다.

"다른 애들은 다 해! 엄마는 그냥 아무것도 모르면서 못하게 하잖아!"

같은 집 초등학교 5학년 동생 준호는 어떨까요? 새벽 1시, 엄마가 문득 깨서 아들 방을 들여다보니 이불 속에서 게임 소리가 들렸습니다. 게임 시간을 제한했던 룰을 어기고 엄마 몰래 게임을 하는 중이었던 것이죠. 이번이 벌써 네 번째입니다.

"도대체 이 아이들은 왜 내 말을 듣지 않는 걸까요? 내가 뭘 잘못하고 있는 걸까요?"

엄마들은 어쩌다 권위를 잃었을까?

진료실에서 만나는 많은 엄마들이 이런 고민을 토로합니다. 특히 사춘기 자녀를 둔 부모들은 SNS, 게임, 디지털 환경, 변화한 팬덤 활동과 같은 현대 문화 앞에서 당혹감을 느끼곤 합니다. 이러한 혼란 속에서 엄마의 권위는 점차 약화되고 있습니다.

"제가 아이들한테 이건 안 된다고 하면, '엄마가 뭘 알아?'라고 해요. 유튜버나 인플루언서 말은 그렇게 잘 믿으면서 제 말은 무시해요."

이런 푸념은 이미 수많은 가정에서 들려오는 일상적 탄식이 되었습니다. 왜 요즘 엄마들은 자녀들에게 권위를 갖기 어려울까요?

첫째, 디지털 환경에 대한 이해 격차입니다. Z세대나 알파 세대 아이들에게 SNS, 게임, 팬덤 활동은 단순한 취미가 아니라 정체성과 사회적 관계의 중심입니다. 그러나 많은 부모들은 이를 시간 낭비 혹은 중독으로만 바라보며, 아이들이 왜 그 세계에 몰입하는지 이해하지 못합니다.

둘째, 엄마 스스로의 일관성 부족입니다. 미란 씨는 진료 중에 이렇게 고백했습니다.

"솔직히 저도 SNS에 많은 시간을 쓰면서 아이에게는 '스마트폰 그만 봐'라고 해요. 넷플릭스 드라마는 밤새 보면서 아이가 게임하면 '당장 꺼!'라고 소리치죠. 이런 제 모습이 아이들 눈에는 '내로남불'로 보이겠지요?"

셋째, 그리고 가장 중요한 것은 엄마 자신의 자존감과 내적 확신의 부재입니다. 많은 엄마들이 자신의 삶과 가치관에 대한 확신 없이, 그저 "다른 아이들이 이러니까" 혹은 "남들이 이렇게 키우니까" 하는 이유로 양육 방식을 결정합니다. 이런 불확실한 기반 위에서는 견고한 권위를 세우기 어렵습니다.

권위가 없는 엄마들이 자주 빠지는 함정이 있습니다. 바로 권위주의입니다. 권위가 없음을 느낄 때 많은 부모들은 그 공백을 강압과 통제로 메우려 합니다.

"너 당장 스마트폰 내놔! 앞으로 SNS 금지, 아이돌 사진 다 지워! 엄마 말 안 들으면 용돈도 없어!"

미란 씨가 딸 연서의 굿즈 구매 사실을 알고 보인 반응입니다. 그리고 이어진 건 더 큰 반발이었습니다.

"엄마는 맨날 '안 돼, 하지 마'만 해! 내 인생인데 왜 맨날 참견해? 딴 애들 엄마들은 안 그래!"

이런 충돌 후, 많은 엄마들은 자녀의 방문을 몰래 열어 보거나 스마트폰을 확인하거나 더 강력한 제재를 가하게 됩니다.

준호의 경우를 보면, 게임 시간 제한 후 네 번이나 몰래 게임을 했습니다. 엄마가 아무리 화를 내고 스마트폰을 압수해도 준호는 방법을 찾아냈습니다. 친구 집에 가서 게임을 하거나, PC방을 이용하는 식이었습니다.

"너 또 몰래 게임했지? 몇 번이나 말했어!"라고 김지현 씨가 소리치면, "다른 애들은 다 12시까지 해도 된다던데, 왜 나만 10시에 끄라고 해!"라고 준호가 소리를 지르며 반박합니다.

권위주의는 겉으로는 강해 보이지만 사실 내면의 취약함을 감추기 위한 방어기제인 경우가 많습니다. "내가 어떻게 해야 할지 모르겠으니 일단 막아 버리자"라는 불안이 권위주의의 원천입니다. 이런 접근은 일시적으로 상황을 통제할 수 있을지 몰라도, 장기적으로는 더 큰 신뢰 붕괴와 갈등을 불러옵니다.

"미란 씨, 혹시 자신이 왜 그렇게 강하게 반응했다고 생각하세요?"

진료실에서 제가 던진 질문에 그녀는 잠시 생각에 잠겼습니다.

"딸이 저를 무시하는 것 같아서 너무 화가 났어요. 마치 제가 엄마로서 실패한 것 같았달까요?"

이 고백은 매우 중요한 지점을 드러냅니다. 많은 경우, 엄마들이 자녀의 반항이나 규칙 위반에 과도하게 반응하는 이유는 그것이 엄마로서 자신의 가치를 위협한다고 느끼기 때문입니다. 아이의 행동을 개인적인 실패로 해석하는 것이지요.

사회심리학자 롬 하레Rom Harré와 그의 동료들이 발전시킨 '포지셔닝 이론Positioning Theory'은 이런 상황을 이해하는 데 도움이 됩니다. 이 이론에 따르면, 우리는 대화와 상호작용 속에서 끊임없이 자신과 타인의 위치position를 협상합니다. 부모-자녀 관계에서도 마찬가지로, 부모는 자녀와의 관계에서 어떤 위치를 점하느냐에 따라 매우 다른 방식으로 상호작용합니다.

자신의 위치가 불안하거나 불확실하다고 느끼는 부모일수록 자녀의 도전적 행동을 자신의 권위나 가치에 대한 위협으로 인식하고 과잉 반응할 가능성이 높습니다. 반면, 자신의 위치에 확신이 있는 부모는 아이의 반항이나 실수를 개인적인 공격이나 실패가 아닌 아이의 발달 과정으로 바라볼 수 있습니다. 이런 엄마는 감정적으로 폭발하거나 지나치게 통제적이지 않으면서도 분명한 경계와 기준을 세울 수 있습니다.

여기서 '권위 있는 양육authoritative parenting'과 '권위주의적 양육authoritarian parenting'의 핵심적 차이가 드러납니다. 권위주의는 근거 없이 "그냥 안 돼"라고 말하지만, 단단한 권위는 아이가 이해할 수 있는 분명한 이유를 제시합니다. "게임 시간을 제한하는 건 네 수면과 건강, 그리고 다른 활동을 위한 시간이 필요하기 때문이야"와 같이, 아이 입장에서도 납득 가능한 경계를 설정하는 것이죠.

반면, 자신의 가치를 끊임없이 의심하는 엄마는 자녀의 행동에 쉽게 흔들립니다. 아이가 말을 듣지 않으면 자존감이 크게 타격을 입고, 이로 인한 불안과 분노가 권위주의적 통제로 표출됩니다. 이처럼 엄마의 자존감과 권위 형성은 불가분의 관계에 있습니다. 자존감이 낮을수록 권위는 흔들리고, 그 공백을 권위주의로 메우려는 악순환이 시작됩니다.

"가끔 저도 모르게 제 엄마처럼 되어가는 것 같아요. 똑같은 말투, 똑같은 반응들…. 그런데 저는 정말 그러고 싶지 않거든요."

미란 씨의 이 말은 많은 엄마들의 마음을 대변합니다. 자신이 받은 양육 방식을 반복하는 것에 대한 두려움, 그리고 그럼에도 불구하고 스트레스 상황에서 그렇게 되고 마는 현실 사이의 갈등이지요.

아이돌에 빠진 딸, 게임에 빠진 아들, 그리고 이 낯선 세계를 이해하지 못해 혼란스러운 엄마. 미란 씨 가족의 이야기는 현대 한국 사회의 많은 가정이 경험하는 현실입니다. 중요한 것은, 이것이 단순한 훈육 실패가 아니라는 점입니다. 우리는 부모 세대가 경험해 보지 못한 매우 다른 디지털 환경 속에서 살고 있습니다.

이제 새로운 권위와 건강한 경계를 세워야 하는 때

뉴노멀 시대, 즉 디지털 기술의 발달과 팬데믹 이후 새롭게 정립된 일상에서 자라는 우리 아이들은 온라인과 오프라인을 자유롭게 오가며 SNS와 게임 속에서 정체성을 형성합니다. 그들에게 굿즈를 모으는 것은 단순한 소비가 아니라 공동체 소속감의 표현이고, 게임은 또래와의 중요한 사회화 통로입니다.

이런 환경에서 전통적인 방식의 부모 권위는 설 자리를 잃고 있습니다. 하지만 그렇다고 해서 권위 자체가 사라져야 한다는 의미는 아닙니다. 오히려 '단단하되 따뜻한' 새로운 형태의 권위가 더욱 필요한 시대입니다.

미란 씨는 며칠 동안의 고민 끝에 딸 연서와 다시 대화를 시도했습니다. 이번에는 이전처럼 화를 내거나 훈계하는 대신 먼저 물어

보기로 했습니다.

"딸, 네가 그 아이돌에 왜 그렇게 푹 빠져 있는지 엄마는 잘 몰라. 엄마한테 좀 설명해 줄 수 있을까?"

이 접근이 마법처럼 상황을 바꾸지는 않았습니다. 연서는 처음에는 의심스러운 눈길로 엄마를 쳐다봤고, "엄마는 또 잔소리하려고 그러는 거지?"라고 물었습니다. 하지만 미란 씨가 정말로 듣고 싶다고 진심을 표현하자, 딸은 조금씩 자신이 좋아하는 아이돌과 그룹의 음악, 댄스, 팬덤 활동에 대해 설명하기 시작했습니다.

그 과정에서 새로운 합의점도 찾아갔습니다. 매달 정해진 금액 내에서만 굿즈를 구매하기로 했고, 그 대신 연서는 굿즈 구매를 위한 용돈을 모으기 위해 집안일을 돕기로 했습니다. 이 합의는 단순한 "해도 돼/안 돼"가 아니라, 왜 이런 규칙이 필요한지에 대한 이유(가정 경제 관리, 책임감 배우기)를 포함한 단단한 경계였습니다.

아들 준호와의 관계도 조금씩 변화 중입니다. 미란 씨는 준호의 게임을 완전히 금지하는 대신, 그가 무슨 게임을 하는지, 왜 그 게임이 재미있는지 물어보기 시작했습니다. 심지어 한 번은 준호가 하는 게임을 함께 해 보기도 했지요(비록 엄마가 바로 캐릭터를 죽게 만들어서 준호가 한바탕 웃긴 했지만요).

게임 시간에 대한 규칙은 여전히 있지만, 이제 그 규칙을 "그냥 안 돼"가 아니라 "충분한 수면이 두뇌 발달과 성장에 얼마나 중요한지"를 설명하며 아이도 납득할 수 있는 근거를 제시했습니다. 준호가 이 규칙을 이해하고 존중하기 시작하면서 몰래 게임을 하는 빈도도 줄어들었습니다.

단단한 권위는 통제에서 나오지 않습니다. 그것은 부모 자신의 내적 확신과 일관성, 그리고 아이에 대한 이해와 존중에서 비롯됩니다.

미란 씨가 깨달은 중요한 사실은, 자신이 딸과 아들의 행동에 과잉 반응했던 이유가 그들의 행동 자체보다는 자신의 내적 불안에 더 많이 연결되어 있다는 점이었습니다. '내가 좋은 엄마인가?', '내가 아이들을 제대로 통제하지 못하면 다른 사람들이 어떻게 볼까?', '이대로 두면 아이들이 망가지는 건 아닐까?'와 같은 두려움이 그녀를 압도했던 것이지요.

불안에 휩싸인 부모는 통제를 강화해 일시적 안도감을 얻으려 합니다. 하지만 그런 방식은 오히려 아이와의 관계와 신뢰를 손상시키고, 결국 더 큰 불안을 낳는 악순환을 만들어 냅니다.

반면, 자신의 가치에 확신이 있는 엄마는 아이의 행동이나 선택이 자신의 가치를 정의하지 않는다는 사실을 알고 있습니다. 따라서 감정적으로 과잉 반응하지 않으면서도 필요한 경계와 한계를 분명히 제시할 수 있습니다. 그리고 그 경계는 단지 엄마의 권위에 기반한 것이 아니라, 아이도 이해할 수 있는 합리적인 이유에 기반합니다.

미란 씨는 요즘 연서에게 이렇게 말하려고 노력합니다. "난 네가 아이돌을 좋아하는 걸 이해해. 하지만 몰래 내 카드를 쓰는 건 신뢰 문제야. 우리 이걸 어떻게 해결할 수 있을까?"

이전처럼 "당장 그만두지 않으면 다 압수할 거야!"라고 위협하는 대신 분명한 경계를 제시하면서도 딸의 관심사를 존중하는 접근 방식을 선택한 것이지요. 이런 대화는 단순한 통제가 아닌 상호 존중에 기반한 건강한 경계 설정의 시작입니다.

물론 이런 변화가 쉽지는 않습니다. 특히 우리가 경험해 보지 못한 디지털 환경과 새로운 청소년 문화 속에서, 어떤 경계가 적절한지 판단하기 어려울 때가 많습니다. 미란 씨도 여전히 매일매일 시행착오를 겪고 있습니다.

중요한 점은, 진정한 권위는 '엄마이기 때문에 당연히 따라야 한다'라는 식의 위계적 관념에서 나오지 않는다는 사실입니다. 그것은 자존감과 자기 확신, 자녀에 대한 존중, 변화하는 시대에 대한 이해에서 비롯됩니다.

사춘기 자녀를 둔 엄마들이 직면한 도전은 전례 없이 복잡합니다. 그들은 디지털 격차, 가치관 충돌, 소비문화의 변화 등 이전 세대가 경험하지 못한 새로운 혼란스러운 현실에 적응해야 합니다. 하지만 이 혼란 속에서도 단단하되 따뜻한 권위라는 이상은 여전히 중요합니다. 그것은 통제나 복종이 아닌 상호 존중과 이해를 바탕으로 한 건강한 경계 설정을 의미합니다.

수많은 가족을 만나며 관찰한 결과, 진정한 권위는 엄마 자신이 먼저 자신을 존중할 때 비로소 가능해집니다. 자존감이 단단한 엄마는 아이의 반항이나 실수를 개인적인 공격으로 해석하지 않고, 더 객관적이고 일관된 경계를 제시할 수 있습니다.

완벽한 해답은 없습니다. 그러나 자신의 불안을 스스로 인식하고 아이의 세계를 이해하려 노력하며 납득 가능한 이유를 가진 경계를 설정하는 것이 단단한 권위의 첫걸음이 될 것입니다. 그리고 그 길의 시작점에는 항상 엄마 자신의 자존감이 서 있습니다. 자신을 믿고 존중할 때 우리는 아이들에게도 건강한 경계와 진정한 존중을 전해 줄 수 있기 때문입니다.

말하기가 아닌
들리기의 기술

일본 공익광고기구公共広告機構에서 제작한 '큰 고래를 그리는 아이' 영상을 보고, 저는 깊은 깨달음을 얻었습니다. 정신과 의사로서 많은 환자를 만나 왔지만, 단 3분짜리 이 영상이 준 통찰은 오랜 임상 경험보다 더 강렬했습니다.

영상 속 아이는 미술 시간에 선도 모양도 없이 스케치북 전체를 까맣게 칠하고 있었습니다. 교사는 걱정스럽게 지켜보다 결국 부모에게 연락했고, 부모는 아이를 의사나 심리 전문가들에게 데려갑니다. 그들은 하나같이 심각한 표정을 지으며 아이의 행동을 문제적이라고 해석하지요. 어떤 전문가는 우울증이 의심된다 하고, 다른 전문가는 정서 불안정의 징후라고 진단합니다.

하지만 영상의 끝에 누군가가 아이에게 직접 물어보자, 아이는 대답합니다.

"엄청나게 큰 고래를 그리고 있어요."

사실 아이가 까맣게 칠하던 부분은 아주 거대한 고래의 몸체였습니다. 아이의 눈에는 이미 고래 한 마리가 완성되어 있었습니다.

우리는 보이는 것만으로 판단한 나머지, 얼마나 자주 진정한 의미를 놓치고 있을까요? 아이의 그림처럼 우리 주변에도 수없이 많은 '검은 스케치북'이 존재하지 않을까요?

왜 우리는 아이의 생각을 잘 듣지 못할까?

커뮤니케이션 이론가 파울 바츨라빅 Paul Watzlawick은 인간 소통의 기본 원리를 "커뮤니케이션하지 않는 것은 불가능하다 One cannot not communicate"라는 명제로 표현했습니다. 이는 모든 행동이 메시지를 전달한다는 의미입니다.

까맣게 칠해진 아이의 스케치북은 그 자체로 이미 무언가를 전하고 있었습니다. 하지만 어른들은 그 메시지를 듣지 못했습니다.

교사는 그 행동을 보고 생각했습니다.

'이 아이는 문제 행동을 하고 있군. 다른 애들처럼 예쁜 색깔로 그림을 그리는 게 아니라 이상한 행동을 하고 있어.'

부모는 불안해졌습니다.

'우리 아이에게 무슨 일이 있는 걸까? 혹시 집에서 문제가 있었나? 아니면 내 양육이 잘못됐나?'

의사와 심리 전문가들은 전문적인 시선으로 바라보았습니다.

'이런 그림 표현은 우울증 또는 정서 문제의 신호일 수 있어. 검은색은 흔히 내면의 부정적 감정을 상징하지.'

이 모든 해석은 눈에 보이는 것에서만 출발했을 뿐, 정작 아이에게는 아무도 물어보지 않았습니다. 진짜로 '듣는' 사람이 없었던 것입니다.

심리학자 토마스 고든Thomas Gordon은 《부모 역할 훈련》에서 이러한 '들음의 장벽Roadblocks to Communication'을 체계적으로 정리했습니다. 영상 속 어른들의 반응에도 동일한 장벽들이 분명히 드러납니다.

첫 번째 장벽은 즉각적인 평가입니다. "정상적 행동은 아니야"라고 판정하는 순간 아이의 메시지를 있는 그대로 받아들일 여지가 사라집니다. 교사가 아이 그림을 보고 '이상하다'라고 여긴 순간 이미 다른 가능성은 차단되어 버렸습니다.

두 번째는 조급한 해결 욕구입니다. 어떤 문제가 있다고 느끼면 우리는 본능적으로 빨리 고치고 싶어 합니다. 영상 속 부모가 아이를 여기저기 전문가에게 데려갔던 것도 이런 심리 때문이죠. 하지만 그 과정에서 아이의 목소리를 듣는 시간은 잃어버리게 됩니다.

세 번째는 심리적 투사Projection입니다. 이는 자신의 감정이나 생각을 무의식적으로 타인에게 덮어씌우는 방어기제입니다. 까맣게 칠해진 그림을 보고 어른들이 느낀 불안이나 걱정은 사실 그들 자신에게 있는 감정일 수 있습니다. '검은색 = 우울'이라는 해석은 아이의 본래 의도가 아닌 어른들의 심리에서 나온 투사일지도 모릅니다.

마지막으로 전문성의 함정이 있습니다. 아이러니하게도, 너무 많이 알고 있다는 것 자체가 오히려 진정한 이해를 가로막을 때가 있습니다. 심리 전문가들이 자신들 경험과 이론에 갇혀서 '큰 고래'라는 단순하고 직관적인 상상을 놓쳐 버린 것처럼요.

이런 장벽들은 진료실에서는 물론 일상 속에서도 계속 작동합니다. 고래를 그리는 아이를 오해했던 것처럼, 우리는 또 얼마나 타인의 메시지를 엉뚱하게 받아들이고 있을까요?

최근 제 진료실을 찾은 46세 김정애 씨의 사례가 떠오릅니다. 그녀는 중3인 딸 수아의 문제로 찾아왔습니다.

"선생님, 우리 수아가 요즘 전혀 말이 없어요. 뭘 물어봐도 '몰라요'나 '그냥요'밖에 안 해요. 또 방문을 잠그고 혼자 있으려고 해요. 전에는 학교 얘기도 잘 해 주고 늘 환하게 웃었는데…. 갑자기 성적도 확 떨어졌고 이유를 물어봐도 대답이 없네요. 사춘기라 그렇다기엔 좀 심한 것 같아서 걱정돼요."

제가 "수아에게 왜 말을 안 하는지 물어보셨나요?"라고 물었을 때, 정애 씨는 잠시 당황한 표정을 지었습니다. "아뇨, 물어본 적은 없어요. 사실 제가 화가 나서 '왜 이렇게 대답이 짧니!', '점수가 왜 이 모양이야!'라고만 했거든요."

며칠 뒤 저는 수아를 직접 만났습니다. 수아는 말했습니다.

"엄마가 묻는 건 실제로 궁금해서가 아니에요. 답을 이미 정해 놓고 물어보잖아요. 제가 뭘 말하든 '그건 아니야, 그러면 안 돼!'라고만 해요. 그래서 그냥 '몰라요'라고 하는 게 편해요. 사실은… 좋아하는 남자애가 생겼는데 그 일 때문에 머릿속이 복잡했어요. 그래서 공부가 제대로 안 됐는데, 엄마한테 이런 얘기는 절대 못 하죠. 맨날 공부 얘기뿐이니까요."

그 순간 저는 다시금 깨달았습니다. 수아의 "몰라요"는 그저 무관심이나 반항이 아니라 "내 의견이나 감정은 어차피 존중받지 못해"라는 체념적 표현이었던 것입니다. 마치 영상 속 아이의 검은 그림을 두고 모두가 이상함만 봤지, 그 안에 담긴 메시지를 못 봤던 것처럼요.

영상에서 극적 반전은 아이에게 직접 물었을 때 벌어졌습니다.
"이 그림에 대해 이야기해 줄래?"
그 순간 모든 것이 변했습니다.
"엄청나게 큰 고래를 그리고 있어요."
검게 칠한 부분은 우울과 불안의 상징이 아니라 거대한 해양 생물을 표현한 것이었습니다. 아이가 생각하는 가장 효과적인 방식으로 고래를 그린 거였지요.

그 장면은 정신과 의사로서의 제게도 커다란 울림을 주었습니다. 환자들의 이야기를 듣는다고 자부했지만 정작 제가 정말로 들어주는 순간이 얼마나 되었나 돌아보게 됐습니다. 혹시 저도 그들의 검은 그림을 보며, 이미 내 전문지식이나 편견으로 해석해 버린 건 아니었을까요?

아이에게 그 검은색은 우울함이 아니라 거대한 해양 생물의 웅장함이었고, 까맣게 칠한 배경은 심리적 어둠이 아니라 심해의 신비로움이었습니다. 그저 물어봄으로써, 그리고 들어줌으로써, 문제였던 것이 경이로 바뀌는 순간이 펼쳐진 것입니다.

아이에게 고래는 무엇을 의미했을까요? 어쩌면 자유, 힘, 경이로움의 상징이었을지도 모릅니다. 아니면 자신이 알고 있는 가장 큰 것을 표현하고 싶었을 수도 있습니다. 중요한 것은 아이가 자신만의 방식으로 세상을 이해하고 표현한다는 점입니다.

어른들의 반응은 문제에서 경이로움으로 전환되었습니다. 병리적 시선은 순식간에 사라지고, 대신 아이의 창의성과 표현 방식에 대한 존중이 자리 잡았습니다. 단지 물어봤기 때문에, 단지 들었기 때문에 일어난 변화입니다.

공감적 경청, 아이의 진짜 마음을 읽는 법

여기서 '들리기 deep listening'는 단순한 '경청 active listening'과 다릅니다. 경청이 상대의 말을 주의 깊게 듣는 거라면, 들리기는 표면적 의미 너머에 있는 진짜 의도와 마음까지 받아들이려는 적극적인 태도를 뜻합니다.

진정한 들리기의 첫걸음은 판단을 잠시 유보하는 것입니다. 현상학에서 말하는 '판단 중지 Epoché'와 유사하게, 선입견을 괄호 안에 묶고 그저 상대의 세계를 있는 그대로 맞이하려는 태도입니다.

질문하는 방식 역시 중요합니다. "왜 이렇게 까맣게 칠하니?"라는 질문에는 이미 이상하다는 판단이 깔려 있습니다. "이 그림에 대해 말해 줄 수 있겠니?"라는 물음은 아이에게 열린 공간을 줍니다.

이것이 심리학자 칼 로저스_{Carl Rogers}의 '공감적 경청_{empathic listening}'을 실행하는 핵심 기술입니다.

로저스의 공감적 경청을 실천하는 구체적인 방법은 다음과 같습니다.

1. 판단 유보하기

상대의 말이나 행동에 대해 즉각적인 평가를 멈춥니다. "네 행동은 너무 이상해"가 아닌 "네가 지금 무엇을 느끼는지 궁금하구나"라고 말합니다.

2. 열린 질문하기

상대방이 자신의 생각과 감정을 탐색할 수 있는 공간을 만들어 줍니다. "왜 그랬어?"가 아닌 "그것에 대해 더 이야기해 줄래?"라고 묻습니다.

3. 반영하기

상대방의 말을 다시 정리해서 들려주는 것은 이해를 확인하는 좋은 방법입니다. "네 말은, 친구들과 있을 때 불안하다는 거구나?"라고 말합니다.

4. 온전히 존재하기

다음 할 말을 생각하거나 해결책을 찾는 대신 현재 순간에 온전히 집중합니다.

이런 방법들을 실천하는 것이 쉬운 건 아닙니다. 우리는 본능적으로 판단하고, 조언하고, 문제를 해결하려는 경향이 있기 때문입니다. 하지만 이러한 어려움을 자각하고 조금씩 연습하는 것 자체가 이미 들리기를 시작했다는 증거입니다.

정신과 진료실에서 자주 보는 현상 중 하나는, '듣는다'라고 생각하는 순간에도 실제로는 다음 말을 준비하고 있다는 겁니다. 상대의 말이 끝나기를 기다리며 이미 다음에 할 말, 조언, 해결책을 고민하는 순간, 이미 우리는 공감적 이해에서 멀어지고 있습니다. 공감적 경청의 핵심은 조언이나 해답을 주는 게 아니라, 상대방의 세계로 들어가 그들의 관점에서 바라보는 것입니다.

우리 내면에는 저마다의 고래가 있습니다. 그것은 스스로도 다 설명하기 힘든 크고 의미 있는 무언가일 수도 있고, 혹은 어린아이처럼 자랑스럽게 보여 주고 싶은 창의적 표현일 수도 있습니다.

고래를 본다는 것은 곧 눈앞에 보이는 행동이나 말 너머를 들여다보는 태도입니다. 사람의 행동을 껍데기만 보지 않고 그 안에 담긴 메시지를 발견하려는 노력이지요. 이는 단순한 경청 이상의, 세상을 인식하는 방식을 근본적으로 바꾸는 작업입니다.

칼 로저스는 "가장 개인적인 것이 가장 보편적인 것이다What is most

personal is most universal"라고 말했습니다. 우리 각자가 가진 고래, 예를 들면 우리의 가장 깊은 열망, 두려움, 꿈, 상처 등은 매우 개인적이지만, 동시에 인간으로서 공유하는 보편적 경험의 일부입니다. 서로의 고래를 볼 수 있을 때 우리는 진정으로 연결됩니다.

수아와 정애 씨가 함께 변화를 시작했을 때, 그 시작점은 단지 질문하고 들어주는 시간이 생겼다는 것이었습니다. 수아는 조금씩 속마음을 털어놓았고, 정애 씨는 자신이 얼마나 말하기에만 치중했는지 깨달았습니다.

우리가 살아가는 디지털 시대에는 들리기의 가치가 더욱 중요해지고 있습니다. 빠른 소통, 단편적 메시지, 즉각적 반응이 일상화된 세상에서 진정으로 상대방의 말에 귀 기울이는 능력은 점점 희소한 기술이 되어가고 있습니다. 갈등과 오해가 일상이 되어 버린 현대 사회에서 진정한 들리기는 관계를 치유하고 성장시키는 가장 강력한 도구입니다.

오늘 당신은 누구의 고래를 봤나요? 그리고 당신의 고래는 누구에게 비쳤나요? 아이의 검은 그림이 우울함이 아닌 거대한 고래였던 것처럼, 우리도 주변 사람들의 말과 행동 뒤에서 울고 웃는 다양한 고래를 발견할 수 있습니다. 그 고래는 상대가 가장 소중히 여기는 무언가일 수도, 아니면 표현에 서툰 아픔일 수도 있습니다. 그저 질문하고, 기다려 주고, 판단을 잠시 거둬들이는 순간, 거대한 고래의 모습이 눈앞에 펼쳐질 수도 있지 않을까요?

'1+1'이 '3'이 되는
성장의 마법

"오늘 이 비행기에는 생애 첫 비행을 하는 민우 어린이가 타고 있습니다. 민우 어린이의 첫 비행을 진심으로 축하합니다. 꼭 열심히 치료를 받아서 건강하고 행복한 어린이가 되길 바랍니다."

김포에서 제주도로 향하는 비행기 안에서 기장의 특별한 안내 방송이 조용히 흐르듯 들려왔습니다. 제 옆자리에는 일곱 살 아들이 앉아 있었고, 비행기 앞쪽 좌석에는 비슷한 나이로 보이는 아이가 휠체어에 앉아 있었습니다. 그 아이는 머리를 짧게 깎고 모자를 눌러쓴 채, 마스크를 쓰고 있었지요. 분명히 방금 기장님이 언급한 '민우 어린이'였습니다.

방송이 끝나자마자 승객들이 하나둘씩 박수를 치기 시작했고, 이내 온 비행기가 박수 소리로 가득 찼습니다. 그때 제 아들이 궁금하다는 듯 제게 물었습니다.

"엄마, 저 아이한테 왜 박수 쳐 줘요?"

저는 잠시 생각하다 아이에게 대답했습니다.

"저 친구한테는 첫 비행이 우리랑은 다르게 특별한 일이야. 아마 오래 기다리고 준비했을 테고, 많은 사람들의 도움도 받았을 거야."

아이에게는 간단히 설명하고 넘어갔지만, 제 마음속에서는 그 순간이 쉽게 사라지지 않았습니다. 민우에게 이번 여행은 그저 즐거운 휴가가 아니었을지도 모릅니다. 어쩌면 꼭 이루고 싶었던 소중한 소망, 절박한 희망이 담긴 여행이었을지 모릅니다. 제주도의 맑고 깨끗한 공기가 민우의 치료에 도움이 되기를 간절히 바랐던 가족의 염원이었을 수도 있고, 혹은 시간이 많이 남지 않은 그 아이가 꼭 보고 싶었던 바다를 향한 가슴 벅찬 여정이었을지도 모릅니다.

그 순간, 비행기 안의 모든 사람들이 함께 만들어 낸 따뜻한 기적을 보았습니다. 기장님과 승무원들, 함께 박수를 친 승객들, 민우와 그의 가족까지, 모두가 각자의 작은 역할을 충실히 해낸 결과, 우리는 단순히 낯선 사람들의 집합이 아니라 '민우의 첫 비행을 진심으로 축하하고 응원하는 따뜻한 공동체'가 되었습니다.

성장은 한 사람에게만 이루어지지 않는다

우리는 흔히 성장을 나 홀로 걷는 길처럼 개인적인 여정으로 생각합니다. '나'의 학습, '나'의 노력, '나'의 성취로만 이루어진다고 여기기 쉽지요. 하지만 진정으로 놀라운 성장은 혼자가 아니라 타인과의 만남과 관계, 그리고 그 속에서 일어나는 상호작용 속에서 이루어집니다.

러시아의 심리학자 레프 비고츠키Lev Vygotsky는 이런 성장을 '근접발달영역Zone of Proximal Development, ZPD'이라는 흥미로운 개념으로 설명했습니다. 1930년대에 발표된 그의 사회문화적 발달 이론Sociocultural Theory of Development의 핵심이 되는 이 개념은, 어린이가 혼자 힘으로 할 수 있는 수준과 타인(성인이나 더 능숙한 또래)의 도움을 받아 해낼 수 있는 수준 사이에 명확한 차이가 있다는 사실을 알려 줍니다. 혼자서는 어렵지만 타인의 도움을 받으면 할 수 있는 그 영역이 바로 근접발달영역입니다.

그런데 여기서 정말 흥미로운 것은, 이 과정이 단순히 '많이 아는 사람이 덜 아는 사람에게 지식을 전해 주는' 일방적인 과정이 아니라는 점입니다. 도움을 주는 사람과 도움을 받는 사람 모두가 서로 영향을 주고받으며 함께 성장하는 양방향적이고 창조적인 과정이라는 것이지요.

예를 들어볼까요? 엄마가 아이에게 자전거 타는 법을 가르칠 때를 떠올려 봅시다. 처음엔 엄마가 아이 뒤에서 자전거를 단단히 잡아 주고, 아이는 열심히 페달을 밟는 데 집중합니다. 아이가 점점 균형을 잡을 수 있게 되면 엄마는 조심스럽게 손을 살짝 놓아 보지요. 이런 과정이 반복되다 보면 아이는 어느 순간 혼자 힘으로 자전거를 탈 수 있게 됩니다.

물론 아이는 자전거 타기라는 새롭고 신나는 기술을 배우며 성장합니다. 하지만 동시에 엄마 역시 성장하고 있다는 것을 아셨나요? 엄마는 아이가 얼마나 발전했는지 민감하게 관찰하는 능력, 적절한 순간에 손을 떼어야 하는 순간을 판단하는 지혜, 격려와 피드백을 통해 아이와 소통하는 능력 등 다양한 역량을 키워 나갑니다. 그리고 무엇보다도 인내심이라는, 혼자만의 노력으로는 얻기 힘든 귀중한 덕목을 기르게 됩니다.

이것이 바로 '1+1'이 단순히 '2'가 아닌, '3'이 되는 마법과 같은 성장의 순간입니다. 도움을 준다는 것은 단순히 지식이나 기술을 전달하는 행위를 넘어, 서로가 서로를 통해 새로운 능력과 가치를 만들어 가는 창조의 과정임을 기억해야 합니다.

35세 윤나라 씨는 다섯 살 아들 재민이와 소꿉놀이를 하다가 뜻밖의 중요한 깨달음을 얻었습니다.

"재민이가 작은 로봇을 손에 쥐고는 '아이, 정말 짜증나! 이걸 어떻게 해!' 하고 말하는 거예요. 저는 그 순간 숨이 턱 막히는 것 같았어요. 아이의 그 말투, 그 표정이 바로 저였거든요. 평소에 제가 무심결에 내뱉었던 말과 행동이 고스란히 재민이에게 흘러 들어간 거였어요. 그제야 비로소 저는 저를 제대로 마주하게 되었어요. 그리고 처음으로 '나는 어떤 엄마이고 싶었지?' 하고 진심으로 질문하게 됐습니다."

나라 씨의 경험은 아이가 어떻게 부모의 '정서적 거울 emotional mirror' 역할을 하는지 명확히 보여 줍니다. 심리학자 하인츠 코헛 Heinz Kohut

이 설명하는 이 개념은 우리가 다른 사람의 반응과 모습을 통해 자신을 깨닫고 이해하게 된다는 것입니다. 아이는 단순히 부모의 행동만을 모방하는 것이 아닙니다. 부모의 감정 표현 방식, 갈등 상황에서의 대응 방법, 심지어 부모가 세상을 바라보는 관점까지 아이의 삶에 자연스레 스며듭니다. 그리고 다시 그 모습을 부모에게 비춰주면서, 부모는 스스로도 미처 깨닫지 못했던 자신의 모습을 발견하게 됩니다.

이러한 거울 효과는 감정 조절에도 결정적인 역할을 합니다. 심리학자들은 이를 '상호 조절co-regulation'이라고 부릅니다. 발달심리학자 앨런 쇼어Alan Schore가 연구한 바에 따르면, 부모와 아이는 서로의 감정 상태에 예민하게 반응하면서 함께 감정을 조율하는 하나의 정서적 시스템을 만듭니다. 아이가 불안할 때 부모는 안정감을 제공하고, 부모가 지쳤을 때 아이의 웃음소리가 다시 부모에게 힘을 주는 방식으로 서로의 감정을 조화롭게 합니다.

이런 상호작용은 부모와 아이 사이에 특별한 정서적 생태계를 형성합니다. 그리고 그 생태계 안에서 두 사람 모두 혼자서는 결코 키울 수 없는 정서적 성장을 경험하게 됩니다. 바로 이것이 앞서 말했던, '1+1'이 '3'으로 확장되는 마법 같은 순간입니다.

다시 비행기의 이야기로 돌아가 보겠습니다. 그 순간은 단지 엄마와 아이의 관계를 넘어서, 우리 모두가 속한 더 큰 공동체 안에서 성장의 마법이 어떻게 펼쳐질 수 있는지 보여 주었습니다. 민우와 가족에게 그 비행은 결코 단순한 이동 수단이 아니었을 겁니다. 고작 한 시간이었지만 민우에게는 그 무엇보다 소중한 첫 경험이었을지도 모릅니다. 비행기 한 번을 타기 위해 얼마나 많은 의료진의 고민과 준비, 가족의 걱정과 정성이 쌓여야 했을까요? 기장의 따뜻한 안내 방송과 승객들의 진심 어린 박수가 어우러지자, 민우 가족의 개인적인 첫 비행은 어느새 비행기 안에 있는 모든 사람과 함께하는 의미 있는 인생의 한 순간으로 확장되었습니다.

저와 제 아이에게도 그날의 경험은 깊은 울림을 주었습니다. 아이는 그날 이후 지하철에서 자연스럽게 어르신께 자리를 양보하거나 길에서 휠체어를 타신 분들을 만날 때면 더욱 따뜻한 눈빛으로 바라보게 되었습니다. 그리고 저 또한 누군가에게 베푸는 아주 작은 친절이 세상에 얼마나 큰 파장을 만들어 낼 수 있는지 다시 한번 마음 깊이 새겼습니다. 우리의 소소한 관심과 따뜻한 배려가 쌓이고 퍼져나갈 때, 서로 잘 알지 못하는 사람들 사이에도 깊은 연대감과 따뜻한 소속감이 피어나기 때문입니다.

일상에서 아이와 함께 성장을 경험하는 방법

안타깝게도 '1+1'이 항상 '3'이 되는 것은 아닙니다. 때로는 그 합이 '2'보다 더 작은 결과로 돌아오기도 합니다. 과연 어떤 것들이 이런 차이를 만드는 걸까요?

첫 번째는 계층적 사고방식입니다. '내가 더 잘 알아'라는 생각으로 상대와 관계를 맺으면 시너지는 결코 피어날 수 없습니다. 부모가 아이의 의견이나 생각을 가볍게 여기고 무시하면 아이는 점점 입을 닫고 마음을 숨기게 됩니다. 그렇게 되면 관계는 자연스러운 교류가 아니라 일방적인 명령으로 변질되고, 함께 성장할 수 있는 소중한 기회마저 놓치게 됩니다.

두 번째는 지나치게 결과 중심적인 사고입니다. 특정 성과나 결과만 바라보며 조급한 마음으로 다가서면 과정 속에서 찾아오는 수많은 가능성과 배움의 순간을 놓치기 쉽습니다. 아이와 함께 요리를 할 때 '빨리 완성해야 해'라는 생각만 가득하면 아이의 작은 호기심과 창의적 시도를 놓치고 맙니다. 이런 작은 순간들 속에 진짜 성장이 숨어 있다는 것을 잊어선 안 됩니다.

마지막으로 자기중심적 사고입니다. '내가 이것으로 얻을 수 있는 건 뭘까?'라는 생각으로 상대를 만나고 관계를 맺으면, 그 속에 진정한 교류는 사라지고 맙니다. 관계는 거래가 아니라 서로가 함께 걸어가는 여정이어야 합니다. 주고받는 계산이 아니라 서로에게 기꺼이 주고 싶은 마음이 모일 때 비로소 진정한 성장이 시작됩니다.

그렇다면 어떻게 '1+1'이 '3'이 되는 성장의 마법을 일상에서 경험할 수 있을까요? 모든 관계와 상황에 똑같이 적용할 수 있는 마법의 공식은 없지만, 우리 삶에 잔잔하게 스며들 수 있는 몇 가지 중요한 원칙은 분명히 존재합니다.

첫째, 언제나 호기심을 품는 것입니다. 상대방, 특히 아이를 이미 잘 안다고 믿지 말고 항상 새로운 것을 발견할 준비가 되어 있는 마음가짐이 중요합니다. "오늘 네 마음엔 어떤 생각이 피어나고 있을까?" 하는 따뜻한 관심과 호기심이 관계 속 시너지의 첫 발걸음이 됩니다.

둘째, 서로의 빛을 끌어내는 공동 창작의 기회를 만들어 보세요. 함께 밥을 짓고 꽃을 심고 이야기를 지어내는 순간은 각자가 가진 고유한 색깔을 자연스럽게 꺼내 놓을 수 있는 아름다운 환경입니다. 여기엔 정해진 답이 없어서 각자의 생각들이 자유롭게 어우러지며 예상하지 못한 멋진 결과가 탄생하기도 합니다.

셋째, 실패할 자유를 서로에게 넉넉히 허락해 주는 것입니다. 완벽하게 해내야 한다는 부담감을 내려놓을 때 비로소 우리는 자유롭게 실험하고, 더 창의적이고 유연한 방법들을 발견하게 됩니다. 그 여유가 우리의 성장에 깊은 숨을 불어넣습니다.

성장은 거창한 기술이나 특별한 환경이 아니라, 우리가 관계를 바라보는 시선에서 시작됩니다. 우리는 단순히 함께 있는 것이 아니라 서로에게 영향을 주고받으며 함께 무언가를 창조하는 존재라는 사실을 기억할 때, 관계는 무한한 가능성의 문을 활짝 열게 됩니다.

아이와 부모, 연인, 친구, 동료… 어떤 관계든 우리는 서로에게 단순한 역할 이상의 의미를 품게 됩니다. 서로가 서로에게 성장의 씨앗을 심어 주고, 때로는 물을 주는 존재가 되어, 서로의 가능성을 키워 주는 촉매제가 됩니다.

김포에서 제주로 향하던 그 비행기 안, 기장의 온기 가득한 안내 방송과 승객들의 진심 어린 박수 소리, 그리고 민우 어린이의 생애 첫 비행은 단지 단편적인 사건들이 아니었습니다. 그것은 전혀 모르는 사람들이 잠시나마 하나의 공동체가 되어 한 아이의 특별한 순간을 축복하고 기억했던 마법 같은 경험이었습니다.

몇 해가 흐른 지금도 가끔 저는 민우를 떠올립니다. 그 아이는 제주의 푸른 바다를 만났을까요? 짧은 비행시간 동안 창밖으로 펼쳐진 구름을 바라보며 어떤 꿈을 그렸을까요? 그리고 지금쯤 어디서 어떤 모습으로 살아가고 있을까요?

우리 삶에서 수많은 사람들과 만나지만 대부분은 스쳐 지나갑니다. 하지만 때로는 아주 짧은 만남이 우리 안에 영원히 사라지지 않는 흔적을 남기곤 합니다. 민우와의 그날처럼 말입니다. 현대 사회는 개인의 성취와 독립성만을 지나치게 강조하기도 하지만, 서로에게 영향을 주며 함께 성장하는 가치를 다시 발견하는 것은 더욱 귀중한 의미를 지닙니다.

함께 자라고, 함께 만들어 가고, 함께 변화하는 모든 순간이 바로 성장의 마법을 만들어 갈 기회입니다. 그런 순간들이 켜켜이 쌓여 우리는 혼자서는 결코 닿지 못했을 깊고 따뜻한 모습으로 성장하게 됩니다. 민우가 우리 모두에게 조용히 가르쳐 주었던 것처럼, 때론 가장 짧고 예상치 못한 만남이 가장 깊고 오래가는 울림을 남기는 법입니다. 그것이야말로 우리 삶에서 발견할 수 있는 가장 아름답고 소중한 마법이 아닐까요?

아이의 시계로
맞추는 시간

"왜 우리 아이는 말이 이렇게 느릴까요? 또래 아이들은 이미 문장으로 말하는데…."

진료실에서 이런 걱정 어린 질문을 마주할 때마다, 저는 문득 어린 시절의 제 모습을 떠올리곤 합니다. 저는 설소대가 짧아 발음이 불분명했고 또래 아이들보다 말이 느렸으며 가족 외의 사람들과는 거의 대화하지 않는 내성적인 아이였습니다. 요즘 같았으면 설소대 수술 같은 명확한 의료적 해결책이 있었겠지만, 시골에서 사신 부모님에게는 그런 의학 정보가 너무나 먼 이야기였습니다.

지금 생각해 보면, 저를 키우는 동안 부모님은 얼마나 많은 걱정과 불안을 품으셨을까요? 소아정신과에서는 특히 언어 발달 지연을 중요한 신호로 여깁니다. 게다가 저는 낯선 사람 앞에서는 더욱 입을 굳게 다무는 아이였으니, 부모님의 걱정이 얼마나 깊었을지 이제야 헤아릴 수 있습니다.

하지만 제 어머니는 참 특별하신 분이셨습니다. 제 느림을 꾸짖거나 재촉하지 않고, 제 속도를 그대로 존중해 주셨습니다. 대신 책과 장난감을 아낌없이 사 주셨고, 저는 그 책들을 읽고 언니와 함께 소꿉놀이를 하고 인형들과 대화를 나누며 저만의 풍부한 내면세계를 키워 나갔습니다. 심지어 상상 속의 친구 imaginary friend도 있었습니다.

사실 이런 상상 친구는 아동 발달 과정에서 흔히 나타나는 건강하고 자연스러운 현상입니다. 애니메이션 〈인사이드 아웃〉의 주인공 라일리에게는 '빙봉'이라는 상상 친구가 있었습니다. 영화 속에서 빙봉은 라일리가 점점 성장하며 잊히고 사라지지만, 빙봉이 라일리의 심리적 회복력과 창의적인 문제 해결 능력에 준 영향은 결코 작지 않습니다.

'시간 주권'을 인정받은 아이는 무엇이 다를까?

오리건 대학교의 발달심리학 교수 마조리 테일러 Marjorie Taylor는 흥미로운 연구 결과를 발표한 바 있습니다. 어린 시절 상상 친구가 있었던 아이들은 창의적 사고와 복잡한 이야기를 구성하는 능력이 뛰어나다는 것입니다. 실제로 일곱 살 아이들의 65퍼센트가 상상 친구를 경험한다고 합니다. 겉으로 보기에 조용하고 느리게만 보이는 아이가 사실은 깊고 풍성한 내면의 세계를 가지고 있으며, 그 속에서 끝없이 성장하고 있을 수 있다는 점을 우리는 놓쳐서는 안 될 것입니다.

어느 날 어머니께서 동화책을 들고 오셔서 "읽어 줄까?" 하고 물으셨을 때 저는 "나 혼자 읽을 수 있어"라고 말했다고 합니다. 저에게는 희미한 기억으로 남아 있지만 어머니께는 정말 놀라운 순간이었겠지요. 저는 한글을 따로 배운 적이 없었지만, 언니가 배울 때 옆에서 어깨너머로 자연스럽게 익혀 왔던 것입니다. 남들의 눈에는 제 느림만 보였을 테지만, 제 안에는 남들과 다른 속도로 움직이는 내면의 시계가 있었던 것입니다.

정신과 의사로 수많은 부모를 만나면서 저는 이 시간 감각의 차이가 얼마나 많은 갈등과 오해를 낳는지 자주 목격합니다. 어른들이 자주 사용하는 "빨리해", "정리해", "이제 그만"이라는 말이 아이들에게는 어떻게 다가갈까요? 아마도 아이들은 "네가 경험하는 시간은 중요하지 않아"라는 메시지로 받아들이고 있을지도 모릅니다.

현대 사회에서 부모들은 빽빽하고 숨 가쁜 일정 속에서 살아갑니다. 출근 시간, 등원 시간, 학원 시간, 퇴근 시간, 식사 시간…. 끝없이 이어지는 촘촘한 시간표에 갇힌 채 아이가 양말 신는 데 10분을 쓴다거나, 밥알을 하나씩 세며 천천히 식사할 때면 나도 모르게 마음이 조급해지고 인내심은 바닥을 드러냅니다.

하지만 아이의 시간은 어른의 시간과는 다른 속도로 흘러갑니다. 아이에게 10분은 어른의 기준에서 단순한 600초가 아니라, 양말의 색깔 하나를 신중하게 골라내는 미학적 선택의 시간이며, 자신의 손으로 신발 끈을 묶는 작은 성공의 순간이고, 새로운 세계에 깊이 빠져드는 경이로운 발견의 시간입니다.

발달심리학자 다니엘 스턴은 '정서적 조율attunement'이라는 아름다운 개념을 소개합니다. 이 조율은 부모가 아이의 감정과 리듬을 섬세하게 느끼고 맞춰 주는 마음의 춤과도 같습니다. 스턴에 따르면, 이 마음의 춤은 아이의 정서적 성장과 안정된 자아 형성에 매우 중요한 역할을 합니다. 더욱 놀라운 것은, 이 조율이 감정의 리듬뿐 아니라 아이의 시간적 리듬에도 함께 춤출 수 있다는 점입니다.

어느 날 진료실을 찾은 35세 김혜나 씨는 아침마다 반복되는 여섯 살 난 딸 하윤이와의 갈등을 이야기했습니다.

"제가 아무리 빨리 준비해도 아이가 원하는 옷을 고르고 혼자 입겠다고 고집하면 결국 빨리 준비하라고 소리를 지르고 하루를 죄책감으로 시작해요."

저는 그녀에게 스턴의 정서적 조율 개념을 설명하며 준비하는 시간을 15분만 앞당겨 보자고 제안했습니다. 몇 주 뒤 혜나 씨는 작지만 소중한 변화를 이야기해 주었습니다. 하윤이는 여전히 느린 속도로 옷을 입었지만, 혜나 씨는 더는 목소리를 높이지 않았고 마음에도 여유가 생겼다고 했습니다. 아이의 속도를 억지로 바꾸려 애쓰기보다는 그 속도를 따뜻하게 받아들이는 환경을 만드는 것이 더 중요하다는 사실을 깨달았던 것입니다.

이렇게 시작된 조율은 아이의 시간에 우리의 시계를 잠시나마 맞추는 데서 출발합니다. 아이는 자기만의 리듬을 존중받고 있다고 느끼고 부모는 그 순간의 평화와 여유를 맛볼 수 있습니다. 조율은 단지 일방적인 맞춤이 아니라 서로의 리듬을 인정하고 존중하며 함께 조화를 찾아가는 따스한 과정입니다.

앞서 소개했던 '시간 주권' 개념도 깊이 들여다볼 필요가 있습니다. 사회학자 바버라 애덤Barbara Adam은 이 개념을 통해 개인이 자신의 시간을 스스로 통제하고 결정할 수 있는 권리와 능력을 말했습니다. 원래 주권이란 국가나 정부가 가지는 자율적 권리를 뜻하지만, 시간이라는 맥락에서는 한 개인이 삶의 속도와 리듬을 자율적으로 결정할 수 있는 권리를 의미합니다. 흥미롭게도 어른들은 자신의 시간에 대한 주권을 당연한 듯 원하면서도, 정작 아이의 시간 주권에 대해서는 자주 간과하거나 쉽게 무시해 버리는 경향이 있습니다.

현대를 사는 많은 아이들은 효율이라는 이름으로 자신의 시간 주권을 빼앗긴 채 지냅니다. 빼곡한 학원 스케줄에 끌려다니고, 부모의 급한 일정에 맞춰 서둘러야 하며, 무엇보다 자신만의 느린 리듬에 대해 끊임없이 지적받으며 살아가죠. 이런 환경에서 자라는 아이들이 공통적으로 보여 주는 모습은 낮은 자존감과 자기효능감입니다.

그와 달리, 자신의 시간 주권을 인정받는 아이들은 한결 깊은 집중력과 창의력, 스스로 협력할 줄 아는 능력을 자연스럽게 발휘합니다. 제 어머니가 제게 그랬던 것처럼 아이의 고유한 시간적 리듬을 존중해 줄 때 아이의 잠재력은 가장 건강하게 성장할 것입니다.

물론 현실적으로 모든 순간을 아이의 리듬에 맞추어 살아가는 건 어렵습니다. 중요한 건 완벽한 조율이 아니라 의미 있는 조율을 만들어 내는 것입니다. 하루 중 잠깐이라도 의도적으로 아이의 시계에 맞추는 일, 그것만으로도 큰 변화는 시작될 수 있습니다.

제가 진료실에서 부모님들께 자주 권하는 작은 실천이 있습니다.

"오늘부터 하루에 단 10분만, 진심으로 아이의 시계에 맞춰 보세요. 아이가 무언가에 깊이 집중하고 있을 때 시계를 들여다보지 말고, 재촉하지도 말고, 그저 함께 있어 주세요. 이 10분만큼은 외부 세상의 모든 압박에서 벗어나 오직 아이의 세계에 잠시 들어가 보는 겁니다."

이 작지만 분명한 변화가 때로는 놀랍도록 깊은 결과로 이어지곤 합니다. 아이는 자신의 리듬과 속도가 존중받는다는 느낌 속에서 안정감을 얻고, 부모 역시 아이의 세상을 새롭게 만나며 잊고 지냈던 자기만의 속도와 가치도 함께 재발견하게 될 것입니다.

아이와 함께 엄마의 시간 감각을 되찾기

어느 바쁜 주말, 아이와 짧은 공원 산책을 계획했습니다. 이미 제 머릿속은 집에 돌아가 처리해야 할 일들로 가득 차 있었죠. 그런데 아이가 갑자기 낙엽과 돌멩이를 하나둘 모으기 시작했습니다. 처음엔 살짝 조급한 마음이 들었지만, 문득 어린 시절, 그런 저를 기다려 주셨던 어머니의 모습이 떠올랐습니다. 저는 그 순간 시계를 보지 않기로 마음먹었습니다.

아이가 이끄는 대로 천천히 페이스를 맞추기 시작하자 놀랍고도 따뜻한 풍경이 펼쳐졌습니다. 여덟 살 아이는 정성스럽게 돌멩이들을 모아 바닥 위에 둥글게 배열하기 시작했어요.

"이건 우주선이에요." 아이는 진지한 얼굴로 설명했습니다. "이 큰 돌은 선장이고, 작은 돌들은 별을 탐험하러 가는 친구들이에요. 그리고 엄마, 이 하얀 돌은 정말 특별해요. 이건 시간을 멈추게 하는 마법 돌이에요. 이 돌을 가진 사람은 언제든지 원하는 순간에 시간을 멈출 수 있어요. 그래서 급할 때도 천천히 생각할 수 있고, 기쁜 시간은 오래도록 간직할 수 있어요."

저는 아이의 말을 듣고 가슴 깊은 곳에서 무언가 울컥하는 느낌이 들었습니다. 평소 시간에 쫓기며 바쁘게 살아가던 제 모습도 떠올랐지요. 아이는 마치 잊힌 지혜를 전해 주는 작은 스승 같았습니다. 아이가 건넨 작은 이야기 속에는 제가 전문가로서 알고 있던 많은 이론들보다 훨씬 더 깊고 풍부한 통찰이 담겨 있었습니다.

집에 돌아와 다시 일을 시작했을 때, 저는 전보다 더 명료하고 창의적인 아이디어가 떠올랐습니다. 아이와 함께한 그 짧은, 겉으로 보기엔 비효율적이었던 시간들이 제게 깊은 평안과 놀라운 영감을 주었던 것입니다.

아이의 시계에 우리의 시간을 맞추는 일은 결국 잃어버린 우리 자신의 시간 감각을 되찾는 과정이기도 합니다. 어른이 되면서 우리는 시계의 숫자에 맞춰 살아가는 법을 익혔지만, 어쩌면 그 과정에서 현재를 온전히 느끼고 경험하는 능력을 조금씩 잃어버린 건 아닐까요.

제가 정신과 의사로, 또 작가로 성장할 수 있었던 가장 큰 이유는 어머니가 저의 느림을 존중해 주셨기 때문이라고 생각합니다. 덕분에 저는 제 속도대로 세상을 바라보고 깊이 생각하며 내면의 목소리에 귀를 기울일 수 있었습니다. 겉보기엔 느린 시간이었지만, 그 시간들이 쌓이고 쌓여 오늘의 저를 만들어 준 것이죠. 공감 능력과 통찰은 그 기다림 속에서 자라났습니다.

우리 모두에겐 두 가지 시계가 존재합니다. 하나는 세상의 시간을 알려 주는 시계, 또 하나는 우리 영혼의 리듬을 말해 주는 내면의 시계입니다. 아이들은 아직 내면의 시계를 충실히 따르며 살아갑니다. 아이들은 민달팽이의 속도에 맞춰 느리게 걷고, 나비의 춤을 따라 가볍게 팔을 흔들며, 비 오는 날 웅덩이의 잔물결을 바라보며 시간을 보낼 줄 압니다.

어쩌면 우리가 잃어버린 건 단지 느림의 가치뿐만이 아니라 세상과 호흡을 맞추는 법, 현재를 온전히 느끼는 법, 그리고 우리 내면의 소리에 귀를 기울이는 법인지도 모릅니다.

오늘 당신의 아이는 어떤 시계로 세상을 보고 있나요? 잠시라도 그 시계에 맞춰 볼 용기가 있으신가요? 그 작은 용기가 아이뿐 아니라 당신의 삶에도 깊고 아름다운 변화를 가져다 줄지 모릅니다. 기억하세요. 시계는 단지 시간을 알려 줄 뿐, 삶의 진짜 리듬은 우리가 스스로 만들어 간다는 것을요.

우리 아이는
왜 나와 다를까?

"이걸 왜 지금 말하는 거니? 어제라도 얘기했으면 미리 준비했을 텐데!"

출근하기 직전, 갑자기 헤드셋이 필요하다는 말에 나도 모르게 목소리가 높아졌습니다. 코로나로 인해 원격 수업이 처음 시작되는 날이었고, 출근 준비로 정신없던 아침에 예상치 못한 부탁이라 순간 당황했기 때문이죠. 아이는 고개를 숙이고 잠시 서 있다가 조심스럽게 작은 목소리로 말했습니다.

"미안해요, 엄마. 깜박했어요."

그 순간 문득 마음 한구석이 답답했습니다. '왜 우리 아이는 나와 이렇게 다를까?' 저는 계획표와 체크리스트로 하루를 빈틈없이 관리하는 편이지만, 아이는 늘 마지막 순간까지 무언가를 미루고 끝에 가서야 서두르곤 했습니다. 전날 준비물을 챙기는 것이 제겐 너무나 당연한 일이었지만, 아이에게는 아침에야 떠오르는 일 중 하나였습니다.

화내고 자책하고 후회하는 엄마들

정신과 의사로서 늘 다름을 이해하고 존중해야 한다고 강조하면서도, 정작 내 아이를 마주할 때는 그 원칙이 흔들릴 때가 많았습니다. 계획적이고 체계적인 저에게 즉흥적이고 감성적인 아이는 가끔 너무도 낯선 존재로 다가왔습니다. 솔직히 말하자면, 그 낯섦이 답답함과 짜증으로 바뀔 때도 자주 있었습니다.

심리학에서는 자신과 비슷한 사람에게 편안함을 느끼는 현상을 '유사성-호감 이론Similarity-Attraction Theory'이라고 부릅니다. 비슷한 가치관과 행동 방식을 가진 사람에게 호감을 느끼고, 반대로 나와 다른 사람에게는 무의식적인 불편함이나 거리감을 느끼게 된다는 것이죠. 이 원리는 부모와 자녀의 관계에서도 그대로 적용됩니다. 발달심리학자 알렉산더 토마스Alexander Thomas와 스텔라 체스Stella Chess는 아이들은 태어날 때부터 고유한 기질을 가지고 있으며, 이 기질의 차이가 부모-자녀 관계의 역동성에 중요한 영향을 미친다고 이야기합니다.

제 아이는 저와는 달리 놀랍도록 따뜻하고 섬세한 감성을 지니고 있었습니다. 유치원 때 액체 괴물을 만들어 즐겁게 놀던 아이가 시간이 지나 괴물이 녹아 없어지자 엉엉 울던 모습이 떠오릅니다. 처음엔 아이의 슬픔을 이해하기 어려웠고, '그까짓 것을 가지고 이렇게까지 우나?' 하고 생각하기도 했습니다. 하지만 시간이 흐르며 깨달았습니다. 우리 아이는 사물에도 마음을 담아 깊은 애착을 형성하는 특별한 감수성을 지녔다는 것을요. 물론 그때조차도 '이 감성 때문에 앞으로 얼마나 속을 썩일까' 하는 걱정이 밀려왔지만, 이제는 아이의 그 다름이 나에게 없는 소중한 빛깔이라는 걸 조금씩 받아들이게 되었습니다.

다시 한번 초등학교에서 있었던 일이 떠오릅니다. 아프리카의 한 아이, 핫산에게 후원할 돈을 가져오라는 요청을 받았을 때였습니다. 우리 아이는 유치원 때부터 10원, 100원, 500원씩 정성껏 모아 둔 저금통의 6만여 원을 모두 내겠다고 고집했습니다. 초등 1학년이 후원금으로 내기에 너무 큰 금액이라고 여러 번 만류해 보았지만, 아이의 뜻을 꺾을 수는 없었습니다. 아이는 확고한 눈빛으로 말했습니다. "엄마, 핫산한테는 내 돈이 더 필요할 것 같아요." 그 순간 아이의 따뜻하고 순수한 마음이 참 기특하고 대견스러웠지만, 또 한편으로는 그 돈이 아이가 정말로 갖고 싶어 했던 장난감을 사기 위해 애써 모은 소중한 금액이었기에 복잡한 마음이 들었습니다. 때로는 이런 아이의 착한 마음씨가 훗날 세상 속에서 오히려 상처를 입게 될까 봐 걱정되기도 했습니다.

이 이야기는 진료실에서 만났던 장연희 씨의 고민과도 닿아 있습니다. 42세 금융권의 임원인 연희 씨는 자신이 완벽주의적 성향이 있는 사람이라고 했습니다. 그런 그녀가 진료실을 찾은 건 열세 살 딸 지유와의 갈등 때문이었습니다.

"딸은 제가 계획해 놓은 공부 스케줄을 절대 따르지 않아요. 영재교육원에 다니는 친구 엄마가 보내 준 학습 계획표를 붙여 놓고 과목을 시간대별로 돌아가면서 공부하게 했는데, 아이는 늘 하나의 과목만 붙들고 몇 시간씩 집중해요. 그러다 보니 다른 과목들은 엉망이 되고, 결국 매일 다툼만 반복됩니다. 솔직히 미치겠어요."

연희 씨는 처음에는 그런 딸이 단순히 게으르고 말을 듣지 않는 아이라고만 생각했습니다. 그러나 진료를 통해 아이가 자신만의 방식으로 깊이 몰입하는 성향이 있다는 것을 알게 되었고, 그것이 사실은 딸의 중요한 강점이라는 것도 점점 이해하게 되었습니다.

"이론적으로는 이제 저도 알아요. 딸이 좋아하는 과학 만화책은 밤을 새워서라도 읽으니까요. 한 주제를 잡으면 깊이 파고드는 성격인 거죠. 나중에 장점으로 발휘될 수 있다고 생각하면 마음이 좀 편해지지만…. 그래도 현실적으로 시험을 앞두고 있으면 또 걱정돼서 결국 잔소리를 하게 되네요. 저도 정말 바꾸려고 노력하고 있는데 쉽지가 않아요."

연희 씨의 솔직한 고백에 깊이 공감이 되었습니다. 아이의 다름을 이해하고 받아들이는 일이란 하루아침에 이루어지지 않기 때문입니다. 이 과정은 매일 반복되는 갈등 속에서 끝없이 자신을 돌아보고, 한 번 더 숨을 고르고, 또다시 천천히 시도하는 연습을 통해서만 조금씩 이루어질 수 있습니다.

수많은 한국의 엄마들이 이렇게 도돌이표처럼 반복되는 갈등 앞에서 지쳐합니다. 제가 만나는 많은 어머니들이 자녀와의 성향 차이로 인해 거의 매일같이 갈등을 겪는다고 호소합니다. 이해했다고 생각했던 마음이 어느 순간 다시 원점으로 돌아가고, 그렇게 또 화를 내고 나서는 후회하고 자책합니다. 다시 마음을 다잡아 보지만, 또다시 화를 내는 이 무한 반복의 순환이 참으로 버겁습니다. 그렇게 우리는 엄마라는 이름으로 살아가는 동안 무수히 넘어지고 또다시 일어나는 일을 반복하며, 오늘도 조금씩 더 단단해지고 있는지도 모르겠습니다.

저 역시 아이가 숙제를 미루는 모습을 볼 때마다 답답한 마음이 들곤 했습니다. 숙제를 미루고 편안히 누워 있는 아이를 바라보면 '왜 저렇게까지 미룰까' 싶어 속이 터질 듯했고, 종종 아이에게 잔소리하고 다그치기도 했습니다. 하지만 그런 잔소리는 대부분 갈등만 더 키웠을 뿐 원하는 변화를 가져오진 못했습니다.

그러던 어느 날 저녁, 역시나 숙제를 미루고 있는 아이를 보며 또 한 번 화가 치밀었지만, 이번에는 한숨을 크게 내쉬고 마음을 가다듬으며 가능한 한 감정을 담지 않고 차분한 목소리로 물었습니다.

"숙제는 언제쯤 할 생각이야?"

"나중에요."

"그런데 왜 항상 꼭 마지막 순간까지 미루는 거야? 솔직히 엄마는 좀 답답하네."

아이는 잠시 팔짱을 낀 채 생각에 잠겼다가 대답했습니다.

"그냥… 다른 생각이 자꾸 나요, 숙제가 재미없으니까요. 그래서 자꾸 미루게 돼요."

솔직히 말해 아이의 대답을 듣고도 제 마음이 완전히 편해지진 않았습니다. 속으로는 '어른들도 재미있는 일만 하는 게 아니잖아?' 하는 생각도 스쳐 지나갔습니다. 하지만 적어도 그 순간만큼은 아이의 시선으로 세상을 바라보려 노력했습니다. 그것이 아이가 경험하는 세상이며, 그 순간 제가 당장 바꿀 수 없는 아이만의 고유한 방식이라는 것을 인정하려 애썼습니다.

그런데 몇 주 후, 아이가 학교에서 친구들과 MBTI 성격 유형에 대한 이야기를 나누고 온 모양입니다. 해맑게 미소 지으며 제게 말했습니다.

"엄마! 나 드디어 알았어요. 엄마는 J형이고 나는 P형이라서 그렇게 달랐던 거예요! 내가 숙제를 마지막까지 미루는 것도, 다 P라서 그렇대요."

아이가 그렇게 진지하게 말하는 모습을 보니 순간 어이가 없으면서도 웃음이 터져 나왔습니다. 자신의 행동 패턴을 MBTI라는 성격 유형으로 멋지게 정당화하는 모습이 귀여웠지요. 한편으론 아이가 저와의 다름을 이해하려고 노력하고 있다는 점이 꽤나 대견하게 느껴졌습니다. 어쩌면 저보다도 아이가 더 현명하게 우리의 다름을 자연스럽게 받아들이고 있는지도 모르겠습니다.

우리는 모두 서로의 다름을 받아들이며 성숙해진다

제 경험에 비추어 보면, 다름을 받아들이는 과정은 크게 네 단계로 나뉩니다.

- **인식하기**: "우리 아이는 나와 다르다"라는 사실을 있는 그대로 판단 없이 바라봅니다.
- **이해하기**: 아이가 그런 행동을 하는 이유를 천천히 탐색하고 공감합니다.
- **수용하기**: "이게 바로 우리 아이구나"라고 아이의 모습을 있는 그대로 인정합니다.
- **감사하기**: 아이의 다름이 가져오는 독특한 매력과 풍성함을 발견하고 감사하는 마음을 갖습니다.

하지만 실제로 이 단계들을 순조롭게 밟아 나가기란 쉽지 않습니다. 때론 이미 수용했다고 생각한 감정이 불편함과 답답함으로 되돌아오기도 하고, 이해했다고 여겼던 부분이 새로운 상황에서 다시 짜증과 분노를 일으키기도 합니다. 저 역시 여전히 매일 이 네 단계 사이를 오가며 아이와의 관계를 다시 배우고 있습니다.

많은 엄마들이 겪는 이런 속앓이는 겉으로 잘 드러나지 않습니다. 우리는 '내 자식이니까', '내가 책임져야 하니까', '내 가족이니까' 하며 마음을 다잡고 또다시 인내합니다. 그리고 갈등이 다시금 일어나면 후회하고 스스로를 탓하며 또 마음을 다독입니다. 이렇게 끝없이 반복되는 일상 속에서도 아주 작지만 중요한 변화들이 조금씩 일어나고 있습니다. 아이는 점점 성장하고 부모로서 우리의 인내심은 깊어지며 우리는 점점 분명하게 깨닫습니다. 세상에는 참 다양한 사람들이 존재하며 내 아이 역시 나와는 다른 독립적인 한 사람이라는 아름답고 소중한 사실을 말이지요.

오늘 아침에도 아이는 어김없이 숙제를 마지막까지 미루고 있었습니다. 솔직히 말하자면 저는 또 짜증이 솟구쳤습니다. 하지만 이전과는 달리 이제는 그 감정이 올라오는 순간마다 스스로에게 속삭입니다. '그래, 우리는 참 많이 다른 사람들이야. 내가 당연하다고 여기는 게 아이에겐 그렇지 않을 수도 있지.' 물론 그 생각이 즉시 짜증을 사라지게 하지는 않지만, 적어도 그 순간 잠시 숨을 고르고 한 걸음 뒤로 물러나 상황을 바라볼 수 있는 여유를 줍니다.

서로의 다름은 불편함이나 걸림돌이 아니라, 오히려 우리 삶을 더 다채롭고 풍성하게 물들이는 색깔과도 같습니다. 무지개의 아름다움이 단 하나의 색으로 이루어진 것이 아니라 여러 가지 색이 모여 어우러지는 데서 오듯, 우리 가족의 하루하루도 각자의 서로 다른 성격과 관점이 모일 때 더 아름답게 빛납니다. 다만 그 빛을 제대로 느끼기 위해서는 먼저 내 안의 답답함과 짜증, 실망감 같은 감정들을 솔직히 마주하고 인정하는 과정이 꼭 필요합니다.

아이의 작은 손이 핫산에게 보내는 후원금 봉투를 정성스레 꾸미는 모습을 바라보며 문득 생각했습니다. 저는 효율성과 계획성을 우선시하는 사람이지만, 아이는 관계와 감정에 더 큰 의미를 부여하고 있었습니다. 그 다름을 온전히 이해한다고는 말할 수 없지만 그 존재 자체를 인정하는 것만으로도 우리 관계는 조금씩 더 깊어지고 단단해졌습니다.

이제는 아침에 갑자기 준비물을 챙겨 달라는 아이의 말을 들었을 때, 속으로는 여전히 짜증이 올라오지만 적어도 전처럼 즉각적으로 터뜨리지 않으려 노력합니다. 이 노력 역시 완벽하지 않고 자주 실패합니다. 그럼에도 다시 후회하고 또다시 시도하는 것이 바로 일상 속에서의 진짜 다름을 수용하는 과정이라 생각합니다.

이렇게 불완전한 여정을 거치면서 우리 가족은 조금씩 함께 성장하고 있습니다. 주방 창가에 놓인 작고 투명한 크리스털 화병을 통해 햇빛이 들어와 작은 무지개를 만들어 낼 때면, 우리도 마치 그런 무지개 같다는 생각이 듭니다. 때로는 충돌하고 삐걱거리지만 각자 자신의 색을 잃지 않고 어우러져 하나의 특별한 아름다움을 만들어 갑니다. 완벽하지 않지만 그래서 더욱 사랑스럽고 소중한, 그런 무지개 말입니다.

떨어질수록 더
단단해지는 관계

"엄마, 나 이제 자취방으로 돌아갈래."

대학생 윤서가 방학을 2주나 남기고 꺼낸 이 한마디는 박진주 씨에게 당혹감을 안겨 주었습니다. 그토록 기다렸던 방학이 시작된 지 얼마 되지도 않았는데, 벌써 학교 근처 자취방으로 돌아간다니 말이지요. 처음에는 서운함이 앞섰지만 곧 깨달았습니다. 사실 윤서와 진주 씨는 떨어져 있을 때 오히려 더 친밀했음을 말입니다.

방학 동안 두 사람은 계속 부딪혔습니다. 예를 들어 진주 씨가 딸의 방을 치워 주려 들어갈 때마다 언성이 높아졌고, 늦게 귀가하는 딸에게 잔소리를 하면 윤서는 "대학생인데도 여전히 날 어린애 취급한다"라며 반발했습니다.

밤늦게까지 컴퓨터나 스마트폰을 붙잡고 있다가 새벽에 겨우 잠드는 생활 패턴도 갈등의 큰 부분이었습니다. 온 가족이 모여 아침 식사를 하는 시간에 윤서는 방에서 나오지 않았습니다. "빨리 나와서 밥 먹자!"라는 말이 수십 번 반복되었고, 겨우 눈을 뜨고 나와 밥을 대충 먹는 둥 마는 둥 하는 모습에 진주 씨는 속이 끓어올랐습니다. 주말에는 친구들과 술을 마시고 새벽에 들어오는 날도 있었는데, 그럴 때는 밤새 뜬눈으로 기다리며 마음고생을 해야 했습니다. 함께 있을수록 오히려 더 멀어지는 아이러니한 관계였습니다.

심리적 경계, 부모와 자녀 사이 건강한 관계의 비밀

많은 한국 부모들은 '가까이 있어야 사랑이고, 함께해야 좋은 관계'라고 믿습니다. 그래서 자녀가 밖에서 지내는 것에 대한 불안과 죄책감도 적지 않고, 때로는 물리적으로 심리적으로 적절히 떨어져 있는 것이 관계를 더욱 튼튼하게 만든다는 사실을 간과하곤 합니다.

앞에서 만난 48세 진주 씨의 사례는 여느 어머니들의 고민과 크게 다르지 않습니다. 그녀의 딸 윤서는 대학에 입학하며 학교 근처에서 자취를 시작했습니다. 처음엔 진주 씨가 걱정이 컸지만, 예상외로 일상은 자연스럽게 새로운 균형점을 찾았습니다. 윤서는 자취 생활에 맞춰 자기만의 리듬을 만들었고, 진주 씨 또한 그동안 미루어 둔 사회 활동과 취미 생활을 조금씩 이어 갈 수 있었습니다.

"학기 중에는 오히려 관계가 더 좋았어요. 주말마다 영상통화로 서로의 일상을 공유하며 웃었고, 한 달에 한 번 만날 때면 소중한 친구를 만나는 기분이었죠."

하지만 방학이 되어 딸이 집으로 돌아오자, 예기치 못한 마찰이 시작되었습니다. 생활 패턴부터 방 청소, 귀가 시간, 식사 습관까지 사소한 모든 것이 충돌 요인이 된 것입니다.

"자취할 때는 자유롭다가 집에 오니 모든 걸 간섭받는 것 같다고 딸이 계속 불평했어요. 저는 '이 집은 내 집이니 내 규칙에 따라야 한다'라고 생각했고요. 가까운 가족이라도 부딪힐 수밖에 없다는 걸 그제야 깨달았죠."

이는 단순히 규칙 문제가 아닙니다. 서로가 지켜야 할 심리적 경계가 불분명해지면서 생겨나는 자연스러운 갈등이기도 합니다.

심리학자 헨리 클라우드Henry Cloud와 존 타운센드John Townsend는 《No라고 말할 줄 아는 그리스도인》이라는 저서를 통해, 건강한 관계의 비밀을 '심리적 경계Psychological Boundaries'라는 개념으로 설명합니다. 이들은 '나'와 '타인'을 구분하는 보이지 않는 선이 바로 심리적 경계라고 말하며, 어디까지가 나의 책임이고 어디서부터가 타인의 영역인지 분명히 구별할 것을 강조합니다.

경계가 흐릿한 관계에서는 서로의 감정, 사고, 행동이 지나치게 맞물립니다. 부모와 자녀 사이에서 이런 혼선은 더욱 빈번하게 일어납니다. 어린 자녀를 돌볼 때는 이러한 밀착이 어느 정도 필요하지만, 아이가 성장할수록 더욱 선명한 경계가 요구됩니다.

가족치료 분야에서 유명한 머레이 보웬Murray Bowen은 이를 '자기 분화Differentiation of Self'라고 부릅니다. 잘 분화된 개인은 타인과 정서적으로 연결되어 있지만, 동시에 고유한 자율성과 정체성을 유지합니다. 반대로 분화가 잘 이루어지지 않으면 '융합Fusion' 상태가 됩니다. 서로의 경계가 희미해지면서 한쪽의 감정이나 생각이 다른 쪽에게 과도하게 스며들어 버립니다. 이 상태에서 자신의 고유한 정체성과 내적 평정을 유지하기가 쉽지 않습니다.

윤서와 진주 씨의 경우, 학기 중에는 각자의 공간과 시간을 존중받았기에 문제가 불거지지 않았습니다. 그러나 막상 함께 지내게 되면서 집이라는 공간을 둘러싼 경계가 불분명해졌습니다. 진주 씨에게는 딸 방이 '내가 관리해야 할 내 집'인 반면, 윤서에게는 침범받지 말아야 할 '나만의 공간'인 셈이지요. 결국 두 사람의 시각차가 갈등을 낳게 된 것입니다.

흥미로운 사실은, 모든 부모-자녀 관계가 동일한 거리감에서 편안함을 느끼는 것은 아니라는 점입니다. 흔히 연인 사이에도 궁합이 있듯, 부모와 자녀 사이에도 심리적 거리라는 궁합이 존재합니다.

진주 씨는 이러한 패턴을 충분히 인지하고 난 뒤에야 변화를 시작할 수 있었습니다. 처음에는 단순히 '우리 딸이 반항하는 걸까?', '세대 차이가 너무 큰 건가?'라고 여겼지만, 실제로는 심리적 경계와 독립성이라는 주제가 핵심임을 알게 된 것이죠.

"딸과 저는 분명 서로에게 애정이 많지만, 너무 가까이 붙어 있으면 으레 충돌이 생기더라고요. 서로 성격이 비슷해서 그런지 상대방의 약점이 도리어 거울처럼 보이는 것 같아요. 떨어져 있을 때는 딸의 장점만 보였는데, 붙어 있으면 좋았던 점보다 불편함이 더 크게 느껴졌어요."

이런 상황은 실패도, 잘못도 아닙니다. 다만 그 가족 특유의 리듬이 존재하는 것뿐입니다. 관계별로 최적의 거리는 다를 수 있고, 이를 인정하는 순간 비로소 더 건강한 관계가 열릴 가능성이 큽니다.

독립적 자존감의 힘

그렇다면 왜 때로는 떨어져 있을 때 관계가 더 단단해질까요?

첫째, 독립적 정체성이 강화되기 때문입니다. 적당한 거리는 각자의 영역을 존중하며, 온전한 개체로서 존재하도록 도와줍니다. 각자의 자존감을 성장시킬 틈이 생기면 서로를 '나의 연장선'이 아니라 '독립된 인격체'로 대할 수 있게 됩니다.

둘째, 기대와 현실 사이의 괴리가 줄어듭니다. 함께 있을 때는 상대에 대한 기대치가 지나치게 높아지거나 왜곡될 수 있습니다. 떨어져 지내면 상대가 있는 그대로의 모습으로 보이기 쉬워, 과도한 기대에서 오는 실망감을 덜 경험하게 됩니다.

셋째, 소통의 질이 높아집니다. 늘 붙어 있으면 대화가 잔소리나 지시로 채워지기 쉽습니다. 하지만 자주 만나지 않을 때는 한정된 소통의 기회를 더 소중히 여기고, 알차고 의미 있는 대화에 집중하게 됩니다.

넷째, 그리움은 관계에 활력을 불어넣습니다. 심리학자들은 주기

적이면서 간헐적인 만남이 때로는 계속 붙어 지내는 것보다 더 강한 유대감을 만들어 준다고 설명합니다. 낯선 환경이나 떨어져 있는 상황은 서로에 대한 고마움과 소중함을 되새기게 만듭니다.

떨어짐을 통해 관계가 좋아진다는 발상은 특히 한국적 문화 맥락에서는 조금 낯설게 여겨질 수 있습니다. 서구 사회가 개인주의를 중요시하는 반면, 한국에서는 오랜 세월 가족 간 긴밀한 유대와 희생을 미덕으로 삼아 왔기 때문입니다. 그래서 자녀와의 분리를 실패나 냉담으로 치부하기도 쉽습니다.

진료 중에 진주 씨는 이러한 문화적 요소와 자신의 불안이 밀접하게 연결되어 있음을 깨달았습니다.

"다른 엄마들이 '방학 내내 딸과 여행했다', '가끔 아들과 쇼핑을 함께 한다'라는 얘길 들으면, 우리는 왜 그러지 못할까 자꾸 비교하게 됐어요. 그런데 이젠 깨달았어요. 우리 가족만의 방식이 있을 수 있다는 걸요."

가족마다 행복의 모양은 다릅니다. 개인주의와 집단주의, 혹은 가족주의가 공존하는 한국 사회에서 우리는 유대와 독립을 조화롭게 결합해 나가야 합니다. 이것이야말로 한국적 맥락에서의 건강한 분리입니다.

결국, "떨어져야 더 단단해진다"라는 역설 뒤에는 '독립적 자존감'이라는 키워드가 존재합니다. 독립적 자존감이란, 관계 속에서도 나 자신을 온전히 지키는 힘입니다. 이는 "나는 혼자서도 괜찮다"라는 믿음과 "그럼에도 관계를 선택한다"라는 자발성에서 나옵니다.

진주 씨는 딸과의 관계에서 새로운 패턴을 발견했습니다.

"이제 윤서랑 방학 때도 가끔씩만 만나기로 했어요. 윤서는 친구들과 여행을 가거나 학교 근처에서 지내고 저는 제 일을 하면서 한 달에 몇 번 만나 식사를 함께하거나 얘기를 나누는 정도로요. 그러니 서로에게 더 고맙고, 만날 때 더 애틋해지는 걸 느껴요."

이 과정에는 여러 시행착오가 있었습니다. 진주 씨는 "방학인데 딸이 집에서 함께 지내지 않는다"라는 사실을 받아들이기 어려웠고, 윤서도 자신의 독립성을 주장하면서도 어머니를 서운하게 한 건 아닌지 고민했지요. 그러나 꾸준히 대화하고 각자의 경계를 존중하면서, 결국 서로 편안한 지점을 찾게 되었습니다.

독립적 자존감이 생긴 사람들끼리는 역설적으로 더 건강하게 의존할 수 있습니다. 상대방에게 매달리지 않고도 여전히 관계를 선택한다는 점에서, 그 유대는 오히려 더 깊고 안정적으로 발전합니다. 이것이 곧 떨어져야 더 단단해지는 건강한 관계입니다.

칼릴 지브란Khalil Gibran의 《예언자》는 결혼을 이렇게 묘사합니다.

"서로 사랑하되, 그 사랑으로 서로를 속박하지 말라. 차라리 그것이 너희 영혼의 해변 사이를 움직이는 바다가 되게 하라. 서로의 잔을 채우되, 같은 잔에서 마시지 말라. 빵을 나누되, 같은 덩어리로 배를 채우지는 말라Love one another, but make not a bond of love: Let it rather be a moving sea between the shores of your souls. Fill each other's cup but drink not from one cup. Give one another of your bread but eat not from the same loaf"

이 통찰은 부모-자녀 관계에도 그대로 적용됩니다. '충분히 가까우면서도 충분히 먼' 상태야말로 건강한 관계가 지향해야 할 황금률입니다. 적당히 가까워서 온기를 나누고 적당히 떨어져 각자의 공간을 확보하며 성장할 시간도 갖는 것입니다.

물론 사람마다, 가족마다 그 최적의 거리는 다릅니다. 매일 대화하고 함께하는 시간이 많아야 편안한 모녀 관계가 있고, 반대로 일정 간격을 두어야 서로를 더 아끼는 관계도 있습니다. 핵심은 자신과 자녀가 공유하는 고유한 리듬을 찾는 일입니다.

낯설겠지만, 떨어짐을 두려워하지 않아야 합니다. 때로는 그 거리가 서로를 더 깊이 이해하고 아낄 수 있게 만들기도 하니까요. 이 건강한 분리는 관계 단절이 아니라 더 성숙한 유대감의 시작이 될 수 있습니다.

그렇다면 당신의 가족에게 맞는 충분히 가깝고, 충분히 먼 거리는 무엇일까요? 그 답을 찾아가는 과정은 자존감과 관계 모두를 성숙시키는 값진 여행이 될 것입니다.

분명 처음에는 '떨어져 있는 게 괜찮을까?' 하는 의문과 두려움이 생길 수 있습니다. 그러나 생각해 보면 자연에서도 나무는 일정 간격으로 심어야 각자 뿌리를 뻗고 햇살과 물을 고루 받아들일 수 있어 더 건강하게 자랍니다. 너무 붙어 있으면 서로의 성장을 방해하고 결국 둘 다 약해지는 이치와 닮아 있지요.

자녀와 관계를 맺는 방식도 마찬가지입니다. 떨어져 있다는 것이 포기나 실패의 사인이 아니라 더 큰 신뢰와 존중으로 가는 길일 수 있습니다. 아이를 진정 사랑한다면 때때로 한발 물러나 그들이 스스로 날개를 펼칠 기회를 주어야 한다는 뜻이니까요. 그렇게 물러선 자리에서 비로소 더 단단하고 진실된 관계가 시작됩니다.

  독립적 자존감을 갖춘 두 사람이 만나는 유대 관계야말로 가장 단단합니다. 혼자여도 완전한 존재끼리 선택해서 함께하는 것이니, 그 관계는 누군가를 완성하기 위해서가 아니라 이미 완전한 두 사람이 서로를 더 풍요롭게 만들기 위해 함께 걷는 길이 됩니다. 그것이 바로 떨어져야 더 단단해지는 관계가 보여 주는 진정한 모습입니다.

세대를 잇는
자존감의 대물림

"우리 집 가훈이 뭐예요?"

초등학교 시절, 학교에서 내 준 숙제 앞에 온 가족이 둘러앉았습니다. 공식적인 가훈은 없었지만 숙제는 해 가야 했으니까요. 그날 저녁, 우리는 처음으로 우리 가족이 추구하는 가치에 대해 진지하게 이야기를 나눴습니다.

아버지는 "정직하게 살자"를, 어머니는 "서로 사랑하며 살자"를 제안하셨고, 초등학생이던 언니는 "매일 아이스크림 먹고 살자!"를, 저는 "숙제 없는 세상 만들자!"를 외쳤습니다. 부모님은 한바탕 웃으시더니, 결국 우리의 의견도 반영해 "즐겁게 살자"로 결정했습니다.

그때는 몰랐습니다. 그저 숙제였던 가훈 정하기가 부모님이 우리에게 전해 주는 정신적 유산의 첫 출발이었다는 것을. 그리고 아이스크림과 숙제 이야기를 진지하게 들어 주신 부모님의 태도가 훗날

제 삶의 나침반이 되어 주리라는 사실도요.

자녀를 키우는 일은 누구에게나 두렵고 막막한 낯선 여행길입니다. 특히 우리가 무엇을 물려받아 왔는지, 그리고 다음 세대에는 무엇을 물려줄 수 있을지에 대한 물음은 우리 모두를 깊은 고민에 빠뜨립니다.

마음이 텅 빈 아이들

얼마 전 진료실을 찾은 23세 백진아 씨의 이야기가 아직도 제 마음에 남아 있습니다. 외동딸로 자란 그녀는 "저희 가족은 모두가 불행해요"라는 말로 상담을 시작했습니다.

"아버지는 오로지 먹고사는 문제에만 관심이 있어요. 돈 벌어서 가족 먹여 살리는 게 자신의 전부라고 생각하시죠. 어머니도 마찬가지예요. 기본적인 의식주, 집안 살림, 제 성적…. 그것 말고는 아무것도 없어요."

그녀의 목소리에는 깊은 공허함이 배어 있었습니다. 부모님은 그녀가 어떤 사람인지 묻는다면 "내성적이다", "착한 아이다" 정도만 답할 수 있을 뿐 정작 그녀가 무슨 생각을 하는지, 어떤 감정을 느끼는지는 한 번도 궁금해하지 않았다고 했습니다.

"그냥… 마음이 텅 빈 것 같아요. 분명히 살아있긴 한데, 정말 살아있는 건지 잘 모르겠어요."

정말 속상했던 순간은 그녀가 학교에서 친구 문제로 힘들어할 때의 일이었습니다. 용기를 내어 어머니에게 털어놓았지만, 돌아온 말은 건조했습니다. "그런 친구는 사귀지 말고 공부나 열심히 해." 그 이후로 그녀는 부모님과 마음을 나누는 법을 잊어버렸다고 합니다.

진료실에서 수많은 가족을 만나며 발견한 아이러니가 있습니다. 물질적으로 가장 많이 주려는 부모일수록 정작 아이가 가장 원하는 것, 마음의 연결은 놓치고 있다는 점입니다. 우리는 눈에 보이는 것을 주는 데는 익숙하지만, 눈에 보이지 않는 것을 주는 법은 서툽니다.

진아 씨의 부모님이 나쁜 부모는 아닙니다. 그들은 나름의 방식으로 최선을 다하셨습니다. 다만 그들이 아는 사랑의 방식이 현실적이고 물질적인 제공에만 머물러 있었을 뿐이죠. 부모가 자녀의 마음을 받아 주지 못할 때 아이들은 입을 닫습니다. 그리고 그 침묵은 곧 단절이 되고, 단절은 공허함이 되어 아이의 마음속에 자리 잡습니다.

보고 배운 게 없는 세대

"가장 막막한 건, 부모님께서도 당신들이 왜 사는지 모르신다는 거예요. 하루하루 그저 견디고 살아가실 뿐 삶이란 무엇인지, 어떤 목적과 의미를 품어야 하는지 생각할 여유조차 없으셨던 거죠."

진아 씨의 이 말은 우리 시대의 보편적 아픔을 담고 있습니다. 부모 세대 중 많은 분들이 전쟁과 가난을 겪으며 생존 자체가 목적이 되어 버린 삶을 살아오셨습니다. '왜 사는가'보다 '어떻게 살아남을 것인가'가 더 시급했던 시대였죠.

그래서일까요? 우리에게는 정신적 유산이라고 할 만한 게 별로 없습니다. 삶의 의미, 행복의 조건, 관계의 소중함…. 이런 것들을 배울 기회가 없었던 거죠.

문제는 지금 우리 아이들이 사는 세상이 너무나 달라졌다는 것입니다. 유튜브로 온 세상을 쉽게 접하고, SNS를 통해 손쉽게 소통하며, 우리가 어릴 적 상상조차 할 수 없던 정보의 홍수와 문화적 풍요로움을 누리고 있습니다. 어느 엄마는 이렇게 하소연했습니다.

"우리 애가 이미 저보다 더 많은 걸 알고 있어요. 제가 뭔가 알려 주려고 하면 '엄마, 그거 아니야' 하면서 저를 바로잡을 정도예요. 정신적으로 어떤 걸 물려줘야 할지, 또 어떻게 소통해야 할지 정말 난감하고 막막해요."

우리가 보고 배운 게 너무 부족한 상태에서 훨씬 풍부한 세상을 사는 아이들을 키워야 하니 막막할 수밖에 없지요. 게다가 요즘 육아는 단순히 잘 먹이고 재우는 일이 아닙니다. 아이의 감정을 섬세하게 헤아리고 재능을 발견해 키워 주며 자존감을 높이는 법을 고민해야 하는데, 우리는 이런 것들을 어디에서도 제대로 배운 적이 없습니다.

흔히 사람들은 자신이 받은 적 없는 것을 어떻게 줄 수 있겠냐고 반문합니다. 하지만 저는 조금 다르게 생각합니다. 오히려 우리가 가진 그 결핍이 우리를 더 좋은 부모로 만들어 줄 수 있다고 말입니다. 목마름을 겪어 본 사람만이 물 한 방울의 소중함을 절실히 느끼듯, 정신적인 유산이 부족한 채 살아온 우리가 그 가치를 누구보다 깊고 절실하게 느끼고 있으니까요. 완벽한 유산을 물려받지 못했기 때문에 우리는 전혀 새로운 정신적 유산을 창조할 기회를 얻었다고 생각합니다.

건강한 자존감을 물려주는 네 가지 방법

그렇다면 우리는 어떻게 시작하면 좋을까요?

발달심리학자 존 볼비John Bowlby는 '안전기지secure base'라는 개념을 통해 그 답을 찾도록 도와줍니다. 안전기지는 아이들이 세상을 마음껏 탐험하다 지쳤을 때 언제든지 되돌아와서 위로받을 수 있는 심리적 보금자리입니다. 이런 보금자리가 마음에 든든히 자리 잡힌 아이들은 더 용감하게 세상에 도전하고, 실패를 만나더라도 다시 일어설 힘을 얻는다고 합니다.

심리학자 수잔 하터Susan Harter도 비슷한 이야기를 들려줍니다. 스스로를 가치 있게 여기는 부모 아래서 자란 아이들은 세상을 더 안전하고 도전할 가치가 있는 곳으로 여긴다는 것이죠. 실패에 대해 두려워하거나 위축되지 않고, 자신을 믿고 나아갈 용기를 얻는다고 합니다. 중요한 건, 이런 자신감은 단순히 말로만 전하는 칭찬에서 비롯되지 않고 부모의 삶 전체를 통해 아이들에게 자연스럽게 스며들어 전달된다는 점입니다. 부모가 스스로를 대하는 방식, 삶을 살아가는 태도가 곧 자녀들에게 고스란히 전해지기 때문입니다.

이 소중한 유산을 잘 전하기 위해서는 몇 가지 꼭 해야 할 일이 있습니다.

첫 번째는 있는 그대로 받아들이는 태도입니다. 우리는 종종 아이의 능력이나 성취에만 집중하곤 합니다. 그러나 정말 중요한 건 아이가 이 세상에 존재한다는 사실 그 자체입니다. 물론 이 말은 그리 쉬운 일만은 아닙니다. 성과와 경쟁을 최우선으로 삼는 세상에서 더더욱 그렇지요. 하지만 조건 없는 수용이야말로 자존감을 키우는 가장 중요한 출발점입니다.

"오늘 시험 잘 봤어?" 대신 "오늘 기분은 어땠어?"라고 물어보는 것, "왜 이것밖에 못 했니?"가 아니라 "여기까지 해낸 것도 정말 멋지다"라고 인정하는 것. 이런 작은 말들이 아이의 존재를 있는 그대로 받아들이는 시작이 됩니다.

두 번째는 아이가 실패할 수 있는 안전한 공간을 만들어 주는 것입니다. 아이가 넘어져도 다시 돌아와 쉴 수 있는 따뜻한 곳이 있어야 합니다. 그런 심리적 안전망이 있어야 아이는 좀 더 용기 있게 세상을 향해 도전할 수 있지요. 실패는 끝이 아니라 새로운 성장의 출발점이라는 믿음이 있을 때 자존감의 뿌리는 더욱 깊고 튼튼해집니다.

"실패해도 괜찮아, 다시 하면 돼." 이렇게 단순하지만 따뜻한 한마디는 아이에게 세상을 향해 날아오를 수 있는 든든한 날개가 되어 줍니다.

세 번째는 서로 배우고 함께 성장하는 마음을 가지는 것입니다. 부모가 아이에게 가르치는 만큼 아이 역시 부모에게 많은 것을 가르쳐 줍니다. 순수하고 열린 아이의 시선을 통해 우리는 뜻밖의 지혜를 발견하기도 합니다. 서로 겸손하게 배우며 함께 성장하는 마음, 바로 이것이 소중한 유산의 진짜 핵심입니다.

"엄마도 사실 잘 모르겠어. 같이 해 볼까?" 완벽한 부모가 되려 애쓰지 않고 함께 배워 가는 이 솔직한 태도는 오히려 아이에게 더 큰 가르침과 믿음을 줍니다.

마지막으로 가장 중요한 것은 작은 성장에도 진심으로 기뻐해 주는 일입니다. 큰 성취만 바라보기보다는 일상의 작은 변화 하나하나에 기꺼이 박수를 보내는 문화가 필요합니다. "와, 오늘 혼자서 신발 신었네! 정말 잘했어!"와 같은 말들처럼요. 이렇게 일상의 작은 기쁨을 함께 나눌 때 아이는 성장 과정 그 자체의 의미와 소중함을 배우게 됩니다.

이러한 마음들이 자연스럽게 어우러질 때 비로소 세대를 잇는 자존감의 유산이 완성됩니다. 이 유산은 점수나 성과로 절대 측정할 수 없습니다. 서로를 바라보는 따뜻한 눈빛, 함께 웃는 순간들, 그리고 어려운 시기를 함께 버텨 낸 깊고 끈끈한 유대 속에서 비로소 온전히 느낄 수 있기 때문입니다.

자존감의 대물림이 얼마나 깊게 오래 남는지, 한 드라마가 잘 보여 줍니다. 많은 이들에게 큰 울림을 주었던 넷플릭스 드라마 〈폭싹 속았수다〉 속 주인공의 아버지 양관식의 이야기가 떠오릅니다. 그는 평생 자녀들에게 든든한 심리적 버팀목이 되어 주었습니다. 그리고 병상에서 마지막 순간을 맞이할 때, 자녀는 그동안 아버지에게 받은 사랑과 지지를 따스하게 되돌려줍니다. 저는 이 장면을 보면서 아버지에 대한 깊은 그리움과 말로 표현하기 어려운 사랑이 밀려와 오래도록 울었습니다. 양관식은 세상을 떠났지만, 그가 남긴 따뜻한 유산은 가족들의 삶 속에 그대로 살아 숨 쉬고 있었습니다.

처음 가훈을 정했던 날의 기억을 떠올려 봅니다. "아이스크림을 매일 먹자!"라던 언니와 "숙제가 없는 세상이요!"라고 외쳤던 저의 엉뚱한 제안을 진지하게 귀 기울여 들어주셨던 부모님. 그날 우리가 깨달은 것은 다름 아닌 '내 생각이 참 소중하구나', '내 작은 목소리에도 귀 기울일 만한 가치가 있구나'였습니다. 그것은 곧 우리 안에서 자라날 자존감의 첫 싹이었습니다.

우리가 자녀에게 물려줄 수 있는 가장 귀하고 소중한 유산은 바로 이런 것입니다. 실패했어도 다시 일어설 수 있다는 굳건한 믿음, 부족해 보여도 있는 그대로의 자신을 사랑하는 마음, 고단하고 힘든 상황에서도 희망의 끈을 놓지 않는 내면의 힘 말입니다.

어느 날, 진아 씨가 조심스레 말을 꺼냈습니다. "저는 나중에 제 아이한테 무엇을 줄 수 있을까요? 저 자신은 받은 것이 아무것도 없는 것 같은데요…."

저는 부드럽게 대답했습니다. "지금 그렇게 질문하는 것 자체가 이미 시작인걸요. 받지 못한 것을 인지하고, 그것과는 다른 것을 물려주고 싶다고 생각하는 마음 말이에요. 그게 바로 새로운 대물림의 첫걸음이지요."

당신의 자녀는 당신을 어떻게 기억하게 될까요? 단지 의식주를 해결해 준 부모일까요, 아니면 있는 그대로의 자신을 한없이 귀하게 여겨 준 사람일까요?

오늘 밤, 아이에게 물어보세요. "오늘 하루는 어땠어?" 그리고 아이가 어떤 대답을 하든 정말로 귀 기울여 주세요. 그 순간부터 자존감의 대물림은 이미 시작된 것입니다.

자존감을 물려주기 위해 꼭 완벽한 부모가 될 필요는 없습니다. 오히려 자신이 불완전하다는 것을 솔직히 인정하면서도 최선을 다해 살아가는 모습, 넘어졌더라도 다시 일어서려 애쓰는 진심 어린 모습을 보여 주는 것이 더 큰 유산이 됩니다.

세대를 이어가는 자존감의 대물림이란 마치 봄바람에 흩날리는 민들레 홀씨와 같아서, 보이지 않는 바람을 타고 멀리멀리 날아가다가 언젠가 누군가의 마음 밭에 조용히 내려앉아 또다시 아름다운 꽃을 피워 낼 것입니다.

엄마의 자존감을 되찾는 연습 5

함께 자라는 기쁨

"엄마와 아이는 서로를 비추는 거울입니다. 아이를 통해 나를 발견하고, 나를 통해 아이가 세상을 배웁니다."

이번 연습은 엄마와 아이가 서로의 세계를 존중하며 함께 성장하는 과정을 통해 자존감을 회복하는 마지막 여정입니다. 완벽하지 않아도 괜찮습니다. 작은 시작이 큰 변화를 만듭니다.

● 함께 자라는 관계 점검하기

최근 한 달 동안의 모습을 떠올려 보세요.

- ☐ 아이의 입장에서 상황을 바라보려고 노력했다.
- ☐ 아이와 다툼 후에 먼저 화해의 손길을 내밀었다.
- ☐ 아이의 감정을 "그랬구나" 하고 받아 주었다.
- ☐ 아이만의 속도를 기다려주려 애썼다.
- ☐ 아이를 통해 내가 몰랐던 나를 발견했다.
- ☐ 내 감정을 아이에게 솔직하게 표현했다.
- ☐ 아이 말을 끝까지 들어 주었다.

☐ 우리가 다르다는 걸 인정하고 존중했다.

체크한 항목이 3개 이상이면 이미 함께 자라고 있어요. 하지만 3개 미만이어도 괜찮습니다. 지금부터가 새로운 시작이니까요.

● 우리가 함께 자란 순간들 기록하기

아이와 나, 우리가 서로에게 배운 순간을 기억해 보세요.

언제 있었던 일인가요?	아이는 어떤 모습이었나요?	나는 무엇을 배웠나요?	우리는 어떻게 자랐나요?
숙제하기 싫어할 때	짜증 내다가 "사실 어려워서 걱정돼"라고 고백함.	아이에게 완벽하지 않아도 된다는 걸 알려 줘야겠다.	실수해도 괜찮다는 걸 함께 배움.
동생과 싸웠을 때	울면서도 "미안해"를 먼저 말함.	사과하는 용기가 정말 대단하다.	화해하는 법을 함께 연습함.

● 서로의 세계를 이해하기

1. 아이의 세계를 탐험하기

아이가 요즘 푹 빠져있는 것은? (게임, 아이돌, 유튜브, 친구 이야기 등)

_____
_____

그것을 이해하기 위해 내가 해 본 것:

☐ 함께 해 보기 ☐ 물어보기 ☐ 검색해 보기 ☐ 아직 시도 전

2. 나의 세계에 초대하기

아이와 나누고 싶은 나의 관심사?

_____
_____

어떻게 나눌까?

_____
_____

● 진짜 듣기 연습

이번 주에 꼭 실천하고 싶은 것 하나를 체크한 후 구체적으로 적어 보세요.

1. **온전한 집중**

   > 예시 저녁 식사 후 7시, 소파에 나란히 앉아 오늘 있었던 일 들어 주기. TV 끄고, 핸드폰은 거실 밖에 두고, 아이 눈높이에 맞춰 앉기.

   언제

   _____

   어떻게

   _____

2. **판단 멈추기**

   > 예시 "그건 네가 잘못한 거야." → "그때 네 기분이 어땠는지 궁금하네."
   > "왜 그랬어?" → "무슨 일이 있었는지 이야기해 줄래?"

   자주 하는 말

   _____

   바꿔 볼 말

   _____

3. **공감 표현 늘리기**

   공감의 말: "그랬구나.", "힘들었겠다.", "속상했겠네.", "그랬어?", "정말?", "어떤 기분이었어?"

예시 하루 3번 사용하기

첫 번째 - 아침 등교 시간: "학교 가기 싫구나."

두 번째 - 오후 숙제 시간: "숙제가 어려웠겠네."

세 번째 - 저녁 대화 시간: "친구랑 다퉈서 속상했겠다."

오늘의 목표: 번 사용하기

_____

_____

4. 끝까지 듣기

예시 마음속으로 천천히 10까지 세기, 고개 끄덕이며 "음, 그래." 반응하기, 손을 무릎 위에 올려놓고 가만히 있기, 깊게 숨 쉬며 기다리기

참을성을 기르는 나만의 방법

_____

● 이번 주 실천 기록

작은 실천이 큰 변화를 만듭니다. 무리하지 마세요.

요일	오늘의 작은 실천	어떤 변화가 있었나요?	새로운 발견
월	아침에 "빨리해!" 대신 "5분 더 있다가 출발하자"라고 말함	여유가 생기니 웃으며 등교	아이도 나도 기분 좋은 하루 시작

5장. 엄마의 자존감을 먹고 자라나는 아이들

화	아이가 게임 얘기할 때 관심 갖고 들어 주기	게임 캐릭터 이름까지 알려 줌	아이 세계를 이해하니 더 가까워짐

● 일주일 후 돌아보기

1. 이번 주 가장 마음에 남는 순간

> **예시** 아이와 베개 싸움을 할 때 우리가 함께 크고 있구나 느꼈다. 처음엔 장난감 정리를 안 한다고 화내려다가 같이 웃으며 놀았다.

2. **아이에게서 새롭게 발견한 것**

   > 예시 | 화가 났을 때도 동생을 먼저 챙기는 따뜻한 마음이 있었다. 평소엔 싸우기만 하는 줄 알았는데 진짜 속마음은 달랐다.

3. **나 자신에 대한 새로운 발견**

   > 예시 | 내가 생각보다 참을성이 있다는 걸 알았다. 아이 이야기를 10분 동안 판단 없이 들을 수 있었다. 작은 성취지만 뿌듯했다.

4. 앞으로도 계속하고 싶은 것

> **예시** 자기 전 5분 대화 시간 갖기, 불 끄고 누워서 오늘 가장 좋았던 일과 가장 힘들었던 일 하나씩 나누기, 아이가 먼저 말하기를 기다려 주기.

_____
_____
_____
_____

기억하세요. 실패해도 괜찮아요, 다시 시작하면 됩니다. 작은 변화가 큰 성장을 만듭니다. 엄마가 행복해야 아이도 행복합니다. 아빠도 함께하면 더 좋습니다. 오늘 저녁, 아이의 눈을 바라보며 마음속으로 한 번만 되뇌어 보세요. "우리 함께 자라고 있구나." 그것만으로도 충분한 시작입니다.

마치며
:

기억하세요,
당신은 이미 충분히 좋은 엄마임을

　마지막 문장을 쓰고 나니, 처음 이 책을 시작할 때와는 다른 내가 되어 있음을 느낍니다. 책을 쓰는 동안 저는 수많은 엄마들의 이야기를 떠올렸고, 그 속에서 제 자신의 이야기도 더 선명하게 볼 수 있었습니다. 때로는 쓰다가 멈춰서 눈물을 흘리기도 했고, 때로는 깊은 안도감에 미소 짓기도 했습니다. 이 책은 제게도 치유의 연금술이었습니다. 상처를 금으로 바꾸는 것이 아니라, 상처 그 자체가 이미 빛이었음을 발견하는 과정이었습니다.

　진료실에서 한 엄마가 물었던 질문이 아직도 생생합니다. "선생님, 저는 언제쯤 좋은 엄마가 될 수 있을까요?" 그때는 답하지 못했습니다. 이제는 이렇게 함께 나누고 싶습니다. "저도 매일 그 질문을 품고 살아갑니다. 그리고 어쩌면 우리가 그 질문을 놓지 않는 한, 우리는 이미 충분히 좋은 엄마인지도 모릅니다." 그 질문 속에는 수

십 년 전 어린 시절의 내가, 어제의 당신이, 그리고 내일의 우리가 함께 서 있습니다. 우리는 모두 각자의 방식으로 사랑하고 각자의 속도로 성장합니다. 그 다름이 잘못된 것이 아니라 자연스러운 것임을, 아니 아름다운 것임을 이제는 압니다.

책을 마무리하면서도 아직 하고 싶은 이야기가 강물처럼 흐릅니다. 새벽 3시, 아이가 갑자기 열이 나 발을 동동 구르며 체온계의 숫자만 바라보던 그 막막한 순간들. 처음으로 "엄마, 미워"라는 말을 들었을 때 가슴 한구석이 무너져 내리던 그 순간. 하지만 또한 아이가 잠든 얼굴을 보며 느꼈던 그 벅찬 평화. "엄마가 세상에서 제일 좋아요"라고 속삭일 때 온몸을 휘감던 그 따스한 물결. 이 모든 순간들이 켜켜이 쌓여 우리를 엄마로 빚어 갑니다. 완벽해서가 아니라, 매일 조금씩 부서지고 다시 일어서기 때문에 우리는 충분히 좋은 엄마입니다.

이 책을 마치면서 저도 여전히 부족함을 느낍니다. 그런데 이상하게도 그 부족함이 이제는 두렵지 않습니다. 우리 모두가 함께 걸어가는 길이라는 것을 알았으니까요. 자존감은 하루아침에 뚝딱 만들어지는 조각품이 아닙니다. 오히려 계절처럼 순환하는 것, 밀물과 썰물처럼 오고 가는 것입니다. 마치 화분에 물을 주듯 매일 조금씩 자신을 돌보다 보면 어느새 뿌리가 깊어집니다. 중요한 것은 완벽한 변화가 아니라 변화를 시작했다는 그 떨림 자체입니다.

오늘 거울을 보며 자신에게 미소 지어 주는 것, 아이에게 화를 낸 후 자책하는 대신 '나도 배워 가는 중이야'라고 인정하는 것, 잘못을

곱씹기보다 사랑을 표현하는 데 더 많은 에너지를 쓰는 것. 이런 작은 씨앗들이 모여 언젠가는 숲을 이룹니다. 저도 오늘 그 씨앗 하나를 심었습니다. 우리는 각자의 시간에, 각자의 방식으로 심어 갈 것입니다.

이 여정을 통해 우리가 회복하는 것은 단순히 엄마로서의 자존감만이 아닙니다. 그것은 한 인간으로서, 누군가의 딸로서, 아내로서, 친구로서의 모든 관계를 다시 쓰는 과정입니다. 자신을 사랑하는 법을 배운 엄마는 자연스럽게 주변 사람들과의 관계도 변화시킵니다. 그 변화의 파문은 우리가 상상하는 것보다 훨씬 더 넓고 깊게 퍼져 나갑니다. 저도 그 변화를 경험했고 지금도 경험하고 있습니다.

이 책을 읽는 모든 엄마들과 함께 나누고 싶습니다. 우리는 혼자가 아닙니다. 지금 이 순간에도 어디선가 당신과 같은 눈물을 흘리고, 같은 한숨을 쉬고, 같은 미소를 짓는 엄마들이 있습니다. 우리는 서로 다른 공간에 있지만 같은 별자리 아래 있습니다. 그 보이지 않는 연대가 우리를 더 단단하게, 더 부드럽게 만듭니다.

언젠가 우리 아이들이 자라서 부모가 되었을 때, 그들은 어떤 모습일까요? 저는 그들이 자신의 상처까지도 끌어안을 줄 아는 사람이 되기를 바랍니다. 완벽하지 않아도 괜찮다는 것을 아는 사람, 넘어져도 다시 일어설 수 있다고 믿는 사람, 자신의 감정을 부끄러워하지 않는 사람이 되기를 바랍니다. 그것이 바로 우리가 함께 자존감을 회복해 가는 이유입니다. 우리의 자존감은 단순한 개인의 소유물이 아니라, 시간을 타고 흐르는 강물처럼 다음 세대로 이어지는 생명수이니까요.

　이 책을 덮으면서 저도 다시 시작합니다. 내일 아침 아이가 깨어나면 또 다른 하루가 시작되겠죠. 완벽하지 않을 그 하루를 이제는 조금 다른 마음으로 맞이할 수 있을 것 같습니다. 당신도 그러하기를 바랍니다. 우리 함께 기억했으면 합니다. 책 속의 이야기가 당신의 숨결이 되고 당신의 변화가 아이의 별빛이 되는 그날까지, 저는 멀리서나마 당신과 함께 걷겠습니다.

　완벽한 엄마는 어디에도 없었습니다. 우리가 찾아 헤맸던 것은 사실 완벽이 아니라 불완전한 자신과 화해하는 용기였는지도 모릅니다. 그 용기를 우리는 함께 키워 갈 수 있습니다.

　사랑하는 당신에게, 그리고 당신 안에서 매일 다시 태어나는 '나'에게 전합니다. 우리는 이미 충분히, 그 자체로 빛입니다.

참고 문헌

1장

Berne, E. (1964). *Games people play: The psychology of human relationships.* Grove Press.

Camus, A. (1955). *The myth of Sisyphus.* Vintage Books.

Deci, E. L., & Ryan, R. M. (2000). The "what" and "why" of goal pursuits: Human needs and the self-determination of behavior. *Psychological Inquiry*, 11(4), 227-268.

Ferber, R. (1985). *Solve your child's sleep problems.* Simon & Schuster.

Fromm, E. (1941). *Escape from freedom.* Farrar & Rinehart.

Kahneman, D. (2011). *Thinking, fast and slow.* Farrar, Straus and Giroux.

Kruglanski, A. W. (1990). Lay epistemic theory in social-cognitive psychology. *Psychological Inquiry*, 1(3), 181-197.

May, R. (1981). *Freedom and destiny.* W. W. Norton.

Rogers, C. R. (1959). A theory of therapy, personality and interpersonal relationships as developed in the client-centered framework. In S. Koch (Ed.), *Psychology: A study of a science: Vol. 3. Formulations of the person and the social context* (pp. 184-256). McGraw Hill.

Rotter, J. B. (1966). Generalized expectancies for internal versus external control of reinforcement. *Psychological Monographs: General and Applied*, 80(1), 1-28.

Rowling, J. K. (2008, June 5). *The fringe benefits of failure, and the importance of imagination* [Commencement address]. Harvard University.

Sartre, J.-P. (1946). *L'existentialisme est un humanisme.* Nagel.

Seligman, M. E. P. (1975). *Helplessness: On depression, development, and death.* W. H. Freeman.

Steiner, C. (1974). *Scripts people live: Transactional analysis of life scripts.* Grove Press.

Winnicott, D. W. (1960). The theory of the parent-infant relationship. *International Journal of Psycho-Analysis*, 41, 585-595.

2장

Adam, B. (1995). *Timewatch: The social analysis of time.* Polity Press.

Adler, A. (1956). *The individual psychology of Alfred Adler*. Basic Books.

Beck, A. T. (1976). *Cognitive therapy and the emotional disorders*. International Universities Press.

Crocker, J., & Wolfe, C. T. (2001). Contingencies of self-worth. *Psychological Review*, 108(3), 593-623.

Freud, S. (1949). *An outline of psycho-analysis*. W. W. Norton.

Goffman, E. (1959). *The presentation of self in everyday life*. Anchor Books.

Gross, J. J. (1998). The emerging field of emotion regulation: An integrative review. *Review of General Psychology*, 2(3), 271-299.

Heider, F. (1958). *The psychology of interpersonal relations*. Wiley.

Higgins, E. T. (1987). Self-discrepancy: A theory relating self and affect. *Psychological Review*, 94(3), 319-340.

Lally, S. J. (1989). Does being in here mean there is something wrong with me? *Schizophrenia Bulletin*, 15(2), 253-265.

Leary, M. R. (1995). *Self-presentation: Impression management and interpersonal behavior*. Brown & Benchmark.

Maslach, C., & Jackson, S. E. (1981). The measurement of experienced burnout. *Journal of Occupational Behavior*, 2, 99-113.

Przybylski, A. K., Murayama, K., DeHaan, C. R., & Gladwell, V. (2013). Motivational, emotional, and behavioral correlates of fear of missing out. *Computers in Human Behavior*, 29(4), 1841-1848.

Seligman, M. E. P. (1975). *Helplessness: On depression, development, and death*. W. H. Freeman.

Seligman, M. E. P. (1990). *Learned optimism*. Knopf.

Skinner, B. F. (1953). *Science and human behavior*. Macmillan.

Turkle, S. (2011). *Alone together: Why we expect more from technology and less from each other*. Basic Books.

3장

Baumeister, R. F., Bratslavsky, E., Finkenauer, C., & Vohs, K. D. (2001). Bad is stronger than good. *Review of General Psychology*, 5(4), 323-370.

Deci, E. L., & Ryan, R. M. (2000). The "what" and "why" of goal pursuits: Human needs and the self-determination of behavior. *Psychological Inquiry*, 11(4), 227-268.

Frankl, V. E. (2006). *Man's search for meaning*. Beacon Press. (Original work published 1959)

Gross, J. J. (1998). The emerging field of emotion regulation: An integrative review. *Review of General Psychology*, 2(3), 271-299.

Hayes, S. C., Strosahl, K. D., & Wilson, K. G. (2012). *Acceptance and commitment therapy: The process and practice of mindful change* (2nd ed.). Guilford Press.

Kahn, W. A. (1992). To be fully there: Psychological presence at work. *Human Relations*, 45(4), 321-349.

Kaplan, R., & Kaplan, S. (1989). *The experience of nature: A psychological perspective*. Cambridge University Press.

Markus, H., & Nurius, P. (1986). Possible selves. *American Psychologist*, 41(9), 954-969.

McAdams, D. P. (2001). The psychology of life stories. *Review of General Psychology*, 5(2), 100-122.

Pennebaker, J. W. (1997). *Opening up: The healing power of expressing emotions*. Guilford Press.

Proshansky, H. M., Fabian, A. K., & Kaminoff, R. (1983). Place-identity: Physical world socialization of the self. *Journal of Environmental Psychology*, 3(1), 57-83.

Simon, S. B., Howe, L. W., & Kirschenbaum, H. (1972). *Values clarification: A handbook of practical strategies for teachers and students*. Hart Publishing.

Valéry, P. (1957). *The art of poetry*. Bollingen Foundation.

White, M., & Epston, D. (1990). *Narrative means to therapeutic ends*. W. W. Norton.

4장

Amabile, T. M., & Kramer, S. J. (2011). The power of small wins. *Harvard Business Review*, 89(5), 70-80.

Bandura, A. (1977). Self-efficacy: Toward a unifying theory of behavioral change. *Psychological Review*, 84(2), 191-215.

Bandura, A. (1986). *Social foundations of thought and action: A social cognitive theory*. Prentice-Hall.

Bandura, A. (1997). *Self-efficacy: The exercise of control*. W. H. Freeman.

Dweck, C. S. (2006). *Mindset: The new psychology of success*. Random House.

Epictetus. (1995). *The art of living* (S. Lebell, Trans.). HarperOne. (Original work from circa 125 CE)

Gollwitzer, P. M. (1999). Implementation intentions: Strong effects of simple plans. *American Psychologist*, 54(7), 493-503.

Hayes, S. C., Strosahl, K. D., & Wilson, K. G. (2012). *Acceptance and commitment therapy: The process and practice of mindful change* (2nd ed.). Guilford Press.

Pennebaker, J. W. (1997). *Opening up: The healing power of expressing emotions*. Guilford Press.

Rosenberg, M. B. (2015). *Nonviolent communication: A language of life* (3rd ed.). PuddleDancer Press. (Original work published 1999)

Salovey, P., & Mayer, J. D. (1990). Emotional intelligence. *Imagination, Cognition and Personality*, 9(3), 185-211.

Tedeschi, R. G., & Calhoun, L. G. (2004). Posttraumatic growth: Conceptual foundations and empirical evidence. *Psychological Inquiry*, 15(1), 1-18.

Winnicott, D. W. (1971). *Playing and reality*. Tavistock Publications.

5장

Adam, B. (1995). *Timewatch: The social analysis of time*. Polity Press.

Adam, B. (2004). *Time*. Polity Press.

Ainsworth, M. D. S., Blehar, M. C., Waters, E., & Wall, S. (1978). *Patterns of attachment: A psychological study of the strange situation*. Erlbaum.

Baumrind, D. (1966). Effects of authoritative parental control on child behavior. *Child Development*, 37(4), 887-907.

Benjamin, J. (1988). *The bonds of love: Psychoanalysis, feminism, and the problem of domination*. Pantheon.

Bowen, M. (1978). *Family therapy in clinical practice*. Jason Aronson.

Bowlby, J. (1969). *Attachment and loss: Vol. 1. Attachment*. Basic Books.

Bowlby, J. (1973). *Attachment and loss: Vol. 2. Separation: Anxiety and anger*. Basic Books.

Bowlby, J. (1980). *Attachment and loss: Vol. 3. Loss: Sadness and depression*. Basic Books.

Cloud, H., & Townsend, J. (1992). *Boundaries: When to say yes, how to say no to take control of your life*. Zondervan.

Gibran, K. (1923). *The prophet*. Knopf.

Gordon, T. (2000). *Parent effectiveness training*. Three Rivers Press. (Original work published 1970)

Harré, R., & Moghaddam, F. (2003). *The self and others: Positioning individuals and groups in personal, political, and cultural contexts*. Praeger.

Harré, R., & van Langenhove, L. (1999). *Positioning theory: Moral contexts of intentional action*. Blackwell.

Harter, S. (1993). Causes and consequences of low self-esteem in children and adolescents. In R. F. Baumeister (Ed.), *Self-esteem: The puzzle of low self-regard* (pp. 87-116). Plenum.

Harter, S. (2012). *The construction of the self: A developmental perspective* (2nd ed.). Guilford Press. (Original work published 1999)

Kohut, H. (1977). *The restoration of the self*. International Universities Press.

Rogers, C. R. (1961). *On becoming a person*. Houghton Mifflin.

Rogers, C. R. (1980). *A way of being*. Houghton Mifflin.

Rosenberg, M. B. (2015). *Nonviolent communication: A language of life* (3rd ed.). PuddleDancer Press. (Original work published 1999)

Schore, A. N. (2003). *Affect regulation and the repair of the self*. W. W. Norton.

Steiner, C. (1974). *Scripts people live: Transactional analysis of life scripts*. Grove Press.

Stern, D. N. (1985). *The interpersonal world of the infant: A view from psychoanalysis and developmental psychology*. Basic Books.

Taylor, M. (1999). *Imaginary companions and the children who create them*. Oxford University Press.

Taylor, M., & Carlson, S. M. (1997). The relation between individual differences in fantasy and theory of mind. *Child Development*, 68(3), 436-455.

Thomas, A., & Chess, S. (1977). *Temperament and development*. Brunner/Mazel.

Vygotsky, L. S. (1978). *Mind in society: The development of higher psychological processes*. Harvard University Press.

Watzlawick, P. (1978). *The language of change*. Basic Books.

Watzlawick, P., Beavin, J. H., & Jackson, D. D. (1967). *Pragmatics of human communication: A study of interactional patterns, pathologies, and paradoxes*. W. W. Norton.

비교하지 않고 탓하지 않고
자신과 아이를 더 사랑하는
엄마의 자존감

초판 1쇄 발행 2025년 7월 31일
초판 2쇄 발행 2025년 8월 1일

지은이 전미경
펴낸이 민혜영
펴낸곳 카시오페아
주소 서울특별시 마포구 월드컵로14길 56, 3~5층
전화 02-303-5580 | **팩스** 02-2179-8768
홈페이지 www.cassiopeiabook.com | **전자우편** editor@cassiopeiabook.com
출판등록 2012년 12월 27일 제2014-000277호

ⓒ전미경, 2025
ISBN 979-11-6827-316-0 03590

이 책은 저작권법에 따라 보호받는 저작물이므로 무단 전재와 무단 복제를 금지하며,
이 책의 전부 또는 일부를 이용하려면 반드시 저작권자와 (주)카시오페아 출판사의
서면 동의를 받아야 합니다.

- 잘못된 책은 구입하신 곳에서 바꿔 드립니다.
- 책값은 뒤표지에 있습니다.